THE FUTURE

OF

WESTERN CIVILIZATION

西方文明的未来

（下卷：美国与全球资本）

[加] 梁鹤年 著

Hok-Lin Leung

生活·讀書·新知 三联书店

Simplified Chinese Copyright © 2024 by SDX Joint Publishing Company.
All Rights Reserved.
本作品简体中文版权由生活·读书·新知三联书店所有。
未经许可，不得翻印。

图书在版编目（CIP）数据

西方文明的未来. 下卷，美国与全球资本 /（加）梁鹤年著. -- 北京：生活·读书·新知三联书店，2024.
11. -- ISBN 978-7-108-07974-9

Ⅰ. K103；K712

中国国家版本馆 CIP 数据核字第 20240SD896 号

责任编辑　王　竞
装帧设计　薛　宇
责任印制　卢　岳
出版发行　生活·讀書·新知 三联书店
　　　　　（北京市东城区美术馆东街 22 号 100010）
网　　址　www.sdxjpc.com
经　　销　新华书店
制　　作　北京金舵手世纪图文设计有限公司
印　　刷　河北松源印刷有限公司
版　　次　2024 年 11 月北京第 1 版
　　　　　2024 年 11 月北京第 1 次印刷
开　　本　720 毫米 × 1020 毫米　1/16　印张 18.75
字　　数　215 千字
印　　数　0,001 - 5,000 册
定　　价　59.00 元
（印装查询：01064002715；邮购查询：01084010542）

目 录

前言 _____ 1

第一篇　美国文明 _____ 5

　8　　第一章　文明现象
　49　　第二章　民族性格
　98　　第三章　时代心态
　115　第四章　文明轨迹

第二篇　资本文明 _____ 155

　158　第五章　全球资本
　180　第六章　美国与全球资本
　220　第七章　全球资本的未来、西方的未来与中国
　249　第八章　时间表？

附录 _____ 275

　276　1. 1980—1990年代的主要经济（金融）危机
　284　2. 对美国民族性格的学术研究

后记 _____ 292

前 言

如果说人类文明是个大故事，西方文明就是个小故事，但这个小故事是大故事中的重要章节；而英语文明又是西方文明中的一个小故事，但这个小故事是西方文明里的关键章节；而美国文明更是英语文明中的一个更小的故事，但这个更小的故事是英语文明中的精彩章节。

我对美国有点认识。我在那里生活了两年，但不是普通的两年。在个人层面，这是我首次离开长大的香港，真正呼吸西方的空气，并抱着取经的心态，像海绵一样，什么都吸进去。头一天上学，进门大堂围上几百人看电视直播国会弹劾尼克松。当时，战后一代的浪漫和反叛已是主流，但马上就是能源危机、经济衰退的大冲击。我刚好碰上了。那两年给了我强烈的时代感、震撼感。除了三年在英国，我一生都住在美国隔壁的加拿大，有美国的朋友、同事，我的大儿子更是讨了个美国姑娘，一家六口住在那边。可以说，我对美国是关注和关心的。

几十年了，越来越觉得美国既了不起，又要不得。在那里，有全世界最好的大学，也有全世界最差的所谓大学；在发达国家中，它有最优良的医疗设施，也有最多人缺乏起码的医疗保障；打开电视机，你可以看到虔敬至极的宗教仪式，也可以看到无耻至极的淫秽电影。

在这个国家里，到处都是机会，但更多的是错过了的机会。上天给它特别丰富的资源条件，它为世界做了哪些特别有价值的贡献？

"文化基因法"会帮我了解这些观察，思考这些问题。更主要的是会帮我构想一下未来：美国的未来，西方的未来。这也是中国未来之所系。

现代西方文化主要是英语文明，英语文明现在主要是美国文明。西方文明的未来，关键在美国文明的演变。美国立国前已成形的民族性格会继续支配美国人的思想与行为。"战后一代"的心态支配了20世纪下半期的文明轨迹，"世纪一代"的心态将支配21世纪上半期的文明轨迹。全球资本的逻辑和人类对这套逻辑的反应会决定美国与全球资本的未来。美国一定下去，接下来会发生什么？

第一篇

美国文明

立国之前是自立、自足、务实、团结。工业革命推动逐利意识，到南北战争后社会一片逞强、自私。"一战"洗礼后是亢奋而冷漠。大萧条带来大醒觉，励精图治，"二战"后成为全球霸权。1960年代对社会桎梏的反叛和1970年代对经济现实的妥协定下20世纪后半期的文明轨迹：一边是谋权、逐利，一边是自疚、姑息。政治越来越颠倒，国力越来越疲惫，美国日渐走上失序。

第一章　文明现象

美国的全球霸权从"二战"后开始。大萧条与罗斯福的"新政"是前奏,是霸业的基础。"战后一代"在1960年代中期到1970年代早期成长,支配美国文明几十年,初是反叛,后转自我,影响至今。1980年代里根拖垮苏联,美国人相信美式文明是"历史的终结"。与此同时,美国成为全球资本的尖兵。但2001年的恐怖袭击和2008年的金融危机动摇了信心。未来的美国会由"世纪一代"支配。

美国,一个没有贵族的贵族国家,一个不平等的民主国家,一个不自由的自由国家。没有世袭的名位,有世袭的权利——经济精英的权利;人人有权选举,但只有少数人决定谁会当选——政治精英的权利;人人有自由,但只有少数人决定是什么自由——文化精英的权利。他们不一定是同一个群体,但有同一套文化——美国文化。虽然,他们的表达方法和方式往往大相径庭,但他们都在承传、保卫这套文化,并加以发扬光大。

美国是个自由为主、民主为用的国家,精英决定一切。精英定期要委派一批批的代理人（文武百官），钦定一个执行总裁（总统）去为他们服务。挑选的工具是个花费庞大的民主参选体制。这样，精英们才可以确认参选者合用，确保当选者听话。作为一个群体，精英之间的共同利益肯定是一致的——这是"入会"的条件；"二战"之后，这个共同利益肯定是资本下的精英利益。为此，精英间虽然有争吵，但派系之争有一定的底线，就是不能动摇资本制度的安稳；精英中虽然有新陈代谢，但代与谢有一定的规律，就是一定要提升资本累积的质和量。总统是精英钦点，但他在位时间长短和权力多寡不能超出精英所容许和赋诸的范围。精英的意识形态和实质利益会因时而异，为精英服务的总统一定要随之而动。所以，我们可以从一个总统的行为和动态窥探到美国精英的意图和动向。下面就以总统"朝代"去组织美国近代文明史。

"一战"因英、法与德、奥争雄而爆发。这场战争正邪难辨，伤亡惨重。这场首次把全人类卷进去的全球战争，将19世纪末期的乐观情绪一扫而光[1]，欧洲进入虚无主义，美国进入孤立，连威尔逊总统亲力提倡的国联竟然也被国会拒绝支持[2]。战争过后，美国生产力从供应军需转为满足民需。虽然1919—1920年曾一度经济萎缩，但马上恢复过来，规模生产（特别是小汽车）和规模消费把美国的GDP总值和人均收入推上全球顶端。整个1920年代一片"好景"[3]。这是个诡异、迷幻的时代，被称为"咆哮20年代"（Roaring Twenties）。上战场的年轻人叫"迷失的一代"（Lost Generation）。战火过后，社会文化、生活方式变了，既兴奋，又麻痹，处处要找新鲜、新奇，包括音乐（爵士乐）、艺术（装饰派）和对球星、影星的膜拜。通过小汽车、电话、电影、电器、航空等新发明，新行业迅速发展。但同时这也是冷漠的时代：纸醉金迷，但毫无目的。

"好景"不长。1929年10月29日是"黑色星期二"，华尔街股市大跌，大萧条现身，彻底改变了美国人心态和美国社会结构，甚至可以说改变了全球。这要细说一下。

当然，大萧条不全是经济，更不全是金融[4]，但一般人都是以股市大跌作为起点。其实，事后孔明，早有先兆。"咆哮20年代"的兴旺集中在城市，集中在工业，在农村则生产过剩、生计困难，于是更多人涌入城市找机会，繁荣的虚热更是火上浇油。股票的价位不断被推高，好像永无止境。

1929年3月25日，联邦储蓄局发警讯，指投机太热，股市马上反应：抛售，股价急跌。两天后，国家城市银行（National City Bank）宣布注资2500万美金救市，下跌暂止。但实体经济开始出现问题，钢铁业、建筑业、汽车制造业都停滞不前，多年来的热钱使消费者的负债升高。3月，股市跌一次，到5月，又一次，有风雨欲来之势，但6月开始的"牛市"则持续到9月。总的说来，股市持续上升，道琼斯指数升了10倍，9月3日达到最高价位。经济学家欧文·费雪（Irving Fisher，1867—1947，是美国有名的"进步分子"）当时的名句是"股市好像达到了一个永久性的高地（stock prices have reached what looks like a permanently high plateau）"[5]。

9月20日，英国最大的投资银行的头头被判诈骗和造假罪名成立，入狱。伦敦股市崩溃，美国股市受牵连，很不稳定，出现大量抛售，但又短暂回升。可是抛售潮越来越急，到10月24日，一开市即跌了11%。当时股市报价是用电报的，慢得很，有些股票经纪行要几个小时才知股价，惶恐升级。几个华尔街大亨商量救市，决定由股票市场的副主席出头，以高价买入美国钢铁公司（U.S. Steel）和其他蓝筹股票以遏止股价下跌（这个方法曾在 1907 年的金融危机中发挥过作用）。当天的下跌止于 6%。第二日是星期五，投机者入货、星期六的半天交易市场仍稳，跟着就是星期天，市场休息。但报章却泄露了巨头救市的内幕。星期一一开市，股价马上大跌，当天就跌了 13%。第二天（10 月 29 日）就是有名的"黑色星期二"，恐惧潮达最高峰，有价无市（有些股票连最贱的价格都无人问津）。洛克菲勒家族联合几个企业与金融巨子大量入货，表示对市场有信心，但都无济于事。当天指数大跌 12%，抛售量史无前例，连电报机都来不及报价（40 年后的能源危机时代才有类似的跌幅）。

第二天好像有点起色，指数回升 12%，但只是昙花一现，跟着就只往下走，小升大跌，于 1932 年 7 月 8 日见底。那天的道琼斯指数是 20 世纪最低纪录（41.22 点）。从最高点算，是跌了 89%，要到罗斯福上任后才慢慢回升，到 1954 年 11 月 23 日才重达 1929 年 9 月 3 日的最高位（381.17 点）。

胡佛（Herbert Clark Hoover，1874—1964，任期 1929—1933）任内，GDP 下降了 15%[6]；到 1933 年罗斯福（Franklin Delano Roosevelt，1882—1945，任期 1933—1945）上任时，农产品价格跌了 60%，矿、林受影响最大[7]。"金本位"把经济病全球散播，各国又采取贸易保护措施进行反击，加速了全球贸易的崩溃[8]。1930 年底开始，全球经济萎缩，到 1933 年才见底。洛克菲勒在 1929 年股市大崩溃之后这样说："这段日子令很多人沮丧。在我 93 年的生命里，不景气时来时往，繁荣总是重来，也将会重来。"

大萧条成因虽然无共识[9]，但经济确在罗斯福任期内复苏（除了

1937—1938 年的小回落)。大多数人认为罗斯福的"新政"(New Deal) 加速了恢复,虽然未有完全恢复过来;有人认为罗斯福的讲话和行动有提升利率和恢复信心的效应;有人认为大批国际黄金的注入刺激了通货增长才是恢复的主要原因,而黄金流入主要是因为美元贬值和欧洲政局不稳(但仍有人认为美联储当年扮演了负面角色[10])。最大共识是"二战"的政府战备开支解决了就业[11]。庞大的战争开支使经济增长率上升一倍,大小企业都竭力扩大投资和生产,去争取政府的大批备战生产合同。但这都是后话。

整个 1930 年代,失业与贫穷是常态,不单在美国,全球都是,[12] 德国更是首当其冲。当初,"一战"后,德国无法支付对英、法和其他同盟国家的赔款。美国银行家查尔斯·道斯(Charles G. Dawes)[13]提出支助方案:由华尔街大笔投资德国,德国再赔偿给欧洲诸国,而诸国将其用来支付"一战"时从华尔街借来的军费,皆大欢喜。但大萧条一来,银根收紧,德国就苦了。无尽的通胀,民不聊生,希特勒趁机崛起,带来前所未有的全球灾难。

罗斯福在 1933 年 3 月 4 日宣誓就职,正是经济最低潮——1/4 劳工失业,物价跌了 60%,工业生产跌了一半,200 万人无家可归。当日下午,他宣布"银行假期",48 个州的银行停业,并召开国会特别会议,推行"新政"。3 月 9 日,送交国会《紧急银行法案》(Emergency Banking Act,也称 Glass-Steagall Act),即日通过。他向全国广播,解释危机成因和政府要采用的手段,请求国民协助。3 月 14 日出台《经济法案》(Economy Act)去平衡政府收支[14],公务员减薪,退伍军人减养老金。

罗斯福上任头百日内迅速通过一连串法案和项目后,经济马上回升。[15] 3、4 月份,推出货币改革,取消金本位;救济被大萧条影响最深的 1/3 人口；以公共建设去解决失业；救助农业；开设学校午饭；在偏僻地方开路；重建和扩展国家森林。这些也称 3R 行动：救济贫穷和失业（relief）、恢复经济（recovery）、改革财经以免萧条重现（reform）。

第一期"新政"是 1933—1934 年，主要是处理银行危机、发放紧急救济、创造就业岗位、防止金融再崩溃、复苏经济[16]。

第二期"新政"是 1935—1938 年。1935 年春，最高法院裁定若干"新政"行动违宪；国会有人对"新政"提出质疑，但又有人施压，要政府扩大行动。第二期"新政"比第一期的更"自由"，更多争议，重点在保护工会组织，以工作取代救济，保护租田农民和流动劳工，推行住房法、劳工法[17]。从此，民主党与"自由"和"工运"分不开。

"新政"效果立竿见影，但政治气候也开始变化，保守联盟（共和党和民主党保守分子组成）支配国会，阻挡罗斯福。1937 年初，罗斯福做出反击，要增加五名最高法院法官（去制衡那些判他违宪的法官）[18]。民主党内保守派叛变（由罗斯福的副总统带头）。至此，国会和民意向右转。1937 年秋开始直至整个 1938 年，经济下滑[19]，分裂了劳工组织，致使共和党重夺国会（共和党保守派和民主党保守派组成的保守联盟[20]）。

就业真正恢复要等到"二战"。美国是在 1941 年 12 月才参战的，当时的军备、军需合同是"成本 + 利润"，也就是承办商不用投标、不用考虑成本，政府承担所有成本，另加"适当"利润。企业雇用大量工人，不问技能，培训成本由政府承担[21]。数以百万计的农民离开仅供糊口的田地，学生离开学校，主妇离开家庭，都加入了军工业。政府只关注在最短时间取得最大供应，成本、效率在所不计。为此，雇主积极招工人（包括以工作取代参军的1200万男性，雇用黑人的门槛下降，尤其在西北部）。劳工和企业都很支持这项政策：一方面是政府协调劳资"合作"，另一方面是政府以各种方法补贴劳方与资方。

战时国会由保守派把持。为此，企业支持尤其关键。保守派把社会福利从按需要分配转到按服务（对国家的贡献）来分配，尤其是参军和军需的服务[22]。1944年的《军人重新适应法案》（Servicemen's Readjustment Act，也称 G.I. Bill）对美国整个社会的发展方向和轨迹至为重要。它为160万退伍军人提供住房、教育、失业资助，是战后美国中产阶层急速扩张的主因。工作机会和工资上升使贫富差距缩小；战时的物价控制和配给提升了国民营养；一人工作的大家庭变成多人工作的较小家庭；工作与加班提高了收入，使蓝领追上白领（从1939—1944年，工资收入增长两倍多）；贫困户（按低于2000美金的年收入算）比例从75%跌到25%。1941—1945年的战时劳工局（War Labor Board）为保持劳资和平，鼓励工人加入工会去获取福利（工时、工资、工作环境）。这是美国劳工从未有过的好时光。新繁荣出现：消费增50%，储蓄升7倍。战前最高收入的5%人口占全国总收入的22%，现跌到17%；最低收入的40%人口，收入则有大幅度提升。

从罗斯福开始，民主党在美国政坛占尽上风。直到1960年代，"新政"开支与民主党票数成正比，美国开始走向福利国家。但同时"新政"大大增强了联邦政府权力，而总统更成为权力中心。罗斯福建立大批政府机构，保护工人和农民利益。从1940年代到1980年代，美国"自由分子"的共识是在资本经济中扩大财富分配。就算在共和党艾森豪威尔主政的1953—1961年期间也是走"新政"方向，只是比较强调效率和多考虑成本而已[23]。1964年，总统大选，共和党反"新政"的戈德华特（Barry Goldwater，1909—1998）被民主党的约翰逊以61.1%对38.5%超大票差击败[24]。

大萧条期间，美国人发挥自立、团结和悯人的精神，战胜灾难（有点像殖民初期的清教）。到了"二战"，美国人更加在正义之战的旗帜下，站在高的道德台阶上，团结一致。社会力量得以凝聚，但也导致社会保守和桎梏。灾难过去了，战争结束了，更变成社会枷锁与压力，引发出未经历过灾难的一代的反叛。

生于大萧条过后、"二战"结束后的"战后一代"（Baby Boomers，也称"婴儿潮一代"）在1960年代末期开始成年。这一代的人数特别多[25]，他们的思想与行为主宰了20世纪下半段的美国。这要从战后第一位总统说起。

民主党杜鲁门（Harry Truman，1884—1972，任期1945—1953）时代，美国取得世界霸权。那时，国内外的经济一片大好。他的支持来自南方白人、工会、农民、非英裔群体和北方传统民主党。国内，他继承罗斯福利民的"新政"，改称"公平待遇"（Fair Deal）。但那时，共和党和民主党的保守派控制国会，对他多方阻拦。1946年发生了一连串罢工事件，他被迫以强硬态度去对付支持他的工会，又运用总统权力提升黑人待遇。这些行动削弱了劳工阶层和南方白人对他的支持，腐蚀了民主党的基石。

国际上，美国从孤立主义转向国际主义，启动了马歇尔计划[26]重建欧洲，并以纽约作为联合国总部。但是，美苏关系在1947年开始恶化。"杜鲁门主义"出台，主张围堵共产主义国家，冷战遂启，"铁幕"一词也是从这时开始的[27]，重要事件包括柏林空运事件[28]和朝鲜战争。在国内是一片"恐共"[29]，包括罗森伯格间谍案和"非美活动委员会"的反共。

　　杜鲁门之后,始于罗斯福的达 20 年之久的民主党总统宝座终被共和党的艾森豪威尔（Dwight Eisenhower,1890—1969,任期 1953—1961）拿走。他行的是"进步保守主义"[30]（progressive conservatism）,延续罗斯福的"新政"和杜鲁门的"公平待遇",所以他仍可以在民主党控制的国会中有所成:他扩充社会保障（典型"新政"）;签署 20 世纪最重要的《民权法案》（Civil Rights Act, 1957）,并派军队制止白人至上主义者抗议黑白学生同校。在国际关系上,这个曾是"二战"盟军最高统帅的总统是冷战的主角,制造了一种美国霸气。1956 年苏伊士运河危机[31]爆发,他运用美国的财力,强制英国与法国终止占领运河。从此美国开始左右英、法的国际行动,支配时局。但在 1957 年,苏联成功发射人造卫星 Sputnik,美国上下震惊,恐惧核弹直袭美洲,忧虑苏联科技超越美国。他下令建立太空总署,奋起直追。这被称为"Sputnik 时刻"[32],代表着恐惧——学校操演核弹应变,整个社会强调服从指挥[33]。他授权中情局（Central Intelligence Agency,CIA）、国安局去推翻对美国不友善的政权,保护可靠的反共政权。他的国家安全策略是依靠战略性核武器的恐吓力,俗称"疯狂"（MAD, Mutually Assured Destruction,亦即"同归于尽"）。后来,他察觉到国家开始进入一种"军国"的气候——军事竞赛与企业逐利开始互相依附。在离任演说上,他首用"军企组合"（military-industrial complex）一词,这个组合支配美国国策至今。

　　艾森豪威尔时代,美国经济繁荣但社会保守。不愁温饱而精力旺盛的年轻人追求刺激,但又被社会道德和制度约束,开始不满,有意反叛。1961 年,政权重新落入民主党的肯尼迪（John F. Kennedy,

1917—1963，任期1961—1963）手中。那时国会两院都由民主党控制，完全是民主党的天下。肯尼迪年轻、乐观，好像要带来一片新景象。他就任致辞的名句"不问你的国家能够为你做什么，要问你能够为你的国家做什么"，至今仍为美国人津津乐道。肯尼迪一上任就建立"和平团队"（Peace Corp，技术上援助发展中国家），在全球宣扬美国价值。同时，他加速太空竞赛，宣布要在1970年以前派人登陆月球[34]。为围堵共产主义扩散，他增兵越南（达艾森豪威尔派驻兵力的18倍）。国内他提出"新疆界"（New Frontier）理念，鼓励美国人积极往前[35]，但国会未有支持。他支持民运，通过宪法第24条修正案，取消人头税[36]。1963年被刺杀，引发不少阴谋论（黑社会、犹太人、古巴和苏联都有嫌疑），死后成为美国"神话"（他的"朝代"被称为卡米洛，Camelot，是英国上古传说中亚瑟王和圆桌骑士生活在一起的地方，代表着浪漫的乐园）。美国年轻人好像失掉一个好朋友、一个亲人。

那时，美国因越南战事要征兵，年轻人首当其冲；加上南方黑人要反歧视，引发社会大众同情。于是反越战、推民运与抽大麻、性解放混在一起。年轻人既为民请命，也为己解放，规规矩矩的社会团结被打散了。继任肯尼迪的约翰逊（Lyndon Johnson，1908—1973，任期1963—1969）萧规曹随，更扩大社会福利。约翰逊是肯尼迪的副总统，肯尼迪死后坐正，但他原是肯尼迪的政敌，很多人对他不信任。他扩充"新政"，建"伟大社会"（Great Society），聚焦于济贫和民运。在他任内，民主党掌握两院，本应大可作为[37]，但时不利兮，越战扩大，美国兵员投入达50万（当年肯尼迪也曾增兵，但到1963年也只是1.6万），引发大规模反越战运动（特别是战后一代刚到服役年龄的学生）。

1968年,肯尼迪的弟弟罗伯特·肯尼迪(Robert F. Kennedy)在快要成为总统候选人的一刻遇刺,民运领袖马丁·路德·金博士(Dr. Martin Luther King Jr.)在几个月后又遇害。美国年轻人对国家政治一片悲观,示威骚乱无日无之。约翰逊终日愁眉苦脸,干了一任就下台了。

1968年是天翻地覆的一年[38],全球都在乱。这是战后一代成长期的洗礼。一般学者形容这是美国人(主要指战后一代)失掉纯真(loss of innocence)的一刻。当然,之前的美国是不是纯真暂且不论,但无可否认,越南战争出师暧昧(美国人一度相信"二战"是义战,甚至朝鲜战事仍挂有联合国的名义)、肯尼迪遇刺有如噩梦[39],美国人开始反思美国是个怎样的国家。

年轻人正闹得热烘烘、乱糟糟,保守的尼克松(Richard Nixon,1913—1994,任期1969—1974)一上台就叫停。年轻人哪肯罢休,一直与他对抗——至今战后一代都把他定性为历史上最差的总统。他属共和党,但国会两院都在民主党手里。自由、进步人士一直把他与神话般的肯尼迪做比较,诸多不满。他任内是反越战高峰、反传统高峰。那时,罪案激增,他重回保守,提出"新联邦主义"(New Federalism),要把"新政"以来不断集中到联邦政府手里的权力回归给州政府,而州政府一般比联邦政府保守和传统。他取缔南方学校黑白隔离的政策,结束征兵,并运送太空人上月球。国际关系是尼克松的重点。与上几任的民主党政策不同,"尼克松主义"是不直接军援友邦,而是把战争当地化。为此他终止美军在越南作战并与北越谈判。他是美国第一位访华总统,同时,他又与苏联搞和解,达成《第一战略军备限制条约》(Strategic Arms Limitation Treaty,简称SALT I),约束双方部署反导弹飞弹。他活跃的外交活动反映了美国天然孤立主义的倾向——美国势力范围外的事不管你（典型的自给自足），美国势力范围内的事不容你管（典型的门罗主义）。

从 1973 年开始，"水门事件"（Watergate）[40]消耗了尼克松大量个人精力和政治本钱。其实他结束越南战事、与中国修好（为对抗苏联），对美国确有功劳，可是不争气的"水门事件"把他弄得身败名裂[41]。从此，美国人对政治变得极度犬儒。"政治家"（statesmen）通通变成"政客"（politicians），也就是以政治为职业的"吃政治饭的人"。

就在此刻，来了一个经济大炸弹——石油危机[42]。这是阿拉伯国家跟美国支持的以色列硬拼不成而弄出来的绝招。油价暴涨，经济马上下滑，持续低迷到 1980 年代。继尼克松的是福特（Gerald Ford, 1913—2006，任期 1974—1977）。他是共和党，而国会则全是民主党。福特想尽早清除"水门事件"的阴影和反越战的戾气，一上任就赦免尼克松，同时赦免越战逃役者。结果是两面不讨好（左派反对赦免尼克松，右派反对赦免逃役者），政治开始失控。早期反叛的战后一代都是不愁温饱的，现在要愁了。于是出现两个方向：反叛到底，或者转向冷漠。

要反叛到底的多属"较早出生的战后一代"（Earlier Boomers, 1946—1955 年出生），他们是"原则"驱动，坚持悯人之心，开始建立主流政党（共和、民主）以外的政治力量，为边缘群体（marginalized/minorities，如黑人、妇女、同性恋者等）争取政治权利，遂出现身份政治（identity politics）。有动机、有决心、有政治或经济能力的强者现身，把各类边缘群体团结起来。美国性格是少数意识特重（详见下面"民族性格"一章），因此身份政治的出现绝不意外。当年清教徒在英国也是边缘群体，也是为了追求自立才来到美洲，所以对边缘群体特别同情。身份政治是以某种社会群体的利益和观点为基础的政治立场，然后通过组织去实现这些利益和观点。它的基础假设是：政治立场是"身份"塑造的，这些身份可以是年龄、宗教、社会阶层或阶级、文化、政党、语言、方言、体能（残病）、教育、民族、种族、国籍、职业、退伍人员、性别、性身份、性取向、居所、城与乡等等。1960年代开始出现这个词，但不同群体用它代表不同意义。一般的共识是通过提高醒觉和意识（consciousness raising）去为那些感觉到被迫害的群体表达他们被迫害的经验[43]。因此，身份政治的一个基本假设是"有些群体是特别受压迫的"，凡属于这些群体的人会因为他们的群体身份而较易受压迫。为此，按不同身份去划分社会群体有助于这些群体争取权利，终会使社会更公平。在理论上，这些群体可以是左派或右派。在 1970年代是左派或激进分子，聚焦点是妇女解放运动[44]和稍后的同性恋[45]。最近几年，右派的身份政治活跃起来，特别是"白人身份"[46]。

转向冷漠的一群则多属"较晚出生的战后一代"（Later Boomers, 1956—1964年出生）。他们也曾反叛，但不是为了什么崇高的原则，只是要挣脱传统社会的桎梏去找自我（主要表现在与人不同，起码是与主流不同）、找自由（去做主流社会不容许做的事），带有任性的成分。经济不景气使他们任性不来，随着他们年纪大了一点，老练了，知道在资本社会里，有钱就有自我、自由。由于他们多是较晚出生，成长期错过了反叛的高潮，但他们真切感受到了能源危机后经济的低迷和弹劾尼克松的政治斗争，看透了经济和政治的现实，于是出现了一个自恋式的"自我一代"（Me Generation）：我的身体、我的成就、我的快乐，拼命地赚钱，拼命地享乐。热闹底下有一股冷漠的空气弥漫整个社会。彻底改变社会的雄心收敛了，但当年看不过眼的贫富不均、种族歧视仍在，而且因为人人逐利（包括自己）而变本加厉，遂撩起一种自疚。放弃逐利和享受是做不到的，但同情和扶持边缘人群（弱小）也许可以平衡一下良心的不安。

这里，不能不介绍一位综合反叛、冷漠于一身的代表性人物——简·方达（Jane Fonda，1937— ）。

严格来说，她比战后一代早了几年，但她总是站在这代人的最前沿，可以说是精神领导人。这位"阿姐"美貌动人、多才多艺、反叛自我，但名成利就。男人对她神魂颠倒的有之，视若蛇蝎的也有之；女人对她艳羡崇拜的有之，不以为然的也有之。她代表了战后一代的任性与矛盾，对美国文化同时是贡献与破坏。

父亲亨利·方达是著名的性格演员，弟弟彼得·方达也是电影明星，可以说是艺术世家。父亲对她要求很高。她这样说："我成长于50年代。父亲教育我说相貌是唯一重要的东西。他是个好人，我为他疯狂，但他给我写的信是一个父亲断不应该写的：'除非你完美标致，否则你不会被爱。'"她的一生与父亲的关系是紧绷绷的（尤其在政治上面，她左他右），但到父亲晚年，她出资买了一个好剧本，让他做主角，拿到奥斯卡奖才去世。

她小时候对自己的相貌缺乏信心，自惭形秽。据她的自传，她从小就曾被性侵和强奸。母亲在她12岁时因为丈夫的移情别恋住进精神病院，治疗期间自杀，父亲马上续弦，后母比简·方达只大9岁。她上最好的大学瓦萨学院[47]，但未念完就退学了，去做模特。因为相貌出众，两度成为《时尚》（*Vogue*）杂志的封面，这是后话。

退学后，她去巴黎念艺术，在那里接受了法国左翼知识分子

（1960年代的人文科学和艺术前沿在欧洲，特别是法国）的思想，尤其是他们的反越战（越南原是法国殖民地，1954年法军在奠边府一役被击溃后美国才开始介入）。6个月后她返回美国，干了几个月秘书，被辞退，住在家里很不开心。机缘巧合，一个朋友介绍她到名导演、演员培训大师李·斯特拉斯伯格（Lee Strasberg, 1901—1982，强调"体验"，是方达朋友的爸爸）的学校上课。

坐了一个多月（玛丽莲·梦露也是同学，坐在一起），不敢说话。一个晚上，老师要她上台，表演喝橙汁，之后说了句"你真有天分"。她说这是她记忆中第一次被人夸赞，从此醉心演艺。

首先是舞台剧。1962年，她拿到"最有潜力新人金球奖"（Golden Globe Award for Most Promising Newcomer），接着进军电影界。1965年，她做配角的《女贼金丝猫》（*Cat Ballou*）获5项奥斯卡提名，男主角拿奖，她也凭此平步青云。1968年，她在《太空英雌：巴巴丽娜》（*Barbarella*）里一场慢动作的太空脱衣使她成为性偶像。这部让美国哥们儿血脉偾张的电影是她当年的丈夫罗杰·华汀（Roger Vadim, 1928—2000）执导的。此人擅拍"半淫秽"电影，前妻是有名的"性感小猫"碧姬·芭铎（Brigitte Bardot, 1934—　），也是他捧红的。简·方达与他在1965年结婚，是人所共知的"开放婚姻"，两人共同公开乱搞性关系，乌烟瘴气。

久了，简·方达有点倦意，开始找其他出路。彼时，民运方兴、越战正浓，她投入反政府阵营。1969年，与其他学术界和影艺界知名人士一起，去支持美国印第安人占领阿尔卡特拉斯岛（这是旧金山对岸的一个联邦监狱所在地，现今是旅游热点）。他们的运动是要为印第安人争回该岛主权，促使联邦遵守早年与印第安人签订的条约。

她又支持几近恐怖组织的"黑豹党"（Black Panthers）。她说："革命是爱的行动，这在我们的血液中。"她称黑豹党为"我们革命的先锋，我们一定要支持他们，用我们的爱、钱、宣传与冒险"。同时，她还投入反越战运动。1970年4月，她和几个好莱坞演员成立反越战剧团，巡回在美国西岸派往越南部队候命出发的驻扎地演出，批评和讽刺政府。

但她的"反叛"和"革命"并未给事业带来不良影响；美国人好像"公私分明"。1971年，她拿到第一个奥斯卡奖，1978年又拿到一个。她的演戏天分很高，名导演弗雷德·金尼曼（Fred Zinnemann，1907—1997）说她"是个出众的女演员，有很强的分析能力……对情绪控制有不可置信的能力：按剧情需要，她可以随时哭，或大洒眼泪或咽咽饮泣"。

她的苦恼是，虽然出钱出力，真正的左派却看不起她，认为她只是个被宠坏的白人资产阶级。1971年，她遇上了一个"真正的"革命家，汤姆·海登（Tom Hayden，1939—2016）。他是民权运动、反越战和反正统文化的激进分子和领导人，很有革命资格。方达出钱出力支持他，搞竞选，搞活动。1972年7月，海登鼓励她访问河内。到了河内她就自荐做了两周的电台广播，指摘美国。她的一张坐在北越高射炮台上鼓掌欢乐的照片，令美国全国哗然。有人指她叛国，叫她"河内简"（Hanoi Jane）[48]。

1973年，她跟罗杰·华汀离婚，三天后就嫁了海登。她为他洗尽铅华，把豪宅卖掉，连洗衣机、洗碗机都不用了，甚至收养了一个黑豹党人的女儿。虽然加入"革命"，但她的性关系仍极随便，当然对象不再是罗杰·华汀时代的文人雅士，而是革命中人。她曾夸口说她唯一的遗憾是没有搞上切·格瓦拉（Che Guevara，1928—1967，拉丁美洲偶像型的革命家，那时他已去世）。

海登视她为摇钱树。方达为多赚钱，在1982年推出健身操视频[49]，刚好赶上战后出生的"自我一代"对个人健康着迷，成为当年最畅销的视频，风靡一时。接着出了好几集，她被视为健身大师。岂知海登对她更厌烦，"现在，简不是个电影明星而已——她是个'一人的企业集团'、一个偶像"。他酗酒，搞女人。1988年，方达生日的晚上，他告诉她爱上了别人，她马上把他赶出去。1990年两人离婚。

但不到一年，她又把自己寄托到另一个男人身上。这一次是右派大亨泰德·透纳（Ted Turner，1938—   ），当时他是CNN电视台的老板和美国最大的地主（虽然近年来生意没有那么顺利，但按2017年的估计，他的身家值23亿美元）。透纳是个强人，方达的养女（从黑豹党人收养的）形容她被透纳生吞（ate her alive）。婚后，方达把精神放在事业上，尤其是她的健身操出版和妇女解放运动。但两人还是在2001年分手。理由说简单也不简单、复杂也不复杂——方达信了教。透纳是激烈反宗教（虽然后期比较温和）的，说方达没有跟他商量过，他受不了。两人分手倒很和气。她拿到7000万美元，到今天仍说透纳是她最好的丈夫（透纳之后她没有再婚，但有同居）。

离婚后，她好像对所有事情都有强烈意见。在以色列与巴勒斯坦之事上，她站在巴方，但又说不反以；她反对伊拉克战争，2005年还说要组织反战巴士团，但又因不想抢了别的反战活动的注意力才取消；她是环保分子，反对奥巴马批准北极探油。但她最投入的是妇女解放运动。1970年代，她不穿胸罩参加反越战游行，被传媒瞩目。2001年，她成立"简·方达年轻女性生育健康中心"，防止女童怀孕。

她帮助阿富汗受压迫的女性，拯救肯尼亚性器官被割损的女孩，调查墨西哥沿边城市被谋杀的妇女，支持瑞典的妇解党竞选，做变性人剧团的导师。2017 年，她接受《人物》（People，美国最大众化的杂志）访问时说："妇女解放运动最伟大的事业之一，是让我们知道强奸和性侵犯不是我们做错了什么……我曾经被强奸，我孩童时代被性侵犯，我曾经因为不愿意跟我的老板睡觉被解雇……我一直以为是我的错，是因为我做得不对或说得不对。被强奸的女孩甚至不知道是被强奸，她们想'一定是因为我说不的时候说得不对'。"在进步的同时，她整容、隆胸，维持一个男人爱死、女人羡死的形象。

2005 年，她出版了自传《一生到此》（My Life So Far），说她曾担心过被称作女权分子（feminist），因为她曾以为所有女权分子都是反男性的，如今她明白了女权主义对男人女人都有好处。她"仍然爱男人"，真正的问题在于男性至上主义（patriachy）。她说，跟泰德·透纳离婚时，她觉得好像是跟男性至上主义的世界离婚，这使她非常快乐。书中她说：她的生命好像是部三幕剧，每幕 30 年，第三幕会是她最重要的，因为她信奉了基督宗教。但她信的不是传统的基督宗教，而是个人灵修多于依托神恩的宗教，是种参禅与瑜伽的结合。《华盛顿邮报》说这书"就像简·方达本人，既引人入胜又使人恼怒（as beguiling as maddening），一束美丽的矛盾"。这可能是对战后一代比较慷慨的评价，也是战后一代的典型写照。他们本身是美国的过去 60 年。

再回到我们的故事。尼克松颜面无光地走了，总统宝座又回到民主党的卡特（Jimmy Carter，1924—　，任期 1977—1981）手里。那时，国会两院仍是民主党控制，应该是有点作为，但他优柔、姑息，美国的国威和经济在他任内最低迷。他是美国近代最倒霉的总统[50]。首先是经济失控：一面是经济停滞，另一面是通货膨胀（滞胀，stagflation）。媒体整天喊日本要超过美国了，他的对策是削政府开支去减赤字。为应付1974年开始的阿拉伯产油国禁运，他推出国家能源政策，聚焦节能，开发新能源。但是，1979年发生的能源危机（伊朗革命和两伊战争使石油停产）使经济更衰退。他的福利改革、保健改革和税制改革也都未成功（国会虽然是在民主党手里，但与卡特的关系不好）。在外交政策上，他转向鼓吹人权（他是非常虔诚的南方浸信会教徒），平衡美中关系和美苏关系。1979年12月，苏联入侵阿富汗，卡特改变修和政策，开始建军备。但他在外交上最使美国人失望的是1978年初开始的伊朗革命，不仅推翻美国支持的政府，还在1978年底挟持美使馆人员为人质，扣留了444天。卡特派特种部队去营救，笨手笨脚，赔了夫人又折兵，成为国际笑柄。伊朗原本讲好要放人，但还要落一落卡特的面子，要等他任期结束、里根（Ronald Wilson Reagan，1911—2004，任期1981—1989）宣誓就职那天才释放人质。卡特非但连任落选，更把国会也从民主党手里送归共和党。

　　里根主张放任经济，把市场搞得大热，把苏联拖得半死。外交政策上，他完全反共，叫"里根主义"（Reagan Doctrine），主要是以打击苏联的全球影响力去结束冷战。他的政府大力建军，包括发展新军事技术。1983年，美军入侵拉丁美洲的格林纳达（Grenada），是越战后第一次国外军事行动，要重振国威。他赞助各地推翻左倾政权（拉丁美洲、阿富汗），一方面与苏联搞军备竞赛，另一方面又与戈尔巴乔夫扮老友，签订《中射程核武器条约》（Intermediate Range Nuclear Forces Treaty）。他巧妙利用经济、军事、外交手段拖垮苏联[51]。但他秘密卖军火给伊朗,然后又秘密把钱转给尼加拉瓜反左倾政府的"自由斗士",被视为美国外交污点。还有,他极力支持以色列,使巴勒斯坦问题无法解决,更带来日后伊斯兰极端分子制造的全球恐怖。但他卸任时,民望高达68%,媲美罗斯福,被称为"里根时代"。

1989年,老布什(George H. W. Bush, 1924—2018, 任期1989—1993)以压倒性票数接任里根。美国的世界霸主地位好像稳如泰山:越南战败的阴霾一扫而光;1989年底入侵巴拿马,把人家的总统当作毒贩逮捕,解返美国;1991年1月发动波斯湾战争,把伊拉克赶出科威特,以示国威。福山甚至把美式自由、民主形容为政治、经济与社会制度的"历史终结"。

但放任经济的尖兵是金融业,其实质是不负责任的放任借贷,当然有后遗症[52]。1980年就出现储蓄与贷款公司(Savings and Loans Companies)丑闻[53]。这只是冰山一角,当时无人醒觉这一角之下的庞然大患。其实,里根经济是大大有利于企业利润,大大不利于国家财政。里根的减税再加上军费,使1990年的财政赤字达1980年的3倍,当然国债负荷也因此急升。老布什建议收征新税。冷漠、自恋、享受至上的战后一代怎么甘心把口袋里的钱还给国家?大选就败在克林顿手里[54]。共和党占据12年之久的总统宝座,由民主党重新坐了上去。

这位克林顿(Bill Clinton, 1946— ,任期1993—2001)本人就是战后一代。他着实厉害,同时加税(讨好民主党人)和减福利(讨好共和党人)去削减政府赤字(讨好所有人),但保留甚至扩大放任经济(讨好大商家、财阀)[55]。这些全都是利益的勾结。

在身份政治上,他更是讨好有钱的妇女解放运动分子、同性恋分子,而不是没钱的黑人、穷人。朋党之风大盛,国会两度因党争未能通过财政预算,以致政府运作停摆[56]。国外的耀武扬威终引发伊斯兰世界的反击,1993年2月26日纽约世贸大厦爆炸事件是"恐怖时代"的先兆。"反恐""防恐"将会改变美国的一切。

战后一代到此时支配了美国的经济、政治与社会。无论是政、商、教育、传媒、娱乐都是他们的天下。1960年代的理想与反叛,经过1970年代、80年代的磨练,走向冷漠和自恋,到1990年代初就变得更老练和实际。出生于1946年的克林顿最具代表性。1996年的"白水丑闻"(Whitewater Scandal)牵涉他在未做总统时(那时是阿肯色州的州长)的一宗地产投资中有诈骗嫌疑。他被调查,未被起诉,但朋友和政治伙伴罪名成立。最尴尬的是1998年的性丑闻,被指与白宫女实习生发生性关系。起初他矢口否认,在文字上大做文章自辩,后又说他身为俗世传教士驱使他给女实习生慰藉。结果是共和党控制的众议院弹劾他,但参议院则放他一马,才不用革职。总统的尊严因他而扫地,朋党之争也因此而愈演愈烈[57]。

克林顿左右讨好,但人家认为他是变色龙。1993年,他以新民主派(New Democrats,也称"第三路线",Third Way)姿态当选总统,其实采用的是讨好各方的骑墙路线。共和党指他实在是个"加税收、增开支"的自由派(liberal,是共和党用来贬人的典型词语)。在1994年的中期选举,共和党以精简政府为口号,吸纳很多民主党内的不满分子(主要在南方和西岸倾向小政府和自由经济的分子),夺回国会控制权,兼拿得多个州长和市长位置,称"共和党革命"(Republican Revolution),反映美国人对克林顿的不满。他任期内被迫迁就共和党的国会。到1996年大选时,共和党总统候选人指他为"宠坏的战后一代"(spoiled Baby Boomer),但他仍获大胜,反映宠坏的战后一代支持他（他是1930年代罗斯福之后第一个连任总统的民主党人）。

虽然民主党连任，但共和党重掌国会，夺回立法主动权。虽然如此，克林顿政府仍实现了1960年代以来首次财政盈余，大受企业界和财经界好评。但他在资本家眼中最大的成就是1999年的《金融现代化法案》（Gramm-Leach-Bliley Act，GLBA），允许投资银行的业务与商业银行的业务合并，废除自从罗斯福开始的60多年来的民主党的经济公平立场。这使他成为财经宠儿、里根（放任经济）真正的继承人。这一法案极大放宽了金融经济，当然大受财经界欢迎，但也成为2008年金融危机和大衰退的主要伏线。虽然性丑闻与生意丑闻影响了他的声名，但卸任后被企业界关照多多，出书、演说都收重金。

克林顿的政绩，尤其是对资本家的功劳，仍不足以为民主党保住总统宝座。人们都看透他在经济上比共和党还右，在社会道德上比民主党还左。但他的经济政策只有益于大资本，中产得到的好处不多，他的社会道德姿态则大大开罪了保守分子。于是，保守与中产联手，把总统宝座从民主党手中转回共和党。

小布什（George W. Bush，1946—　，任期2001—2009）上台。他的当选其实是一场闹剧。一般来说，即将卸任的总统会为自己政党的总统候选人助选，但民主党候选人艾尔·戈尔对丑闻缠身的克林顿敬而远之。小布什也属宠坏的战后一代（与克林顿同年出生）。他得的选民票数比戈尔低，但选举院的票数[58]则稍高，因而当选。当时闹出点票风波，要找最高法院裁定[59]。这其实反映了美国左右派既分歧严重又旗鼓相当，才可酿成僵持。这也是接下来的21世纪的美国新常态：战后一代的时代会过去，新的力量要抬头了。

就是因为左右分歧这么严重，所以大选虽有结果，但不服气的仍不罢休。反对、抗议小布什的事件无日无之[60]。部分原因是主流媒体大部分是进步、开明分子,偏民主党(至今如是),所以报道中早有反布什意识,加上他的当选实有点暧昧,缺了"政治光环"。他是典型的传统和保守的共和党,一上任就减税 1.35 兆美元,又推出"没有孩子会被留下来"的教育改革和以宗教团体为骨干的社会福利政策。稍后又禁止晚期堕胎,在媒体引导的民意中跌落低谷。上任几个月,一件轰天大事发生,是他的"幸运",美国的不幸。

2001 年 9 月 11 日,两架飞机撞入纽约世贸大楼。一日之间,恐慌、愤怒统一了美国人的心态,大家一起支持三军统帅的总统。小布什马上宣布全球反恐。同年 10 月,进军被认定是包庇恐怖分子的阿富汗(是美国历史上最长战事),又签署《爱国者法案》(USA PATRIOT Act)[61]。2003 年 3 月,入侵被指藏有"大规模杀伤性武器"(但始终未发现)的伊拉克,40 天后宣布"任务完成",成为国内外笑话,因为战事非但未结束,打到 2007 年还要大幅增兵。2008 年 9 月 15 日,美国金融界第四大的投资公司雷曼兄弟(Lehman Brothers)宣布倒闭,金融风暴爆发。小布什就在这个风口浪尖的时刻卸任。

奥巴马(Barack Hussein Obama,1961—— ,任期 2009—2017)接手的是不景气与恐怖。把他推上宝座的是 1981—1995 年出生的"世纪一代"(Millennials,另一个称呼是"Y 一代")。他们在战后一代的影响下成长,来自兄弟姐妹不多的小家庭,自幼就事事有父母照顾,在物质丰富的环境长大,养成不劳而获的心态。成长期,社会给他们一个前途无限的憧憬;成长后,社会给他们一个人浮于事的现实。他们是消费的一代,不事生产,更遑论投资。买房是没有希望了,买车也只可能是二手,但买手机、手袋倒可以。这也是为什么发明和生产这些手机、手袋的资本家赚得盆满钵满。

奥巴马一心想仿效肯尼迪、罗斯福,他的总统大选口号是"我们可以信得过的改变"(change we can believe in)。这里有两个重点:"变"和"可信"——不变是不成了,但政府、政党,特别是总统的公信力是成败的关键。奥巴马大胜,连两院都归民主党。于是他大展拳脚去救市,甚至实行"社会主义"经济,收购两大汽车公司(通用和克莱斯勒)。他还要压缩企业高层的收入,以抑民愤。但实行起来却是雷大雨小,金融管制像隔靴搔痒[62],企业(尤其是金融界)高层的收入仍是天文数字[63]。但确实,股市在一年左右平稳,接着指数不断创高。唯独实体经济停滞不前,虽然失业率下降,但都是短期工或自创业居多,除了少数的高科技行业外,年轻人找工作越来越难,很多重回学校,但也只是暂时逃避而已。30岁或更老但仍留在父母家或重返父母家的越来越多。

第二个任期内,他把重点放在气候变化、签《国际减排协议》(也称巴黎协议,在特朗普执政时美国退出)上,并与伊朗和古巴达成谅解协议,阿富汗也持续撤军。2014年,共和党夺取参议院。到此,两院又重归共和党,与奥巴马力斗,长期不通过总统的财政预算,以致政府运作停摆,在移民政策和最高法院任命等事情上处处掣肘白宫。

到处防恐、反恐非但花钱,更要牺牲美国大兵。于是奥巴马把力度放缓,以空袭、特种部队去取代大规模的军事行动。2011年刺杀"9·11"恐袭的主脑本·拉登(Osama Bin Laden,1957—2011)使他声名大振,但用于防恐、反恐的经费也不断消耗。除物资资源外还有社会资源,尤其以国家安全为理由对国民私隐的刺探更是政治热题。奥巴马,这个以搞民运和组织社团群体出身的第一位黑人总统,主政

8年是心有余而力不足的。

特朗普的上台反映了美国权力苟合和朋党政治的升级。特朗普当选，暴露出美国人在经济、社会、政府、道德上的严重分歧。南北战争之后，资本经济是美国社会的黏合剂，不断扩充的经济保证美国人的自立（自由）和自足（富有）不断提升，也就保证了美国的安稳。一旦自由与富有停止增加，安稳就难保。

资本主义的逻辑是不断竞争。竞争当然有胜有败。假若胜者没有进路，社会不会安；败者没有退路，社会不会稳。因此，想要安稳，国家的经济资源要不断增加，经济范围要不断扩充。殖民时代以至工业革命，地大物博的美国有很大的开发空间，供胜者继续发展，让败者休养补充。到20世纪，美国经济向外扩张，机遇不断，"二战"后更是龙头大哥，控制全球经济命脉。但自从里根时代开始，经济全球化出现，当初是美国经济支配全球经济，但没多久，全球化的经济（生产链条全球化、金融经济全球化）就开始支配美国经济了。

特朗普的"美国第一"（America First）是要为被全球化经济淘汰的美国中下阶层讨回个"公道"。这违背了全球化经济的动向，违反了全球化经济的逻辑，恐怕不会成功。未来十年八载是美国的决定性时刻。要挽留经济全球化还是离弃？全球化经济会眷顾美国还是抛弃美国？去与留决定于什么因素？会不会产生暴力（美国内部的暴力、美国对外的暴力）、多大的暴力？

注:

1. 19世纪末,美国进入"进步时代"(Progressing Era)。这是个社会和政治运动,有很重的社会达尔文主义(Social Darwinism)味道,认为通过科技和教育可以改造人、改良社会,对前景一片乐观。其中两件事特别有意义:(1)妇女选举权;(2)全国禁酒令。

    (1)1848年7月19日,女权主义者在纽约循道会教堂起草宣言。原因是早些时候,参加解放黑奴的美国女代表到伦敦开会被拒入席,所以她们决定组织运动。几百人开会,起草《权利与感伤宣言》(Declaration of Rights and Sentiments),以《独立宣言》为蓝本,也就是以"天赋权利"为基础,强调历史上男性对女性的伤害,尤其篡夺已婚妇女的工资、金钱、财产(当时的法律是尽交丈夫,叫coverture laws),指出女性缺乏教育和就业机会,在教堂中地位低微,没有选举权。1850年召开妇女权利国家大会(National Woman's Rights Convention),定期续开。内战结束后,很多女性在禁酒运动工作,学会了组织政治活动。1866年成立了美国平权协会(American Equal Rights Association),1868年宪法修改第14条,给予所有男性投票权,分裂了女权运动:支持或反对修宪。在纽约,激进派组织了妇女投票全国联会(National Woman Suffrage Association, NWSA)。1870年,修宪第15条给予黑人(男)投票权,NWSA拒绝支持,主张全体有投票权。1869年,怀俄明州首先给予女性投票权;1870—1875年,多次有妇女坚持投票;到1872年,甚至要竞选总统,成立平权党(Equal Rights Party)。1873年,妇女基督徒禁酒联盟(Women's Christian Temperance Union, WCTU)成立,大力推行禁酒运动,从1878年开始兼推妇女投票权。1878年,修宪增选举权,未被国会通过。但到1920年修宪第19条,妇女终于可以投票。

    (2)19世纪的酗酒、家暴和以酒铺为根据地的政治腐败引发禁酒运动,由新教虔敬派带头去治疗社会病和政治腐败。19世纪末,地区性禁酒引发大辩论。干派(Drys,代表禁酒)主要是虔敬新教分子(Pietistic Protestants),特别是循道会和当时的社会进步分子(Social Progressives),民主党、共和党都有。草根组织是妇女基督徒禁酒联盟。1900年后,由禁酒协会(Anti-Saloon League)协调。湿派(Wets)主要是天主教徒,德国路德宗教派(1917—1918年后,因美国与德国战事被边缘化)。最初是各州自禁,最后是宪法修改18条,全国禁(1920)。联邦的法令比较松,不禁拥有和自用,但某些州比联邦严,全禁。1920年代,"咆哮20年代",很多人不理法律。犯罪组织加入,卖私酒,发生很多骇人案件。湿派发动全国运动,指责禁酒令制造了有组织犯罪,削减了地方税收并且以农村新教道德观加诸城市人。1933年12月5日再次修宪,以21条取代18条。

2. 威尔逊总统是"进步分子",在带领美国加入"一战"时说,"这场战争是要使民主在世界得到安稳"(the war to make the world safe for democracy),但战争的残酷使他失去道德光环。

3. 欧洲"好景"比美国稍晚,在法国叫"疯狂年代"(Crazy Years),在德国叫"黄金的20年代"(Golden Twenties)。

4. 那时的金融业仍是以服务农、工业为主,还未像今天有这么多的金融产品,遑论五光十色的金融衍生品。金融经济的规模小得多,但对实体经济的正常运行有直接的、严重的影响。今天的金融市场大得多,但却差不多脱离了实体经济。

5. 欧文·费雪是"货币主义者",相信货币供应量是支配经济的最有力杠杆。1970—1980年代最具影响力的芝加哥学派的米尔顿·弗里德曼(Milton Friedman,1912—2006)对他极推崇。这派人与凯恩斯学派唱反调,见《西方文明的文化基因》第三十章"资本主义与自由经济"。

6. 2008年金融海啸期也只下降了1%。

7. 整个1920年代,农产激增(机械化、化肥、杀虫)但农价不稳,到1933年就全盘崩溃:农民不收割,农作物腐毁,牲口屠后扔在旷地;银行存款没有保障,数千家银行倒闭,存款化水;没有失业保险和社会保障,济贫的责任落在家庭、慈善事业和地方政府身上(这跟英国在一百年前工业革命成长期的情况差不多)。

8.

1929—1931年	美国(%)	英国(%)	法国(%)	德国(%)
工业产出	−46	−23	−24	−41
批发价格	−32	−33	−34	−29
外贸	−70	−60	−54	−16
失业	+607	+129	+214	+232

9. 凯恩斯派(Keynesians)的解释是大规模的丧失信心带来突然的消费下降和投资下降;接着是恐惧和通缩成形,人们相信远离市场可减少损失,于是价格继续下降,也就是现金更值钱(同量的钱可以买更多的东西),于是加剧消费下降。为此,政府该以赤字财政去把经济带出困境(因为单靠企业投资不足以保住正常生产水平):一方面增加政府投资和消费,一方面减税。罗斯福就是用这套:大建公共设施,大发农庄补贴。但由于他仍想保持政府财政收支平衡,为此他从未投入足够开支去突破不景,直到"二战"来临。货币派(Monetarist)的解释是,大萧条其实是由小衰退开始:美联储任由大银行倒闭,牵连地方小银行出现挤兑,造成恐慌;由于通货不够,企业不能贷款,甚至不能把已借到的钱拿到手里,被迫停止生产。他们认为小衰退变大萧条的关键在黄金储备(当时的《联邦储备法案》规定40%黄金储备)。1933年4月5日,罗斯福禁止私人拥有金条、金币、金债券,以减轻联邦储备的压力。一般的说法是两种原因都存在:总通货供应和总消费是相连的。当大萧条开始时,大部分经济学者都相信市场会自动调节恢复平衡(self equilibrating)。此外还有好几个比较偏的学派。(1)奥地利派认为"不景气是好

事"。不景气会使无效率的投资和企业破产（因为它们的生产技术过时了），于是解放出生产要素（劳动和资本），从低效利用重新分配到科技进步的领域。值得注意的是，证据显示确有大量企业破产，但资源并未有重新分配，只是消失了（特别是在大萧条的早期）。为此，奥地利派的商业周期（business-cycle）理论指的其实是周期性的大灾难。奇妙的是该派名人哈耶克（Friedrich Hayak），在1929年准确预测联储局在1920年代放宽通货和借贷会引发一个不可持续的繁荣。（2）离合器瘟疫（Clutch Plague）的欧文·费雪（Irving Fisher, 1867—1947）认为大萧条是通胀与欠债过多的恶性循环。（3）预期论（Expectations Hypothesis）认为是公众期望过高，所以处理公众的期望是复原的关键。（4）马克思派认为资本主义制造不平衡的财富累积，引发资本过度累积，一定出现危机（急剧的衰退），称之为疯乱的资本主义发展。（5）贫富差距论（wealth gap）认为一个经济体的产出会比需求多，因为消费者没有足够收入去吸纳生产，大萧条是1920年代的财富不均带来的（这影响胡佛），也就是全球在重工业的过度投资远超工资和私人企业所能吸收。（6）生产力震动论的解释是20世纪前30年的经济大发展（电气化、农业工业化）导致大量剩余生产力。（7）商业周期论认为罗斯福的工资和物价管制把周期延长7年。

10. 1976年诺贝尔经济学奖获得者米尔顿·弗里德曼（Milton Friedman）和安娜·施瓦茨（Anna J. Schwartz）所写的《美国货币史》(*A Monetary History of the United States*) 特别强调这点。

11. 1937年，英国的失业人数达15万。1939年，"二战"动员，失业问题得到解决。美国在1941年参战，失业率跌破10%。

12. 与此同时，苏联则迅速工业化，终在"二战"后追上美国，为世人提供另一种经济政治模式。持续了差不多半个世纪的冷战就是这两个模式的竞争。

13. 道斯日后是柯立芝总统的副总统，其方案叫道斯方案（Dawes Plan），他因此而获1925年的诺贝尔和平奖。

14. 罗斯福正要大搞建设和济贫，如何平衡财政？他的妙策是两套财政：正常财政要收支平衡，非正常财政（个别项目）可以暂时赤字。

15. 工业生产指数在1932年7月见最低点，52.8（以1935—1939年＝100为标准），1933年3月他上任时仍是54.3，但7月就急升上85.5。

16. 第一次新政的具体内容如下。有些政策是在胡佛总统时期已开始，包括：（1）1931年成立国家信贷公司（National Credit Corporation），由大银行注资小银行，但大银行不愿。（2）1932年出台《紧急援助法案》(Emergency Relief Act)，成立重建财务公司（Reconstruction Finance Corporation），以20亿去救济银行，但只是杯水车薪。（3）设联邦紧急救济局（Federal Emergency Relief Administration, FERA）去创造无需技能的工作职位。日后罗斯福加以扩充，在 1935 年以工程进度局（Works Progress Administration, WPA）取而代之，但救济金则由州政府支配。1933 年 3 月 4 日，罗斯福就职。当日宣布 3 月 4—9 日为银行假期（United States Bank Holidays），下令所有银行关门，直到新法案通过。3 月 9 日，他送交国会《紧急银行法案》（60 多年后由克林顿废除），当日通过。主要是管制投资银行（investment bank）的债券买卖活动和管制商业银行（commercial bank，可接受储蓄存款，并要有一定的储备金）与债券公司（包括投资银行）的连接，借此打击投机。5 月 11 日，美联储 3/4 的银行重开。政府可贷款给银行，但银行要接受监管。到 3 月 15 日，股市升了 15%，银行存款开始高于提款，恐惧停息，大量民间屯存的黄金和货币一个月内重返银行，情况安定下来。到 1933 年底结算，有 1004 家较小的银行倒闭，损失存款 5.4 亿，存款者每元最后取回 85 分。接着就是一连串的金融政策。1933 年 3—4 月放弃金本位，总统下 6102 号行政令（Executive Order 6102，至今仍保留），规定货币再没有黄金担保，禁止黄金出口，规定黄金转货币价格，限定黄金不能用为合法货币。从此，美元自由浮动。1934 年出台《黄金储备法案》（Gold Reserve Act），金价由 20.67 美元 / 盎司转 35 美元 / 盎司。这使联邦的黄金储备突然升值，就可多发货币，市场反应极佳，因为预期通降见底。联邦存款保险公司（Federal Deposit Insurance Corporation, FDIC，至今仍存）担保银行存款，上限为 2500 美元，挤兑遂停止（1920 年代每年有超 500 家银行破产，1937 年后每年不超 10 家），并监督州立银行。《证券法案》（Securities Act）创立证券交易监管局（Securities and Exchange Commission, SEC，至今仍存），规定投资要准确公布收支账目、利润和损失、公司行政人员的姓名和薪酬、交易债券的企业，并要核数师验证（1929 年前是没有任何管制的）。1934 年更监管股票市场，禁止企业在发行债券、股票和财务报告时作弊。

有关就业的政策：（1）平民维护工作队（Civilian Conservation Corp, CCC, 1933—1942）雇用 25 万年轻人去做乡村非技术工作（由陆军部监管，是罗斯福最爱的项目，也是新政最受欢迎的项目）。（2）田纳西河谷管理局（Tennessee Valley Authority, TVA，至今仍存）帮助贫困地区现代化，在田纳西河建水坝来发电。（3）公共工程管理局（Public Works Administration, PWA, 1938 年结束）通过民间（私人）承建商建大型公共设施，政府则大建机场、医院、学校、道路、桥梁、水坝，但并未直接雇用失业工人。1933—1935 年用了 33 亿美元，建 34599 个工程项目，包括重新归林（reforestation）和防洪。有人说"新政改变美国地貌"。（4）土木工程管理局（Civil Work Administrtion, CWA, 1933—1934，）为失业工人提供数百万临时岗位。

有关救济的主要政策：（1）买房贷公司（Homeowner Loan Corporation, HLC）帮助居者保住居所，支助银行不倒闭并刺激建筑业。政府从银行购买因不能交抵押而被收回的住房，然后允许住者按能力分期偿还政府；定立全国一致的住房估价方法，简化抵押程序。（2）联邦住房局（Federal Housing Administration, FHA）定立全国住房建筑标准。

有关农业的主要政策：（1）《农业调整法案》（Agricultural Adjustment Act，AAA，多次修改，现今仍有大津贴）通过控制主要农作物和牲畜出产以维持农价，建立配额限制生产。地主可拿脱耕补贴，补贴的支出由农产制成品（food processing）的新税收来支付。民意大部分反对这法案。1936年，最高法院指不合宪法。罗斯福取消荒田补贴后再出台。（2）《农民救济法案》（Farmers Relief Act）通过赔偿去降减生产，以提升农价。农民收入到1937年翻了一番，但农价仍低。

　　有关工业的政策：（1）《国家工业复苏法案》（National Industrial Recovery Act，NIRA，1935年结束）。各行业内部设立规矩去减少不公平竞争以提高物价，这是自由经济中的计划经济。（2）早在1929年3月，通降循环不绝，全国总商会倡议政府发起各行业组集团（cartel，也译卡特尔）去稳定价格。虽然反垄断法律（也译反托拉斯法）不容此，但罗斯福极感兴趣，认为过度竞争带来生产过剩，压低工资物价；专家也指出通降增加了负债，会延迟经济复苏。新政经济学者拒绝国会把工时限制到每周30小时的想法。他们与大企业共同设计了NIRA，再加上WPA（见下）的钱去刺激物价上升。他们相信《劳工法》（National Industrial Relations Act）会提升工会力量去要求加薪（工人就会有钱增加消费）和减少"有害的竞争"。NIRA的重心是国家复苏局（National Recovery Agency），呼吁全国每一行业定立一个全盘规则（blanket code）：最低工资为20—45美分，工时35—45小时，终止雇用童工，并组织蓝鹰（Blue Eagle）运动去争取国人对工业自治（industry self-government）的认可。最主要是定下物价和工资底线以及生产与就业协议。在很短的时间，全国各主要行业达成协议。1935年5月27日，最高法院一致裁定这是违宪。1935年5月国家复苏局结束时，全国已有200万雇主接受了协议。

17. 第二次新政具体内容如下。

　　有关就业的政策：（1）国家青年局（National Youth Administration，NYA，1943年结束）为16—25岁青年提供工作和教育。经费来自工程进度局。（2）工程进度局（Work Progress Administration，WPA，1943年结束）是个全国性的劳工项目（由每个州主办），罗斯福坚持项目要属劳动密集型，但不能与企业竞争，目的是早日使失业工人重回工作岗位。男性无技术的干建筑，女性干缝纫。失业艺术家、音乐家、作家甚至马戏班都有项目。（3）《国家劳工关系法案》（National Labor Relations Act，NLRA，也称Wagner Act，至今仍存，但在1947年修改为Taft–Hartley Act）成立国家劳工关系委员会（National Labor Relations Board）去监管劳资关系。在1930年代，政府向工会倾斜，保障劳资谈判和加入工会的权利，但不强制劳资一定要达成协议。工会人数因该法案激升，成为新政的强力支持者，助罗斯福在1936年、1940年和1944年的胜选。

　　有关救济的政策：（1）《社会保险法案》（Social Security Act，SSA，至今仍存）以财政支持老年人和残疾者。资金来自雇主与雇员工资扣额。美国是当时工业国中唯一没有全国性社会保险制度的国家。（2）剩余产品项目（Surplus Commodities Program，至今仍存，现叫《补充营养协助项目》，Supplementary Nutrition Assistance Program）将粮食免费发放给贫民。1939 年设食品配给票项目（Food Stamp Program），穷人尤其是城市贫民，以政府粮票向零售商购买食品。1943 年因战事带来繁荣而结束，1961 年再来，至今。项目大受欢迎（包括贫民、农业、批发、零售）。

有关农业的政策：（1）农户安置局（Resettlement Administration, RA，后改为农户保障局，Farm Security Administration, FSA）成立。（2）联邦农作物保险公司（Federal Crop Insurance Corporation, FCIC, 1938，至今仍存，但已修改为农作物与牲畜的生产损失或收入损失保险）成立。（3）农村电力局（Rural Electricity Administration, REA，至今仍存）以公私合营和合作社形式去承担农村公共设施（电、电话、水、污水）。

有关工业的政策：《公平劳工标准法案》（Fair Labor Standards Act，至今仍存）定立每周最多工时为 44 小时（现今是 40 小时）。法案出台，30 万人加薪，每小时最低工资为 40 美分；130 万人削减了工时，取缔大部分童工（16 岁以下全禁，18 岁以下不能做危险工作）。

其他的主要政策：（1）《财产税法案》（Wealth Tax Act）管制财富分配。超 500 万收入的税率定为 79%（只有洛克菲勒一人有资格），预计税收只有 250 万美元。因此税收不是主要目的，主要目的是政治：罗斯福以此夺取民主党内政敌的支持者。富人反对，称他"出卖自己的阶级"（a traitor to his class）。（2）《不发放利润税法案》（Undistributed Profits Tax Act, 1938 年取消）主要目的在税收。为付给"一战"退伍军人 20 亿美元，国会定下了《公司红利修改法》（Adjusted Corporation Payment Act），决议企业不发放的利润（retained corporate earnings）要缴税，而发放出去的利润（股份红利）则可免税，用意是刺激企业派利，把钱发到个人手里消费来推动经济。在大量的激烈反对之声下，于 1938 年取消。（3）《司法程序改革草案》（Judicial Procedures Reform Bill, 1937）建议最高法院每出现一个超过 70 岁的法官，总统有权委任新法官（这是罗斯福对最高法院判他违宪的反击）。国会未通过。（4）《住房法案》（Housing Act）建住房局（Housing Authority，属内政部）。这是新政策最后的一个机构，获共和党的支持，因为他们想借此清除贫民区。

18. 最后没有增加是因为有大法官退休，罗斯福提名的支持者继任，保住了新政。

19. 失业率由 1937 年 5 月的 14.3% 上升到 1938 年 6 月的 19%。

20. 1942—1943 年（也就是"二战"期间）保守派关闭了新政的救济项目，部分是因为参战解决了失业问题，部分是因为意识形态。

21. 1929 年，联邦政府财政总支出是国民生产总值的 3%，1933—1939 年，联邦支出升了 3 倍（但国民生产总值与国债的比例没有大变，因为国民生产总值也在大升）。1944 年，联邦政府支出是国民生产总值的 40%，但同期经济急剧增长，因为政府控制物价和工资。

22. 1940 年的《社区设施法案》(Community Facilities Act, 又称 Lanham Act)资助因国防需要而被影响的社区的基础设施(军需工业使某些社区人口激增,公共设施短缺,为此政府资助建房、供水、卫生、医院、托儿、学校)。1942 年的《军人眷属津贴法案》(Servicemen's Dependents Allowance Act)供养参军的家眷、在军需工作的妇女的托儿、殉职军人的无助儿女;战后,1944 年的《公众健康服务法案》(Public Health Service Act)更扩大保健力度。

23. 艾森豪威尔加强社会保障,但要保障制度自给自足。他支持最低工资、公共住房、扩大教育和建设公路(国防用)。

24. 共和党保守分子组成"新右派"(New Right),在 1980 年末把里根推入白宫。里根曾经极力支持"新政",但后来反对"新政"。

25. 在大萧条和"二战"的十多年,人口生育率很低,但战争结束后,成家的和生孩子的猛升,所以这一代比上一代的人口多得多。这一代人成长后,虽然生育率不断下降,但因为基数大,所以其下一代人数也不少,人口学家将这两代人称为爆声与回声(boom and echo)。

26. 马歇尔计划(Marshall Plan)是 1948 年开始的四年计划,援助西欧经济复苏,共 120 亿美元。主要是重建战区、打破国与国之间的贸易障碍、促进工业现代化;目的在阻止共产主义扩散。资助按人口与工业化阶段分配(英国占 26%、法国占 18%、西德占 11%)。计划原本包括东欧,但苏联不允许。亚太地区的科伦坡计划(Cololmbo Plan)是以扶持英联邦国家制止共产主义为主,但资金来源主要是美国。原先是六年计划,从 1950 年开始,但不断延长,一直至今。

27. 铁幕(Iron Curtain)是 1946 年 3 月 5 日丘吉尔应杜鲁门邀请到他密苏里州家乡出访时第一次提到的。

28. 1948 年 6 月 24 日到 1949 年 5 月 12 日,苏联陆路封锁在东德境内的西柏林。美国与英、法等盟国空运粮食与物资,平均 30 秒钟升降一架飞机,共输送物资 230 万吨。这是冷战的第一次重大对峙事件。

29. 美国有两次大规模的"恐共"。第一次是俄国革命之后的几年(1917—1920)。媒体大肆渲染美国共产革命在即,1916—1917 年几次罢工都归咎为外国特工煽动国内极端分子的阴谋。1918 年,威尔逊总统力请国会立《叛乱法案》(Sedition Act)去放逐反战分子以维持士气。1919 年 4 月发生炸弹案:36 名政界、商界知名人士收到邮寄炸弹(包括总检察长)。6 月 2 日,8 个城市、8 个炸弹连环爆炸。证据显示是极端分子所为。全国各地大搜捕,数千外国居民被驱逐出境。总检察长预警左翼反政府分子会在 5 月 1 日劳动节发动革命。结果 5 月 1 日平安度过,总检察长被指误导国人(原本是有希望成为民主党总统候选人的,但因此事丧失公信力)。1920 年 9 月 2 日发生华尔街爆炸案,死 38 人,伤 141 人,怀疑无政府主义者和共产党员所为,但始终没有起诉任何人。1919—1920 年,好几个州立法禁止发表以暴力改变社会的言论,警方大举搜捕左翼分子。第二次恐共是"二战"结束、冷战开启的十年间(1947—1957),也称麦卡锡主义(McCarthyism)时代,同期也是冷战(1945—1991)开始、柏林被围堵(1948—1949)、中国国共内战、朝鲜战争(1950—1953)、美政府官员做苏联间谍(特别是 1950 年,外交部 Alger Hiss 间谍案和罗森伯格夫妇的间谍案)。那一时期,苏联的经济和科技迅猛发展,共产主义在劳动人民和知识分子中具有很大吸引力(美国共产党在 1940—1941 年达到高峰,党员近 75000 人)。1947 年 3 月,杜鲁门总统签订 9825 号令,称《联邦雇员效忠项目》(Federal Employees Loyalty Program),建立政治效忠审核委员会(Political-Loyalty Review Boards),"发现"了庞大的苏联间谍网。1950 年 2 月 9 日,麦卡锡在演说中扬言他手中有 205 名在外交部的共产党员名单。这是麦卡锡主义的开始。麦卡锡在 1950 年提出《内部安全法案》(Internal Security Act),杜鲁门认为太约束国民自由,要否决,但国会否决他的否决,可见当时的恐共民意。在国会中,众议院有"众议院非美活动调查委员会"(House Committee on Un-American Activities),原在 1938 年成立,调查美国人的纳粹活动,到"二战"后才转调查共产活动。最著名的是 1947 年 10 月的"好莱坞十君子案"(Hollywood Ten),传调 10 名导演、演员。他们以言论自由为理由拒绝合作,但卒被判藐视国会入狱。在今天美国进步分子精英中这属"殉道"(并可见好莱坞文化与进步精英文化何等相似)。参议院中主要调查共产活动的是 1950 年成立的内部安全次委员会(Senate Internal Security Subcommittee),一般比较慎重,尤其调查美国为什么失掉中国(losing China)。麦卡锡主持的是"参议院调查永久次委员会"(Senate Permanent Subcommittee on Investigation),在 1953—1954 年是他的天下。他先查外交部的"美国之音"(Voice of America)和海外的美国图书馆,跟着是陆军部(公开在电视聆讯),与军部闹得很不开心。到 1950 年代中后期,有人开始投诉到最高法院。最高法院裁定很多调查手段属违宪。

30. 跟日后克林顿的"新民主"(conservative progressivism)类似,也就是左右讨好。但因为时代不同,左右的定义有别。艾森豪威尔时代的"保守"是传统道德,"进步"是继续罗斯福时代的利民新政。克林顿时代的"进步"是重视身份政治如妇女解放、同性恋,"保守"是继续里根的自由经济。

31. 1956 年 7 月 30 日,埃及宣布把苏伊士运河收归国有。这威胁到以色列、英国和法国的石油供应航线。以色列首先发难,10 月 29 日攻入埃及;11 月 5 日英、法伞兵降落运河区。11 月 7 日战事结束,埃及战败,但成功塞住运河。苏联与美国分别警告英、法退兵。艾森豪威尔要挟英国,说美国要抛售手里的英镑债券。三国撤兵,联合国维和部队巡防以埃边境(加拿大总理皮尔逊因建设维和部队获诺贝尔和平奖),英首相艾登辞职。苏联胆壮了，在 10 月入侵匈牙利镇压革命。

32. 直到 1950 年代早期，美国都是全球科技霸主。但 1955—1961 年，苏联每年训练的科学家比美国多两三倍。1957 年 10 月 4 日，苏联成功发射人类第一枚地球卫星 Sputnik，震撼美国。（其实美国日后发射"探险者 1 号"卫星的"Juno 1 号火箭"早在 1956 年已经准备就绪，但因保密而未公开。）当时美国已有计划发射卫星，但重量不够 10 公斤，而 Sputnik 则是 83 公斤。对美国来说，苏联发射卫星证明它的科技水平已突飞猛进，超越美国，但更具威胁性的是它的火箭能够从苏联境内携带原子弹头直射西欧和北美。美国历史以来的地理安全感被刺破了。Sputnik 之后，美国两次试射。在 1957 年 12 月 6 日试射一枚 1.3 公斤的小卫星，赫鲁晓夫叫它作"葡萄柚"；1958 年 2 月 5 日又试射一枚同样重量的卫星，都失败。这次发射的火箭离地 1.2 米就爆炸，但顶上的小卫星自动弹开，跌在发射台旁边的旷地，并开始发送通信电波，好像已上了轨道，弄得全国啼笑皆非。当时传媒有人说："还不叫人出去找着它，一枪把它打碎？"并称其为"完蛋"（Kaputnik，是 Sputnik 的谐音，而 kaputte 是德文"完蛋"之意）。美国要到 1958 年 3 月 17 日才成功发射一枚不够 1.5 公斤的卫星。Sputnik 升空后 5 天，艾森豪威尔还说，"有关卫星本身，我一点也不担心，一小点也不"，因为几十公斤的弹头根本不是威胁。但到了 1958 年，他转了口气，指出三点"明显的事实"：苏联的太空科技超越美国、超越整个自由世界；如果继续下去，美国的威信和领袖地位就会受损；如果苏联在太空的军事力量超越美国，就会构成对美国的直接威胁。他保证美国会投入人力、物力去处理。但仍是人心惶惶，有人甚至比拟"珍珠港"（氢弹之父特勒［Edward Teller, 1908—2003］的全国电视广播的说法）。当时媒体大肆渲染 Sputnik，引发全国恐慌。国会决定拨款增加投入，太空竞赛开始。1958 年 2 月，艾森豪威尔授权成立先进科研项目署（Advanced Research Projects Agency，后改名国防先进科研项目署，Defense Advanced Research Projects Agency，DAPRA，是美国国防最主要的科研机构），7 月，更成立太空总署（National Aeronautics and Space Administration，NASA）。在 1960 年代中期，太空总署占联邦政府资助大学科研经费的十分之一。但更关键的是，国会通过《国防教育法案》（National Defense Education Act），4 年内投入几十亿去提升科技教育，为美国创造整代的科技人才，并支配科研方向：以数科与理科去保持美国的科技与工程优势，以外语教育与文化研究去支撑情报工作，以历史与人文学科去建设国民意识。但那时的政治气候比较紧张（麦卡锡主义的反共活动刚过），所有接受政府经费的教授们都要签约效忠国家，引来很多反感。1960 年的总统竞选中肯尼迪以消除火箭差距（missile gap）为口号，上任后部署 1000 枚义勇兵火箭（Minuteman）。1961 年 4 月 12 日，苏联太空人加加林（Yuri Gagarin）升空，为人类首创。肯尼迪的反应是，"如果苏联控制太空就能控制地球，就像几世纪前控制海洋就能控制大陆"，决定以登陆月球为目标。有人说，私下他认为探月是浪费，但他不能不安抚美国上下的人心惶惶。1980 年代，日本经济声势浩大，也曾一度引发恐惧，也用上"Sputnik 时刻"一词。2011 年，也就是美国刚从 2008 年金融危机恢复之际，奥巴马也引用"Sputnik 时刻"："这是我们这一代人的 Sputnik 时刻，我们需要又一次像当年太空竞赛高峰时向科研和开发投入。"他以登月的"阿波罗计划"为例，强调要以同样力度投入生物医药、信息科技、清洁能源。

33. 美国在内战之后就有效忠宣言（Pledge of Allegiance），在公、私场合一齐颂念，以示效忠于一个不可分割的国家。1942 年国会正式采用。但在 1954 年冷战正酣之际，加上一句"一个神"，以示美国与苏联之别："我宣誓对美利坚合众国国旗效忠，对它代表的共和效忠，一个国家，在一个神之下，不可分割，赋予所有人自由与公义。"当时学生天天都要公开宣誓，到今天仍有不少人这样做。

34. 1961 年 4 月，由中情局训练并资助的反卡斯特罗分子在古巴猪湾空降，想重夺政权，但训练不足、后援不继，数日内被消灭。1961 年 8 月，东德在苏联支持下建柏林围墙，冷战升级。1962 年 10 月爆发古巴导弹危机，美苏对峙（有史家认为是人类核战争的最危险时刻），终是苏联让步。

35. 此词是他在 1960 年接受民主党总统候选人提名时用的："今天我们站在一个新疆界的边沿——1960 年代的疆界，未知的机会与危险的疆界，还未达成的希望和还未出现威胁的疆界……跨出疆界是未曾探索的太空和科技、未有解决的战争与和平、未被克服的无知与偏见、未有答案的匮乏与过剩。"

36. 美国内战结束后有一段重建期（Reconstruction Era，1863—1877），有关释放后的奴隶的参政权争议纷纷。1877 年，联邦政府结束军事管理南方，南方白人势力再次抬头，采用种种方法约束和限制黑人的政治权利，其中一个是州政府立例规定缴人头税的才有资格参加选举（殖民初期，人头税是政府主要收入，但后来工商、交通、房地产值钱之后，政府就不再依赖人头税），用意在排挤黑人和穷白人参政。1962 年，国会修宪禁止，1964 年各州同意。

37. 其实约翰逊建树也不少：一方面是大减税，另一方面是签署《清洁空气法案》《民运法案》，修改社会保障、建立医疗保障（包括 1965 年为老年人医疗保健的 Medicare 和补助穷人及伤残者医疗的 Medicaid）、结束移民限制、约束对黑人参政的歧视（《选举权利法案》）。在国际关系上，他与苏联搞和解（为 1970 年代尼克松和解铺路）。

38. 1968 年是美国民运高潮，尤其是金博士 4 月被刺杀后，全国暴动。8 月的奥运会中，代表美国的黑人选手在颁奖礼行黑人敬礼，全球瞩目。同年也是反越战高潮，11 月民主党芝加哥大会连续 5 日暴动，要出动国民警卫军。9 月，妇女解放分子破坏"美国小姐"竞选。学生全球示威包括西德、墨西哥、瑞典、捷克（"布拉格之春"，苏联 8 日镇压）、西班牙、意大利、英国、巴西等地。其中,以法国的 5 月学生运动影响最大,全国停顿,如同政变。戴高乐被迫逃离法国(虽然只是几个小时)。当时的主题是反资本主义、反消费主义、反美帝国主义。

39. 美国人到今天仍说:"你记得听到肯尼迪遇刺的那一刻你正在做什么吗?"在很多美国人心中,"二战"后半个多世纪的历史性事件就是肯尼迪被刺和"9·11"恐怖袭击。

40. 1972 年 6 月 17 日,警察捕获 5 名潜入华盛顿"水门大厦"民主党总部办事处的可疑人员。联邦调查局追踪疑犯身上钞票的来源,发现来自尼克松连任竞选委员会。1973 年 7 月,证据(包括尼克松前下属的供词)显示尼克松下属与此事有关。又发现尼克松办公室装了秘密录音机。他拒交出,但最高法院判他一定要交出。录音带显示他非但知情,而且意图掩饰,并主使下属误导联邦调查局。面对无可避免的国会弹劾,尼克松在 1974 年 8 月 9 日辞职。继任者福特则在 9 月 8 日赦免了他。

41. 他原是艾森豪威尔的副总统,在艾森豪威尔卸任后极有希望入主白宫。在与肯尼迪在电视辩论(美国政治大众化的一个转折点)中败下来。战后一代总是把他跟神话化的肯尼迪比较,丑化他为一个不择手段追求权力的坏蛋。

42. 1973 年 10 月 6 日(犹太人的赎罪日,是全年最神圣的日子),埃及突入西奈半岛而叙利亚攻进戈兰高地,意图收复在 1967 年"6 日战争"中被以色列占领的土地。苏联向两国输送武器。10 月 12 日,尼克松下令空运补给以色列。10 月 17 日,阿拉伯产油国减产 5%,并对以色列盟国进行石油禁运。沙特阿拉伯并未参加,但当美国答应军援以色列 22 亿美元之后,即加入禁运。战事在 10 月 26 日结束,以军全胜。但产油国以石油做武器,到 12 月,石油减产 25%,全球经济衰退。西欧盟国责怪美国军援以色列,引发石油危机。产油国要以色列从 1949 年以后拿得的阿拉伯土地退出。1974 年 3 月 5 日,以色列撤清苏伊士运河以西的所有军队。3 月 31 日,石油生产国宣布终止禁运。不到一年,油价从 3 美元一桶升到 12 美元。世界经济秩序从此波动不休。

43. 早期的代表作是 1977 年黑人妇女解放运动的宣言:"……在提高醒觉的过程中我们开始认识到我们共同的经验,在分享和提高我们的醒觉中建立一套可以改变我们生命和终止我们所受的迫害的政治。我们发觉唯一真心关心我们和不断争取我们的解放的就是我们自己。我们的政治是从一种健康的爱我们自己、爱我们的姊妹和爱我们的团体中演化出来的,好让我们继续我们的奋斗和工作。聚焦于我们自己受的压迫就是身份政治的内涵。我们相信这个最有意义和有可能是最激进的政治是直接来自我们的身份,有异于为别人受的迫害的斗争。"(The Combahee River Collective Statement,1977)

44. 妇女解放运动(女权)分四次浪潮。第一次浪潮是争取妇女投票权,以 1920 年修宪为结束。第二次始于 1960 年代。"二战"期间女性从家庭走出去,尤其是没有什么才干的女性（与男性），参与战时生产。战后，中产激增，女性外出工作压力也增。1963 年，贝蒂·弗里丹（Betty Fridan，1921—2006）写《女性的奥秘》（*The Feminine Mystique*），是受西蒙·波伏娃（Simone de Beauvoir，1908—1986）的《第二性》（*Second Sex*）的影响：反对主流媒体对女性的描绘；认为女性留在家限制她们的机会、浪费她们的才干和潜力；小家庭是不快乐的，贬低了女性。1965 年，格洛丽亚·斯泰娜姆（Gloria Steinem，1934—　）假装在《花花公子》做兔女郎，说要暴露"侮辱女性的内幕，抨击男性主义"，成为妇女解放运动的主要代言人。以下是一连串的里程碑：1963 年，国会通过《同工同酬法案》（Equal Pay Act）；1964 年禁止雇主性别歧视；1965 年最高法院裁定婚内人工节育合法；1966 年弗里丹成为刚成立的"妇女国家组织"（National Organization of Women）首任主席；1967 年，以开明自居、极力讨好进步人士的约翰逊下达总统行政令，优先雇用妇女，1968 年再下总统行政令，命令招工广告不容分性别；1969 年加利福尼亚州允许"无过错离婚"，也就是离婚成为民事法，到 1983 年差不多全国都允许（最后是纽约州，2010 年才通过）；1970 年，政府支持人工节育；1972 年，最高法院裁定未婚人工节育合法，同年，政府修例不容在公立学校和大学有性别歧视；1973 年，最高法院裁定堕胎合法；1974 年，国会通过借贷信用不容性别歧视、女性住房权受特别保护、女性高等教育平等权等。整个 1970 年代，婚内强奸刑事法逐渐覆盖 50 州。1978 年，国会通过法案，不容怀孕者歧视。但到 1980 年代后期，性取向问题分裂了妇女解放运动。第三次浪潮是从 1990 年代开始的。1991 年，Anita Hill 控告由老布什提名的 Clarence Thomas 不应任最高法官（因为性骚扰），但参议院 54：48 通过。这被视为妇女解放运动的新浪头，聚焦多种族、多文化、多事项去支持年轻妇女解放运动分子，特别是通过艺术的表达——主要是质疑和重构概念、文字、传媒去创造性别和性别角色（gender role），包括女人味（womanhood）、美（beauty）、性态（sexuality）。很多影艺名人活跃其中，包括麦当娜、安吉丽娜·朱利、埃玛·沃森、碧昂丝、Lady Gaga、莱昂那多·迪卡普里奥等，以音乐为焦点去讨论女性身份、男性主义等。第四次浪潮在 2012 年左右出现，聚焦于传媒（特别社交媒体），话题包括为妇女讨回公道（justice for women）、抗拒性骚扰（opposition to sexual harassment）、抗拒对女性的暴力（violence against women）、挑战厌女症（chanllage misogyny）、推进性公平（gender equality），特别针对在校园、街上、工作场地的性骚扰和强奸文化。很多名人男性落马，包括比尔·科斯比、哈维·韦恩斯坦等。批评者指这一波的妇女解放运动集中在白人，特别是盎格鲁–撒克逊的群体中，忽略有色人种（包括他们对妇解的贡献被忽视），遂出现交叉观念（intersectionality），指性别与其他身份特征（如黑人、残疾人等身份）是不能分割的。

45. 同性恋解放运动始于 1960 年代末期，但要到 1980 年代后期才被主流关注。他/她们的身份政治策略最初是强调"生活方式的不同"，继而强调"自由选择权"，最后是坚持"天赋人人平等"。2000 年代的美国社会接受了。"二战"后，很多人想恢复战前秩序，不愿变动，特别是恐共（麦卡锡时代）产生了一种不安的气氛。无政府、共产主义、非美活动等都被视为对国家安全的威胁。同性恋者亦是不安因素。1947—1950 年，几千人被联邦解雇（大学也是），政府设黑名单监视，同性恋被视为病态，很多人隐藏身份。1952年，美国心理学会将其列为精神病（要入精神病院）。同性恋运动当时叫"喜好同性"（homophile），而不叫"快乐人"（gay）或"同性恋者"（homosexual）。

1950 年，"小丑会社"（Mattachine Society，名字来自意大利文 MaHaccino，代表小丑——唯一敢在国王前讲真话的人——用此名带有隐藏身份的意思）在洛杉矶成立（设在共产党员 Harry Hay 的家里），目的是团结同性恋者，教育他们，协助犯官非的。1953年改变焦点，融入社会，求尊重。同年，女性同性恋者在旧金山组"比利提斯的女儿"（Daughters of Bilitis，相传 Bilitis 是上古希腊女同性恋诗人 Sappho 的同道中人，用此名是为隐藏身份）。运动传入东岸，开始时较激进。1960 年代，民权运动和反战运动趋急，同性恋者模仿，甚至在白宫前示威（1965），与警察对抗。少数分子，尤其男扮女装者（transvestites）最惹人注目。1966 年，旧金山发生暴动，持续几天（主要是男扮女装者）。那时也是战后一代的反叛开始。纽约格兰威治村有大批同性恋者，很多是"一战"退伍军人。1920 年代的禁酒令方便了同性恋者聚集（俱乐部），因为地下酒铺大增，与同性恋俱乐部同属不道德行为，警察忙于禁酒，无暇打压同性恋。1950 年代的新潮诗人（"Beat" poets）聚居格兰威治，歌颂无政府主义、毒品、性欲，吸引自由分子和同性恋人聚居于此。1960 年代初期，政府因要举办纽约博览会大力清肃。小丑会社说动新市长，缓舒关系。

石墙酒吧（Stonewall Inn）是全纽约唯一可以跳舞的同性恋酒吧。一般同性恋酒吧不是同性恋人开的，是意大利黑社会开的，每月警察"收贿"。此店无水、无酒牌、无防火通道，虽然没有卖淫，但有贩毒和其他非法活动。1969 年 6 月 28 日凌晨，警察搜查，当时有 205 人在酒吧内，警察突然而来，大乱，四逃。由于有人不交身份证，警方决定把所有人带回警局。但车不够用，部分人被释。他们留在门前不走（一向是马上溜走），几分钟内就聚集了一百多人。有人高叫 Gay Power（同性恋权利），有人唱民权运动战歌 We Shall Overcome（我们会胜），情况开始恶化，有人向警察投酒瓶。群众疯狂起来，警察想控制场面，推倒几个人，其他人更狂，群众要推翻一辆警车，其他警车马上离场。在场警察想用警棍驱散群众，那时围上五六百人，很多跑到附近工地拿砖头。警察随便抓住几个人，退入酒吧。群众围着，向吧内投物。有人跟着把垃圾点火，从破窗塞入酒吧。警察拔枪，打开门，准备射击，有人喷打火机燃液，点着。警车、消防车开到。来的是特种警队（Tactical Patrol Force）。那时警察已经怒了，见一个捉一个，推入警车；不想进去的，尤其是男扮女装的，就与警察打架。警察清场，群众公开讥笑，与警队对峙，唱淫歌、跳大腿舞，甚至追警队。共 13 人被捕，4 名警察受伤。第二晚，几千人聚集，好奇的群众，甚至游客，都同情同性恋者。他们阻拦过路车辆，要人表示他们是同性恋者或是支持示威者，不然就摇车，恐吓。整夜放火（烧垃圾），上百名警察戒备。当地报纸《村民声音》(The Village Voice)表示对暴动不敢恭维，群众包围报馆，要放火，警察干预。群众抢掠商店，警察群众都有受伤。

当初，"小丑会社"不支持这暴动，认为有损同性恋者形象，成事不足。但日后改变策略。王尔德纪念书店的店主开始发动"纪念日"，是日后同性恋游行（Gay Pride）的滥觞。首次是 1970 年 6 月 28 日在纽约、洛杉矶、芝加哥同时举行。第二年在更多城市，并传到欧洲的伦敦、巴黎、西柏林和斯德哥尔摩，成为报纸头条。不久，同性恋解放前线（Gay Liberation Front）成立，首次使用"快乐人"（gay）取代"同性恋者"（homosexual），开始走向激进，向民权运动和反越战运动靠拢，走"极左"路线。两年内全美都有"前线"或"联会"。1969 年 12 月又出现同性恋维权联会（Gay Activists Alliance），完全聚焦同性恋。1970 年，他们向美国精神病学会施压。1973 年，学会取消把同性恋列为精神病症。描述同性恋者自杀、酗酒、不欢的文学不再重印。

石墙事件成为同性恋抗争的里程碑，从此他们公开要求被尊重。2009 年 6 月 1 日，奥巴马宣布 2009 年 6 月是"女同性恋、男同性恋、双性恋、变性者骄傲月"（Lesbian, Gay, Bisexual and Transgender Pride Month），但同性恋认为他的演说词力度不够，决定削减对民党捐款（同性恋者的平均收入比一般人高）。两年后（2011 年 6 月 24 日），纽约立法同性恋结婚合法化。2013 年，奥巴马连任，就职演词首次用"gay"一词。2016 年 6 月 24 日，奥巴马宣布成立石墙国家纪念公园。

46. 这与人口中白人比例下降有关，某些白人感到被边缘化。也有说是拿不到资本全球化利益的白人劳动阶层和感觉被道德自由威胁的保守人士的极端反应。

47. 在纽约州，是美国最精英的七姐妹大学之一，典型贵族学校。简·方达入学时仍是女校，1964 年开始男女同校。与耶鲁大学关系密切。

48. 她为此事几度道歉，说是被人利用了。但很多人对她的解释质疑，说是为了卖书和宣传电影。从 1967 年到 1973 年她曾被美国国家安全局监视。

49. 方达若干年来以芭蕾舞去保持身材，但因为拍电影折了腿，改做有氧运动，1982 年推出《简·方达的锻炼》(Jane Fonda's Workout)。

50. 有点令人啼笑皆非的是，卡特被认为是"最佳的卸任总统"，在任后做了很多慈善工作。

51. 见《西方文明的文化基因》第二十三章。

52. 在实体经济上，放任经济是生产链条全球化，中国也沾了光。它的后遗症要到特朗普时代才现形。

53. 特别著名的丑闻包括众议院代表在 1988 年 6 月被议会调查，涉嫌滥用权力、干扰联邦储蓄与贷款公司保险局的运作。议长于 1989 年 5 月辞职以避开议会公开听证；参议院道德委员会于 1989 年 11 月开始调查 5 名参议员在 1987 年干扰政府处理一间储蓄与贷款公司的倒闭事件（政府损失了 30 亿美元，并导致 23000 人的投资化为乌有），最终谴责议员们判断失误。储蓄与贷款危机起源于政府放宽对企业尤其是金融的管制。储蓄与贷款公司的目的是鼓励节俭，吸纳中下阶层存款并贷款给他们买房、买车等，民生用途是其主要任务。1979 年，美联储把贷款给属下银行（包括储蓄和贷款公司）的利率从 9.5% 提升到 12%，意图控制通胀。但当时的储蓄和贷款公司已经以低利率贷出大批款项，而且是长年期的（主要是买房抵押），而同时，客户存款则下降（因为在 1970 年后期的"滞胀"年代，储蓄与贷款公司以高利率、多优惠去跟其他商业银行竞争存款客户，但当联邦储备局提高对银行贷款利率时，很多储蓄与贷款公司存户就转到其他银行去了）。两面受敌下，很多公司实质破产。为了续命，政府在 1980 年代不断放宽管制，好使这些公司通过发展（不断扩大）去避开破产，遂引致公司疯狂扩展业务，特别是风险特别高的投资（投机）。但纸包不住火，从 1986 年到 1995 年全国 3234 家公司有 1043 家倒闭。联邦政府动用 1050 亿美元救市。到最后算账（1999 年），纳税人的总损失达 1300 亿美元。

54. 老布什在 1988 年竞选时有著名的一句"看我的嘴唇，没有新税（Read my lips, no new taxes）"。但任内两院都在民主党手里，要加税去减赤字，老布什最后还是签了字。到 1992 年大选期，左、右派都指他食言，大失民心。

55. 日后的演讲费、基金等都是经此部署。他的贪婪使美国人尴尬。

56. 从他开始，政府因争停止运作变为"正常"。克林顿之前也有停顿，但都是一两天的事情。在克林顿任内，第一次是 1995 年 11 月的 5 天，跟着是 1995 年 12 月到 1996 年 1 月的 21 天。奥巴马在 2013 年也停了 16 天；特朗普更破纪录。

57. 都是进步和自由分子打共和党的。先是小布什赢了民主党的艾尔·戈尔（Albert Arnold Gore Jr.，美国副总统，任期 1993—2001）之后，自由派去打他。特朗普当选后，自由派又要打他。过去一百多年的自由派都是民主党人，而美国对外的大型战事都是在民主党执政期（"一战"、"二战"、朝战、越战），可能是因为民主党比较有"原则性"，而共和党比较务实。

58. 美国总统是间接由代表 50 个州和国家首都的选举人（electors）选出来的。每州的选举人数，按该州的国会代表席位数量（参、众两院）而定。一般来说，这些选举人是按他所代表的州的普选结果而投他的选举人票（elector vote）。取得 270 选举人票者当选。

59. 大选最后取决于佛罗里达州的选举人票（共 29 票）是归小布什还是戈尔。大选在 11 月 7 日举行。11 月 8 日，佛罗里达州大选组织处（Florida Division of Election）宣布小布什取得该州总选票的 48.8%（以 1784 张选票胜出）。由于低于 50%，所以重新点票。11 月 10 日公布点票结果，胜出的票差下降到 327 张（但仍有一个郡的票未点齐）。11 月 17 日，

第一章　文明现象

佛罗里达州最高法院制止该州宣布谁胜谁负，要全州重新再点票。此时，小布什与戈尔双方已向法庭提出种种诉求。全国最高法院在 12 月 9 日叫停，12 月 12 日恢复原来结果，即小布什胜。双方都指摘法院偏袒（佛罗里达最高法院偏民主党、全国最高法院偏共和党）。小布什的总选举人票是 271，险胜。事件结束后，全国传媒组织一次重新点票，结果是如果全州来算，戈尔获稍多"票"，但如果以每个郡来算，小布什会获稍多"郡"。亦即是如果按现存制度（选举人），小布什应胜。

60. 由于左右分歧，以至每一任总统的政策到下一任马上就改，非但浪费资源，更造成一种斗狠心态。

61. 全名是《以提供拦截和阻止恐怖主义的合适工具去团结和巩固美国法案》（Uniting and Strengthening America by Providing Appropriate Tools Required to Intercept and Obstruct Terrorism Act of 2001），每个字的第一个英文字母连起来就是 USAPATRIOT，即"美国爱国者"。

62. 奥巴马 2010 年的《华尔街改革和消费者保护法案》，见第六章"美国与全球资本"。

63. 2010 年出台法律，要把执行总裁的收入和该收入与公司员工平均收入的比例公开，五年后仍未执行。美国劳工组织（AFL-CIO）的数据显示，该差距不断加大：1983 年是 41 倍，2016 年是 347 倍。

第二章　民族性格

美国民族是多元，但性格是一元，因为美国是个文化大熔炉。基本元素是立国前北方清教和南方士绅构造的自主、务实、优越感和少数意识。清教的道德观更调入了强烈的自疚感；士绅的权贵意识则调入了强烈的荣誉感。随后调进来的是爱尔兰天主教徒的普遍价值观（强调原则的普遍性）和犹太移民的世界公民意识（推动资本的全球化）。破解美国民族性格的钥匙是它的少数意识：孤立、恐惧、好争、易怒。

美国精英的性格是"黄蜂"（WASP，White Anglo-Saxon Protestants）。美国的未来，就要看这一性格会不会给予美国人足够的想象力去找出一条生路，能不能有足够的意志力去打出一条生路。且看谁是黄蜂，什么是黄蜂性格。

未谈性格之前，先追踪美国民族的来龙去脉。美国是个真正的移民国家，前身是北美的英国殖民区。它的文化来自移民从祖家带来的文化，组合成一个大熔炉。最显著的是来自英国的清教思想，但一浪一浪的移民，构成了今天的熔炉文明。

最早来的欧洲人不是英国人。欧洲人最先抵达的也不是北美，而是加勒比地区。西班牙人早在1585年就在佛罗伦萨建堡，1598年从墨西哥北上，沿途建小殖民区。现今的得克萨斯州、加利福尼亚州、新墨西哥州、亚利桑那州，在19世纪之前都是西班牙属地。

法国人17世纪后期在圣劳伦斯河、密西西比河流域，以至墨西哥湾都有殖民区，但人数不多。18世纪的"七年战争"（1756—1763）后，好几千法裔难民从加拿大迁到新奥尔良，新奥尔良如今仍是美国最具欧陆风味的城市。

英属十三区[1]也不全是英国的。1626年开始，荷兰人在纽约的哈德逊河沿岸建殖民区：有荷兰富人建大庄园，租给荷兰移民；有荷兰商人设贸易站，与当地原住民做生意（包括新阿姆斯特丹，现今纽约市）。

英国第一个成功的殖民区是1607年在弗吉尼亚地区开发的詹姆斯敦，而不是北面清教徒的新英格兰地区。种烟草的暴利引发第一波移民潮，一直到独立战争期间，弗吉尼亚和马里兰是烟草庄园集中地，偏南方。清教徒的地盘在北面，比南面晚十几年。

十三区可大若分为北、中、南三块，再加上外围沿边地区。先说一般人比较熟识的北面那一块。

首批清教徒是在1620年乘"五月花"船队来的，其实只有百人左右，在麻省的普利茅斯开建小殖民区。但殖民[2]之门一打开，数以万计的清教徒大量涌来，追求宗教自由[3]。他们主要来自英国东南部东安格利亚（诺福克、萨福克、艾塞克斯）以及肯特、东萨西克斯，聚居于波士顿和周围地区。包括现今的麻省、康涅狄格州、罗得岛州、新罕布什尔州，这就是最早的"新英格兰区"（New England）。殖民潮到光荣革命（1688）宗教压迫放宽后稍退，但未有中断。

新英格兰区的移民大多来自英国的城镇，而且受教育水平也较高，其中还有技工、商人。开垦期虽有赖农耕，但仍不忘办学（哈佛是1635年创立去培训教士的）。早期殖民是小农、小村，互助合作精神浓，信仰一致，甚至有自己的武装力量。除了农业外，还经商、造船、打鱼。这里的气候稍冷，但有助卫生（冬天寒冷蚊子不能生存，其他带病的昆虫也少），加上粮食充足，使死亡率下降、出生率增高。殖民潮退后，到17世纪中期，人口增长率年均超过3%，死亡率低则于1%。人口增加就需要向外发展，除了往东面与北面外，还有部分南下纽约，清教思想就传开了。

中部一块包括现今的马里兰州、纽约州、新泽西州、宾夕法尼亚州与特拉华州。纽约州殖民区首先由荷兰人开发，人种较杂，1700年之后（已归属英国）成为重要商业中心。到独立期，荷兰裔约占27%，黑人占6%，其余主要是英裔和少量其他欧洲裔。宾夕法尼亚州殖民区是1680年由贵格派宗教人士（Quakers）开发的。他们来自英国中北部（North Midlands，日后工业革命重镇）。1680—1725年这里是他们的地盘，费城更是贵格富人的天下。周围的小农场和贸易站都是他们的人。但随后又来了很多在欧洲被迫害的新教其他教派，以德国和北爱尔兰居多。特拉华州河谷有贵格人，但也有很多德国移民和少量瑞典人、芬兰人，新泽西州也是。宗教自由和土地便宜对移民来说是最大吸引力。

南面一块的开发条件比较差。早期来的很多死于疟疾、黄热病和其他传染病，也有不少死于与当地土著的冲突[4]。但殖民仍不断，主要来自英国中部地区和伦敦。这里是大庄园开发模式，大地主都是英国委派的总督的朋友圈（小贵族）[5]。他们是当权的经济与文化精英。经他们手引入大批的合约佣工（indentured servants，雇主付路费、供食宿，但没有工资），一般都是在英国找不到工作的人，到美洲5—7年（通常是满21岁）就可脱身，结婚成家，大部分迁移到沿边地区做小农。庄园的劳动力来源也慢慢转移到来自非洲的黑人。独立前，这里的人口约55%英裔、38%黑人、7%德裔。独立后，奴隶贩卖也停止了，但要到1808年才不合法[6]，虽然仍有偷运进来的。

外围沿边地区开发得比较晚，约在1717—1775年。主要是来自英国北面、苏格兰、北爱尔兰的长老制教派[7]，也是为了逃避经济困难和宗教迫害。他们虽然从费城入境，但会远远落脚在宾夕法尼亚的西面和南面，不久他们的文化就成为从宾夕法尼亚州到佐治亚州的阿巴拉契亚山脉地区的主流文化，特征是长老制宗教、自给自足、敌视土著和天主教。他们远离市镇，亲近自然，有很强的反政府和开荒意识[8]。

虽然十三区的成长过程和文化有明确的分别，但有更多的共通之处：（1）都是私人资金建设而成，没有政府补贴或支持。所以都有小政府倾向。（2）所有商业活动都是小规模、私人生意，在当地和在英国（祖家）都有好信誉。所以有鲜明的商业意识。（3）差不多所有地区都不依靠与大英帝国进行贸易，因为所需的东西都是自己耕种、自己制造。所以自立性强。（4）大部分的殖民点都是家庭式或家族式的，通常都是几代人一起。所以凝聚力强。（5）人口集中于农村，80%以上是自有土地。所以视私产神圣不可侵犯。（6）起初，各地用祖家语言，但英语是贸易语言。所以英语是统一的因素。（7）政制与法制主要抄袭英国，虽然完全抛弃了贵族制度。所以事事仿英。（8）殖民者自己建立民选政府和民选法院，各地自治、自助，差不多每个新开的殖民点都会在几年间形成自治。所以自治性强。(9)每个殖民区一旦建成,人口增长差不多全靠自然增长,新移民数量极少超过10%。所以有排他意识。[9]

美国独立后,差不多马上就是法国大革命,接着是拿破仑时代。欧洲乱得不可开交,但移民到美国的反少得多,因为战时各国限制出入境。到欧洲战事尘埃稍定,移民潮又回来了,主要还是英国、爱尔兰和德国,中欧和北欧也有。大部分仍是因耕地便宜而来,但美国的工业革命也开始吸引欧洲的技工。

大移民潮是1830—1850年的爱尔兰人。1845—1849年,爱尔兰土豆歉收引发大饥荒(Potato Famine),数十万人大迁徙。饥不择食而来的不是技工和中产,而是低技能和无技能的劳工。他们刚好碰上美国工业革命的大发展期,筑铁路、挖运河,多聚居在城镇:纺织工人聚在美国东北部的工业城镇,搬运工人则聚在大西洋和墨西哥湾沿岸的海港城市。与先前移来的北爱尔兰新教徒不同,这一批是天主教徒,引发了在美国占绝大多数的新教教徒的恐慌。其他的移民主力是德国人[10],半数去中西部开垦耕地,半数留在城市做技工。

大移民引发反移民,民粹主义(Nativism)现身,特别是反对属天主教徒的爱尔兰移民。这给美国政制带来不可改变的后遗症。天主教徒和德裔路德宗的新教教徒加入民主党(势力在南方),其他新教教徒则转向新成立的共和党(势力在北方,尤其是清教地盘),颠覆了开国以来民主与共和两党的和谐,间接造成内战的政治分立局面[11]。

内战前的移民潮以爱尔兰为主[12],内战后以德国为主[13]。这些移民有一个共通点,都往城市跑,是美国工业发展的动力,使美国一跃而成经济巨擘。但是,这些新移民住在一起,自成一国,引起当地人的恐慌和反感。1890年代，特别是中产以上的白人认为移民严重危害国家安全与健康。1893年出现"限制移民联盟"（Immigration Restriction League）和其他反移民组织，开始对国会施加压力。

其实，早在1850年代，就有"什么都不知运动"（Know Nothing Movements）[14]，特别针对爱尔兰和德国天主教徒的移民，将其视为敌视美国价值观者，并且由罗马教皇指挥。这一运动的高峰期是1854—1856年，意图禁止移民进来，以及禁止已进来的入美籍，但没有什么成果。他们大部分是中产新教徒，内部对黑奴问题的分歧也大，所以未能集中力量对付天主教徒。到了1860年大选，大部分投了共和党（林肯的党，主张解放黑奴）[15]。相对地，天主教徒则投了民主党。

内战结束不久，各州的政府开始立法管制移民。1875年，美国最高法院裁定移民是联邦政府的职权。同年，联邦政府出台第一个限制移民法案，叫《排亚法案》[16]。1882年，国会通过臭名昭著的《排华法案》（Chinese Exclusion Act），禁止华工进入美国。[17]1880年代的美国是关闭的。

"新移民"一词1880年代后期开始使用，形容来自南欧（特别是意大利）和俄罗斯（尤其是犹太人）的移民（之前的移民很少来自这些地方）[18]。大部分都是经纽约入境，然后聚居东北部。当时政府把船只推到南面港口登陆，意图把这些移民引去别的地方落户。民粹主义者认为他们没有政治、社会背景和技能融入美国社会。起初只是零零碎碎的排斥行动，"一战"结束后，美国马上停止"非我族类"的移民，长达40年。[19]

1965年的《移民和国籍法案》（Immigration and Nationality Act）是分水岭。这是美国民权运动的产物（主要支持者是共和党和北方民主党，反对者是南方民主党）。进来的可以是家庭重聚或技术移民。法案的原目的是铲除1880年以来民粹主义对外来移民的歧视，预测涌进来的会是当年被排斥的移民，如意大利、希腊和葡萄牙人。当初几年确如是，但1970年之后，就开始从亚洲、中东、非洲和其他发展中国家涌来。

1986年国会通过《移民改革和控制法案》（Immigration Reform and Control Act，IRCA），首次提出起诉雇用非法移民，同时大赦约100万的非法入境移民。结果是300万人获赦，其中大部分来自墨西哥[20]。

总体来说，近代移民来源国在1900年之前是德国、爱尔兰、英国、加拿大；1900—1960年是德国、意大利、波兰、俄罗斯/苏联、英国；1960—2000年是墨西哥、菲律宾。这些，加上原先十三区殖民的后裔，构成了"美国民族"。这个"民族"有没有独特的性格？

谈到美国民族性格，或美国人性格，人人都有想法。有的根本不相信民族性格这回事；有的指美国是多元民族组成，哪来一个美国民族（除了原住民，而原住民也是分散各地的小民族），更遑论美国民族的性格。

政治评论家约翰·罗斯曼（John Rothman, 1949—　）这样说："一直到1960年代……'美国有没有一个全国家性格'是历史学家非常关注的问题……之后，对民族性格的关注消失，转向关注边缘人群……偶有社会学家和政治学家谈谈而已……但他们聚焦在分歧者而不在结合者（splitters, not joiners），结论是美国人是多么地多元化。现在，应该找他们的共同处了。"社会学家斯蒂芬·门内尔（Stephen Mennell, 1944—　，都柏林大学社会学家）还作补充："一个民族共有的、不自觉的、理所当然的假设和行为模式（也可称'惯习'，habitus）往往是在与别的民族交往时才能察觉。同胞（国民）之间的交往，个人与个人的性格差异显而易见，一致国民性格（就是与别国人民的不同）就变得不显眼了。因此，从外面看往往比从里面看得清楚。"

学者们指出美国性格是多元、矛盾、似是而非又似非而是（paradoxical）的：既自由又保守，既崇拜科技又坚持宗教，既追求物质又强调道德，接受离经叛道但又歧视不同族类，不容抽烟但可以携枪。美国本身就是个悖论：在全球它是超级强国，在国内政府处处受制；它要带来全球民主，但本身越来越像军国。美国究竟是个大熔炉，把所有进来的民族融为一体，还是个沙拉盘，进来的各个民族混而不合？

不可否认的是，美国是个移民国家；但更关键的是，美国不是个自然生成的国家，是个设计出来的国家。可以说，它的设计反映它的性格，同时延续这个性格。

美国原始的十三殖民区，是英国过来的，因此有典型英国人的行动型性格[21]。英国人务实，但由于惨痛的内战教训，变得追求安稳，出现妥协式、渐进式的务实。这也是他们工业革命能够平稳过渡的原因。初来美洲的殖民者更是特别的行动型。他们有的来避难，有的来求财，都是千山万水；如果他们不是行动型，就会在祖家等解脱、等机会了。可以说，这些殖民者是英国行动型性格的代表。他们的务实，是要在一个新天地中（地域广大、资源丰富的处女地）创造一个新社会（没有传统、没有约束，除非是自己建立的新传统和自己愿意接受的新约束）。到今天，美国人仍把他们的国家叫作"美国实验"（American Experiment）。

行动、务实是从英国带来的文化原材料，来美的殖民者也有他们的特有性格，将这些原材料炮制成有特色的美国性格。北方的清教徒，南方的士绅，一主一辅，融和出今天美国人的基本性格。现在分开来谈。

1. 清教徒

在最深的底层，美国是个清教的理想国。后来的移民是被这个理想吸引过来的。他们当然也带来了自身的抱负和追求，但他们都是在按清教理想打造的美式文化和政治空间里立足和成长的。多元民族来到美国并没有使美国文化多元。表面上，美国文明（现象）是多姿多彩甚至光怪陆离的，但底下的文化（宇宙观、伦理观、社会观）都是来自清教——即使不是清教本身的文化也是被清教吸纳的，或最低限度是被清教容许和容忍的。

清教徒原先是少数派、被压迫者。他们是逃来美洲的，为的是要保存自己。清教的经济、社会、政治理想就是在这样的环境下成形的。

一般学者都谈美国立国的三个神话[22]：盎格鲁-撒克逊民族的天然优越感（Anglo-Saxon Superiority）、美国例外论（American Exceptionalism）和浪漫国家主义（Romantic Nationalism）。这些神话结合了清教理想和美国现实。

清教不是统一的教派，而是统一了许多大大小小宗教群体的宗教理想。清教的"清"（pure）是纯洁，有返璞归真的意思[23]。清教徒是英国人，肯定承传英国的文化。他们在英国被排斥，但同时又自以为是比英国主流社会还要道德的英国人，所以有与人不同的道德优越感。

清教徒的理想国是自由、平等的（作为一个个体，清教要与别的宗教平等），同时是服从、团结的（作为一个整体，清教要教徒团结）。

清教属加尔文宗，对人性悲观，有浓厚的犯罪感：人不能自管，所以要互管；人不能自救，所以要神救。加尔文宗强调人人工作，因为工作是"神的召唤"（vocation）；勤劳、精明工作赚到了钱是为神带来光荣。在清教理想下，每个教会的治理属公理制，强调自治、分权。

清教主张一个纯朴的敬神模式和生活方式，一切以《圣经》为本，强调信仰和理性的自由。有人说，清教徒把英语、英式宗教、英式制度扩于全球，"是加尔文真正的、直接的后人；只有他们保存了英国自由的火光"。清教徒坚信"救赎前定"，也就是只有一部分人会得救，而清教徒就是前定得救的一群，所以他们坚信自己的所作所为是神的旨意，驱使着他们勇往直前、攻坚克难，无论在战场或商场。

早期殖民者主要落脚于麻省和宾夕法尼亚，多数受过教育（教士和商人），内心坚信高人一等（无论是教育、知识还是感性），但外表绝不表现出高傲（清教式的平等理念），时刻检讨自己的行为，免招诟病（用别人对自己的看法去规范自己的行为）。

起初，清教支配新英格兰地区，是当时的正规教会[24]。常春藤大学都是他们的天下[25]。由于清教徒先到美洲，并且群体性很强，所以他们可以成功地把他们的制度、价值观、道德规范移植各处（特别是中西部，当然要适应开荒的环境）。他们强调工作伦理（工作勤奋）、实事求是、宗教虔敬、社会秩序、端庄礼节、节俭的政府、直接的民主，并相信有超越个人和个别利益的公共利益。他们重视公共教育、诚实和公益，并相信自己是这个充满罪恶和腐败的社会中的义人和选民，以强烈的道德责任感去定义和执行社团和个人行为的标准。

对美国人最通用的别称是"扬基"或"扬基佬"[26]。扬基源自清教，当初是指新英格兰区的人。在国外，特别是在英国和澳大利亚，扬基是指所有的美国人；在美国南方，扬基是对所有在南北战争中支持联邦政府者的蔑称；在美国其他地区，扬基是指东北各州的，特别是有"新英格兰文化"的人，无论此人来自哪里[27]。清教是怎么产出扬基的？

早期清教徒在新英格兰聚居的典型是一撮撮的农庄组成的小村，虽然务农但很多原是商人、教师、银行和专业人士。农村生活鼓励地方性的民主，最典型的是公开的镇民大会（town meetings）和镇民行使地方政府的权力（在新英格兰地区到今天仍是如此）。农村生活促进互相监察行为，强调公民道德。

随着殖民区的人口增长和经济发展，经济野心[28]和宗教分歧深深地改变了清教社会：一方面扩大自由的范围，另一方面启发对权势的抗拒。1620年（五月花）来的清教徒是为躲避在英国祖家的宗教迫害，接着一批批来的都是找栖身之所。1642—1651年的英国内战和接着几年的共和期间，英国的宗教气候都接近清教，所以远在美洲的清教徒殖民区也得安宁，这批清教徒由此落地生根了。1660年，英国恢复王制，"经济"殖民时代开始，英国人纷纷往美洲找发展机会，带来不同的宗教派别；1688年光荣革命后，更多的是逐利而来；到了18世纪上半期，有些公理制的清教教会已变为长老制，其他非清教教派也渗进来，包括循道会、浸信会。

虽然清教仍是正规教会，持有宗教和政治的合法权利，但当初来美避难的清教徒在几代人之后已是有家业、图发展之辈了，对财产、金钱和教会规范也开始出现争议。不满情绪不断升级，驱使政治和宗教（那时往往分不开）的当权者要适应大众的诉求。1730—1740年的第一次大觉醒运动（First Great Awakening）[29]是这些张力的发泄。清教徒的经济野心和对传统教会（与政府）治理制度的不服从，使其产生严重犯罪感和内疚感，所以特别被兴奋式（revival，相对于庄严式）和重感性（相对于重教条）的宗教运动吸引。那时的清教分新光（New Lights，对经济有野心，对权势不服从）和旧光（OLd Lights，强调教会秩序和社会安宁）两派。属公理制（直接民主）的教会开始走向共和形式（代议民主，影响日后法国革命），以协调传统的价值和18世纪的经济现实（工商业发展、城镇化加速），并提升了个人、政治和宗教的自由。这就是清教变扬基的转折点。[30]

扬基意识即提升个人自由、降低政府权力。强烈的自立、自主意识使扬基易与人产生争执。他们除了有一种热切的独立性外还略带贪婪（avarice）和近乎狡猾的机灵（shrewdness）。从前被谴责的逐利如今被接受了；未能约束的野心如今被通融了（想找新土地开发的农户分得土地，需要钱去扩充生意的小资本家争取到货币发行权）。宗教理论家更把逐利演绎为为神增光、为逐利野心创造社会地位，使它变得受人敬仰。这样，人人可以自由地、不怕谴责地以最厉害的手段去谋利了。逐利的大门打开，但也把扬基一词污染。

当然扬基意识不单是逐利。他的清教祖先教训他要为整体服务。这条戒命并未约束他拼命赚钱，但警诫他赚到了钱要做慈善。扬基企业家的清教良心驱使他把钱财与精力放在公共利益处。当然，"公共利益"是什么也由他们定义。

他有一个隐性性格，就是渴望与神同在。但他也是强烈的实证主义者，生意行为如是，宗教信仰也如是。所以，他虽然也会有宗教情绪，但差不多马上就回归到现实的世事。

其实，清教文化中早已存有一种自我保护性的自立，逐利中又带公益心，对理性坚持又对灵性向往。"大觉醒"只不过是个释放。释放之后，扬基佬比清教徒自由，因为他可以更自由地表露自己的真面貌，不会像清教徒那般因为怕被神、被教会、被社团"处罚"而隐藏起真面目。扬基的社会制度比清教宽松，较适应多元的意愿；无论在政治、宗教或经济领域都有更多空间。这些条件允许他发挥惊人的经济力量。

在 19 世纪，扬基的定型是机巧（ingenuity）：发明能力强、以科技去处理实际问题、有实用的知识、能自力更生且具个人进取心。但是这些定型也有负面：贪婪（金钱欲）、不容异己[31]、令人讨厌、好管闲事、自视比人道德高（holier-than-thou）。那时，新英格兰人也不介意这个称呼，甚至乐意接受。当时，扬基佬从农村转移到迅速发展的城市（东北部），有钱的更派遣家族到边疆地区（西部、南部），特别是干银行业和报业。他们的影响力向全国以至全球散播。他们以东北沿岸海港（波士顿、塞勒姆、普罗维登斯等）为基地，建立国际贸易路线：到 1800 年已到达中国。贸易赚来的钱再投资到纺织和机械工具的工业上。

这套扬基伦理观和社会观被其他后来的移民接受了，包括来自英国、斯堪的纳维亚、瑞士、加拿大的英裔人、荷兰、德国（特别是 1848 年革命失败逃亡的富有、政治活跃、受过高等教育的人士）的移民。他们之间的关键共通点是新教徒。

1800 年之后，扬基是政治改革的动力，包括解放黑奴（他们是 1860 年林肯新共和党的最强力支持者）、禁酒、争取妇女选举权、推行妇女教育。在南北战争后的"重建期"（Reconstruction Period, 1865—1877），前往南方的大部分都是扬基，去教育黑人。

现做一小结：清教徒有英国人的务实。他们因为宗教迫害，远赴美洲求自立，团结而排他。自立的必需条件是自足，因此英国人务实的性格大派用场。但在追求自足中易流于自私，有违宗教原则，遂产生自疚。先有"大觉醒"，减轻了犯罪感的困扰；继之做慈善事，舒缓了不能完全化解的自疚心魔；最后，宗教原则与世俗利益达成妥协。独立战争前夕到南北战争结束的一个世纪，扬基的个人主义和机巧、精明在经济上、文化上大放异彩，但又产出无奈的忧伤——自疚和孤单。

2. 南方人

十三区的中部与南部虽然都是盎格鲁－撒克逊民族，但走上了与清教（扬基）的不同之路。其实，这里的殖民比北部还要早。伊丽莎白时代，两度殖民都失败。[32]1607年建的詹姆斯敦（Jamestown，现今弗吉尼亚州东）才算是首个成功的殖民点，但仍比北部的五月花殖民区早了十多年。来詹姆斯敦的人原本是想寻金，金找不到，人倒留下了，但生计困难，几百人死亡或失踪。到1624年，开发殖民区的公司（弗吉尼亚殖民公司，Colony of Virginia）的许可证被收回，改由政府委派总督。从1645年开始引入"高级"殖民，大多是英国贵族士绅的孩子。英国是传长不传幼，长子继承父亲的名位、财富，其他孩子就要各寻出路。那时的总督极力吸引他们来，设"人头政策"。首先给初来者分配大幅土地，如果能带仆从来，就按人头再加配土地（一般是每个人头分得50英亩，但产权不是归仆从，是归仆从的主人），到后来为要吸引更多移民就设奖，如果再引入其他人，包括买来的奴隶，都可以按人头加分[33]。结果当然是大财主就是大地主，大地主也是大财主。这些士绅级的精英形成了特殊的南方权贵政治和阶层社会。[34]

对美国历史（包括南北战争）和民族性格有深远影响。

北方是小农、小商经济，人人逐利。南方是大农庄经济，少数人垄断，先是烟草，继是棉花（棉花园规模比烟草园还要大）。起初雇用合约工（从英国来，雇主出船费，工人没有工资，合约期满后恢复自由身，一般去开小农场），因为雇用比买奴隶便宜。[35] 后来南方种棉需要大量劳动力，而合约雇用的来源日少，才开始大量买入非洲奴隶（非洲的奴隶原先是运往加勒比地区种甘蔗、种大米的），而奴隶的买卖是北方商人经手的。[36]

到 17 世纪后期，北方殖民区土地日益减少，而南方仍有很多土地可供开发。大庄园的奴隶经济制造了大财主和贵族化的生活，其中以弗吉尼亚地区最有代表性。这些英国次贵族（贵族的二子、三子）构成了美国的土地士绅阶层，主要在弗吉尼亚州、马里兰州和美国南北卡罗来纳州，落脚在詹姆斯敦和詹姆斯河沿岸。这是个小圈子，互相通婚，其政治共通点是在英国内战中属保王派（所以弗吉尼亚也称保王军地区，cavalier country）。讽刺的是，日后美国独立（反王制）带头的也来自这圈子。华盛顿[37]、杰斐逊[38]都是贵族家族出身，南北战争中，南方统军的罗伯特·李将军（Robert Edward Lee，1807—1870）更是出自弗吉尼亚最显赫的家族。但他们不像英国祖家的士绅阶层般不事生产，他们勤奋开荒（因为不是长子，没有父荫），雇用大批合约工人（稍后是奴隶），靠烟草种植发大财，稍后是贩奴（卖给棉花园）。再后来，北方的扬基富人也有南下的，加入大农庄的上流社会。

英国内战结束，王制恢复（1660），查理二世大大赏赐功臣，但那时不少人已经在殖民区生根了。虽然如此，他们仍与英国的贵族士绅群保持联系，尤其是通过婚嫁。早在 1660 年前，弗吉尼亚议会的所有席位就已归 5 个姻亲相连的家族所有。到 1775 年，也就是独立前夕，议会代表全部是 1660 年代的代表的后裔。当然，他们都属主教制（上下级别分明）的英国国教，而不是北方的公理制（民主、分权而治）的清教，这也是南北不同的关键所在。

南方是土地经济，最好的土地为权贵家族所有，他们控制得很严，要把土地保留在同等社会地位的家族与家族之内（典型的贵族作风）。政治权力也同样地保留在这圈子内。北方则不同，它是商业性的社会，社会地位的流动性高（赚钱就是上流）。因此，精英群的组合不断按赚钱致富的成败更改，没有南方的稳定，但对有野心的人来说，自由得多。

可以想象，南北两方的性格截然不同[39]，南方人特别反感北方人的功利和自由腐蚀他们的安宁和传统。[40]南北战争之后，很多南方人转移到全国各地，把南方的独特性格传开。[41]

姑且不论是神话还是真实，荣誉感（honor）是对南方人性格的典型描述。这是探究南方人性格的起点，虽然不一定是终点。北方清教和南方士绅都有与众不同的优越感。但南方与北方不同之处是这种优越感的来处和表达。清教的优越感来自神的特选，优越中带有不被赏识，甚至是被迫害的委屈。为此，优越是要争取的（北方人易争）。南方的优越感是来自悠久的传统，优越中存有骄傲，甚至视为理所当然。为此，优越是不容侵犯的（南方人易怒）。

不容侵犯是南方重视荣誉的主因。这种源自士绅阶层的性格逐渐感染其他各阶层。殖民早期，在无法无天的拓荒时代的自耕农（自由人，yeomen）[42]闯出一个有仇必报、有恩必还的名声[43]。18 世纪上半期跑去山里开发的苏格兰裔穷移民[44]闯出一个不畏权势、好勇斗狠的"山巴佬"（hillbilly）称号[45]。南北战争后去西南地区赶牛、牧马的"牛仔"[46]，闯出一个惩恶除奸、形同骑士精神的神话[47]。南方是个农业社会，一切来自土地，所以南方人对大自然特别尊重，一切要顺其自然。就算南方的士绅有财有势也不摆架子（起码在他们的理想中他们不会也不应该有架子），但要荣誉。

南方人，无论是上、中、下层社会，都有一个共同的性格——自信（他们没有清教的自疚，没有扬基的反自疚）。有些南方人甚至认为他们才是真正的美国人（他们是创建英国的诺曼贵族的后裔而非被诺曼人征服的盎格鲁-撒克逊人的后裔），而且一直未动摇和改变。这个性格是在建国到南北战争的大半个世纪（1783—1861）内定型的。

建国之初，南方的政治势力和经济实力要比北方强。南方的杰斐逊式的农业民主意识（agrarian democracy）强调联邦尽量少管州政府的事。可是这个在独立初期曾被采用的松散政制卒因经济理由被发现不足用[48]，到1787年立宪时采用了合众国政制。但南方各州仍成功阻止在宪法中直接提及废奴，并且在宪法中纳入"追拿逃跑的奴隶"（fugitive slave）和"五分之三妥协"（Three-fifths Compromise）[49]等条款。

1808年，国会通过决议，禁止奴隶进口。南北虽然和平共处（那时是拿破仑时代，欧洲大战，美国人不能不团结），但双方的经济利益和政制倾向其实是有大分歧的：北方是清教式（扬基式）发展工商利益的共和思想，南方是保护小农和自由经济的民主思想。那时，南北都有奴隶，北方的奴隶多是家仆或农场工人，南方的1/3白人家庭有奴隶，大部分是自耕农的人家。其实，那时北方各州都已开始废除奴隶，遂出现自由州（free state）和奴隶州（slave state）的南北分界（称

Mason-Dixon Line，界线的南面是马里兰奴隶州，北面是宾夕法尼亚自由州）。奴隶是南方社会与经济制度的基础，就算不拥有奴隶的都反对改变这套制度。

奴隶问题未白热化之前，南北之间已有很大分歧，特别有关州政府与联邦政府的权力之争[50]和南方与北方经济利益之争。1828年，联邦议会出台了《关税法》，以重关税加诸进口的工业制成品去保护国内重工业。这极利北方（发展工业），极不利南方（出口农品，进口制成品）。1832年，南卡罗来纳州引用三十年前由杰斐逊定下的"98原则"[51]，废止在州内执行联邦关税，与联邦政府陷入僵局。虽然最终各方妥协[52]，但引发出日后脱离联邦的念头。当时南方很多刊物都强调南方的文化与北方不同。

在这个火药库上面，西部地区加入联邦引发出的奴隶问题就成为导火索。19世纪初，棉花业大发展（英国工业革命成熟），南方引进大批奴隶。北方一方面认为奴隶制度不道德，另一方面感到南方日盛对其经济和政治产生威胁。而南方也有顾虑。美国联邦议会分参、众两院。参议院是每州两名参议员，如果新加入的州一半是自由州、一半是奴隶州，那么双方在参议院仍可势均力敌。但众议院是按人数设议席的，北方在工业化带动下，自然人口的增长和外来移民的增加使它在众议院的议席不断增加。南方感到终有一天联邦会被北方控制。

1850年，加利福尼亚要加入联邦。以自由州还是奴隶州的身份进来，这一问题使南北关系更紧张，但终达成暂时妥协。[53]四年后，堪萨斯和犹他地区要加入联邦（成为州），终出问题。国会决定由它们自决是自由州还是奴隶州。由于两州都是新开发地区，为此，赞成奴隶和反对奴隶的移民争先恐后去抢地，出现无政府状态。

接着是1859年的极端分子生事[54]和1860年的林肯当选。其实,林肯只拿到40%的票,在南方根本没有支持者。因此,他上台是南方人不能忍受的,一些州在他就职前就开始宣布脱离联邦。林肯仍希望妥协[55]。但南方要的是全部的、完全的、永久的独立,林肯怎可能接受?残酷的内战遂启[56]。

南方人的自信和荣誉感带来了一种悲剧式的浪漫[57]。南北开战,令他们觉得被骗、被辱。1798年的"98原则"和1832年南卡罗来纳州议会能够废止联邦关税在州内执行,使他们觉得州权仍被尊重,如今证明是他们的一厢情愿。浪漫使他们不惜一战——从任何角度上看,南北军事力量强弱分明:南方2000多万的人口对北方的9000万,不到9000公里的铁路对北方的20000多公里;全国军火制造的3%对北方的97%。当然,有人说,只要南方能拖长战事,或可以从北方拿到好条件,但这不是独立,是苟且偷生;有人说南方可以利用棉花去逼英国出手,但庞大的大英帝国总会找到其他货源,怎会插手这场同是英裔的兄弟阋墙?

南方人的荣誉感是头可断,志不能移[58]。肯定不是所有南方人都赞成奴隶制度,但所有南方人都认为州权不可夺。他们活在过去,认为他们才是真正的美国人:国父华盛顿是南方人,亚国父杰斐逊也是南方人(而且他们也是奴隶主、大庄园主)。

南方的历史充满挫折和失败[59],非但在军事上被彻底击败,在经济、社会和政治领域也是长期受挫,被北方嘲笑为愚昧、狭隘、落后。骄傲使他们不服气,浪漫使他们明知不可为而为之。今天,南方是美国的新工业、高科技重点,[60]奥巴马之前的五个总统都是以南方为他们的地盘。[61]

南、北两方都有英国人行动型的性格倾向，但历史和土壤缔造出了两种截然不同的性格。美国性格就是南、北性格结合生出的"黄蜂"（White Anglo-Saxon Protestants，缩写是 WASP，即黄蜂）。

3. "黄蜂"

电影《好牧人》（*The Good Shepherd*，2006）讲的是美国中央情报局的诞生。主角"二战"前夕在耶鲁大学时被招入联邦调查局，屡次立功，终成为中情局反情报处主管。剧情中有一段是他盘问一个意大利黑手党。黑手党说："我们意大利人有我们的家庭、我们的宗教，爱尔兰人有他们的祖家，犹太人有他们的传统，甚至黑佬都有他们的音乐，你们有什么？""我们有美国，你们都是访客。"世界上有不少人视美国人为"世界贵族"，美国人有不少则视"黄蜂"为"美国贵族"，好像全世界人都想做美国人，而所有美国人都想做"黄蜂"。谁不想上常春藤[62]，入华尔街？

安德鲁·哈克（Andrew Hacker，1927—　，政治学家和思想家）1957 年首次提出"黄蜂"这个词。W 代表"富有"（wealthy）而非"白种人"（white）。"黄蜂"的特征是：有钱、盎格鲁－撒克逊血统、新教（特别是主教制）、多数聚居在美国东部和旧金山周围、在预科学校（美国贵族中学）和常春藤大学念书、家族有钱。其实主要是强调盎格鲁－撒克逊民族的优越。慢慢地，"黄蜂"也包括其他北欧民族，如荷兰、德国和斯堪的纳维亚。"黄蜂"是美国政治、文化、宗教和知识分子的样板。[63] 上层社会是他们的地盘，共和党是他们的党派，但近年趋向民主党。就算社交礼貌也是他们定的：好仪态、温和举止、注重个人卫生和无谓的纪律。[64] 美国的"老钱家族"（Old Money，祖传富户）如范德比尔特（Vanderbilt，1794—1877，航运与铁路起家）、阿斯特（Astor，1763—1848，皮草起家）、洛克菲勒（Rockefeller，1839—1937，石油起家）、杜邦（Dupont，1870—1954，炸药、纺织起家）、罗斯福（Roosevelt，1882—1945，杂货、糖业、地产起家）、福布斯（Forbes，贸易、铁路起家）、惠特尼（Whitney，工业、贸易起家）、摩根（Morgan，金融、铁路起家）、哈里曼（Harriman，1891—1986，金融、铁路起家）等都是"黄蜂"。

起初，"黄蜂"是指富有的有社会地位的白种新教徒美国人，主要是英裔，很多人的血统可追溯到殖民时代（北方是清教徒，南方是士绅）。一直到"二战"，他们完全支配所有政党，在财经界、商界、法律界和科学界都占主角地位。"二战"后，"黄蜂"的自由思想推动高等学府开放入学限制，不少非"黄蜂"和其他族裔的子弟考了进来。《退伍军人重新适应法案》帮助其他族裔的人接受高等教育，打破"黄蜂"对高等教育的半垄断；"二战"后经济突飞，受过教育的都找到白领工作，打破"黄蜂"对高等职位的半垄断；1960年，肯尼迪当选总统，是美国第一位天主教总统[65]，打破"黄蜂"对最高权力的全垄断[66]。

既然"黄蜂"就是美国民族性格的基本属性，那么，族裔融合的结果是其他族裔的精英也变成"黄蜂"。不过在这个过程中，他们也精炼和丰富了"黄蜂"的性格。

今天，"黄蜂"不再只是中、上阶层的白人新教徒，也不再分是共和党或民主党，他们是美国的"贵族"，有一种不自觉的统治阶层的权利与义务意识。对他们来说，谋权逐利只不过是施展个人抱负、发挥个人潜力；得权获利只不过是个人能力和努力的应有结果；为富不仁、谋权不义的自疚转化为得权获利后回馈社会的责任（这是清教转扬基的关键，见上）；行为举止要低调，但基础原则要强调；美国制度不是全世界最好的制度，但没有比它更好的；美国梦是全人类的梦，他们是这个梦的保存者、维护者和宣扬者。这就是美国精神、"黄蜂"精神。但新移民也调入了些新元素，其中，以天主教徒和犹太人为著。当然，美国人口中，非洲裔和拉丁裔也占很大比例，但他们并未改变美国的民族性格。我们先说天主教徒，然后讲犹太人。

4. 天主教徒（爱尔兰）

20世纪六七十年代，民运和反越战最激进分子之一汤姆·海登[67]曾说："做一个真正的爱尔兰人就是挑战'黄蜂'的支配（To be genuinely Irish is to challenge WASP dominance.）。"美国的天主教徒主要来自四个地方：爱尔兰、德国、意大利和拉丁美洲。其中，对美国民族性格影响最大的是爱尔兰天主教徒。[68]他们最早来，而且说英语（就算不是会了英语才来的，也很快、很容易学会英语）。他们主要来自南爱[69]。

在独立前夕（1775），整个殖民区的天主教徒只有4万（一半左右来自爱尔兰），占总人口的1.6%，主要落足在南部的中型城市，如查尔斯顿、萨凡纳和新奥尔良，很快融入当地社会。1820年代，爱尔兰天主教徒开始大批涌来。在南方，他们做粗重的工作，取代了成本越来越高的奴隶劳动力；在北方，他们建运河、桥梁、公路，也是提供廉价劳力。从1820年到1860年，约200万爱尔兰人来美。其中，75%是在爱尔兰"土豆饥荒"期间（1845—1850）来的，落脚点是大城市[70]，并开始有爱尔兰人的社区。当然也有往西部找工作和土地的。1854年，美国政府开放堪萨斯地区殖民，大量爱尔兰人往那边走。今天的堪萨斯市是他们建设的，美国的铁路网也是他们的功劳。所有粗重的低薪的工作，都有他们的份儿。这也是爱尔兰天主教徒在工运中活跃的主因。东北的纺织厂、东南的煤区、大城市的家庭（爱尔兰移民中有大批生活无着的年轻女性去做家仆），都是他们的地盘。

但是，爱尔兰人，尤其是爱尔兰天主教徒（绝大部分爱尔兰移民都是天主教徒）很受歧视。他们在内战时支持过南方（虽然也有大批加入北军），但宗教是更大的问题，尤其是在北方排他性强的新教地区，对他们的典型描绘是男人酗酒、女人当娼，甚至商店招聘时也挂出"NINA"（No Irish Need Apply，爱尔兰人免谈）。结果是爱尔兰人自组社团。他们融入美国社会的过程是漫长而艰辛的（可见肯尼迪在1960年当选美国总统是个了不起的大突破）。

爱尔兰人无钱、无工作，住在大城市肮脏的贫民区，整个19世纪，他们和他们的后裔都是被歧视和取笑的对象——大部分原因是出于盎格鲁-撒克逊的民族优越感，认为自己比凯尔特种族的爱尔兰人强。此外，新教的美国，恐惧天主教在美国扎根，尤其是恐惧天主教徒家庭的繁殖力强，会改变宗教人口的比例。很多人认为天主教徒效忠罗马多于效忠美国。

"一战"后，若干州政府担心新移民和"外国价值观"（foreign values）影响美国的文化，要关闭天主教会办的学校。这反而激发了天主教徒组织地方性和全国性运动，去维护家长为孩子选择学校的权利，成为美国教育体制多元化的基础（今天，天主教会办的中小学超过6500所）。由于他们说英语，所以比其他不说英语的移民更快地融入社会。虽然做的仍是粗重工作，但到"二战"后，很多都挤入了上流。

从1830年到1960年，爱尔兰裔的政治总倾向是民主党[71]，支持度高达80%—90%。长久以来,爱尔兰、天主教和民主党仿佛三位一体,特别是在大城市如纽约、费城、芝加哥、波士顿、旧金山、匹兹堡、泽西城。很多全国性党组织的重要成员都是天主教徒。大城市的天主教徒比较多支持民主党,大城市外围的天主教徒比较多支持共和党,反映了一般美国选民政治取向的分布。

天主教徒的选票占全国的1/4。1960年代开始,两党向天主教徒积极招手。共和党的尼克松在1968年选举中只得了33%的天主教徒选票,到1972年的选举就拿得52%(当时美国南方白人也从民主党转往共和党)。1980年与1984年,共和党里根当选也是从民主党手里夺天主教选票。当时的"里根民主党人"(Reagan Democrats)中据估计有1/4天主教徒,这趋势延续至今。天主教徒是所有教派中最反映全国的政党取向的。[72]

爱尔兰人特别活跃的领域是市政[73]、警察[74]和学校[75],对美国工运有极大影响。1840年代来的爱尔兰移民聚居城市,教会的领导层和信徒绝大部分是劳动阶层。19世纪下半期,反天主教移民和反工会的分子都聚集在共和党,天主教徒很自然地走向民主党。天主教的"劳工骑士团"(The Knights of Labor)是美国最早的工人组织,在1880年代也是美国最大的工人组织,一半以上会员是天主教徒。虽然天主教徒的影响力很大,但美国工会组织是宗教中立的。

"一战"后,美国的天主教会致力于社会改革,1919年提出社会重建计划(Program of Social Reconstruction),要求政府更积极地帮助劳工和穷人,当时的劳工组织非常支持,而商团就反对。1930年代,天主教徒多萝西·戴(Dorothy Day)开启"天主教工人运动"(Catholic Worker Movement),在纽约贫民区建立"招待所"(house of hospitality），又建"集体农庄"，在全国扩散。1930年代大萧条时期工运最蓬勃，其中，天主教会与天主教徒是主力。

天主教会办的医院是公立医院以外的最大的医院系统，2002年超过600所，雇用人数超过60万。全国住院人数有1/6住在天主教医院。有关社会服务，天主教会是全国最大的志愿组织，特别是收容难民。此外，还有不少养老院、幼儿院和养老机构，雇用人数超过100万。

现代天主教会的普世公义思路是从教皇利奥十三世（Leo XIII，在位期1878—1903）1891年颁布《新事物通谕》（Rerum Novarum）时开始的。他批判资本主义社会的财富与权力集中、对工人的不公平待遇，要求增加工人权利与保障，并鼓励天主教徒组织工会，强调和平和正义。接着的好几位教皇都强调天主教徒对社会公义的责任。[76]

天主教会的公义原则可简单列举为以下几个方面。（1）人的尊严：特别是人的自由意志和与人共存。（2）由下至上（subsidiarity）[77]：家庭有能力处理的事情由家庭处理，团体与国家不应干扰；团体有能力处理的事由团体处理，国家不应干扰；家庭没有能力处理的事，团体一定要帮助；团体不能处理的事，国家一定要帮助。（3）与公共利益的休戚相关：每个人与人类全体和其中任何一个人都是相连和互依的。（4）爱是一切：非但在微观的关系上，更包括朋友、家庭和团体，但要避免落入感情化。（5）公平分配：社会与经济体制应提升社会公益，产权越分散越好。（6）穷人优先（preferential option for the poor）：对任何一个社会的道德考验是看它怎样对待最脆弱的一员；在一切公共政策中，穷人的需要应优先考虑。

当然，不是每一个天主教徒都听从教会的教导。事实上，很多教徒都是阳奉阴违，尤其是经过了1960年代的反叛。教会的"现代化"

也赶走了一些教徒：1960年代，全球天主教教会举行梵蒂冈大公会议，鼓励教会地方化，美国的天主教徒[78]开始"美国化"[79]，天主教弥撒仪式从拉丁文转为英语，教会治理权也开放给教徒，估计有2200万教徒为此离开教会。[80]美国天主教会的高级教士（枢机主教等）和教徒甚至与教皇公开对抗，特别是有关性道德。[81]但近几年又有回归传统的迹象。

不是说清教不悲天悯人，也不是说只有天主教才悲天悯人。但清教（以至大多数的新教教派，尤其是加尔文宗）都相信只有少数人得救，而天主教对人类得救就乐观得多。在意识上和事实上，它是个全球性的大教会，把自己看作"慈母圣教会"，来者不拒，普渡众生。这种泛人和平等的意识，为美国民族性格注入了悲天悯人的成分，中和了清教式的自疚，并为自疚带来一条舒缓的渠道。

另一方面，天主教的普遍意识与清教的少数意识赋予美国民族性格一个很奇妙的组合——孤立的倾向中却带有扩张的冲动。天主教徒多归民主党是因为民主党的进步思想（主要是传统的经济公平和关怀弱小，而不是今天的道德自由）很有吸引力。而天主教的普遍价值意识则驱使民主党比较外向（相对共和党的孤立主义），以及在国际事务上比较强调普遍原则（相对共和党对国家利益的强调）。但负面影响是民主党政府会比较容易"为义而战"。上世纪的较大型战事都是发生在民主党执政时期——"一战"、"二战"、朝鲜战争、越战。

5. 犹太人

犹太人占美国人口比例最高时是在"二战"期间，达到3.3%。"二战"结束后，原来逃难到美国的犹太人有的跑回了欧洲，更多是去了以色列。2012年的比例是1.7%，计550万人。

早在 1700 年，北美殖民区只有两三百名犹太人，主要是塞法迪宗（Sephardic）[82]；1720 年后，开始有从中欧和东欧来的，属阿什肯纳兹宗（Ashkenazi）[83]。1740 年后，英国放宽犹太移民来美（先是来自德国，政治上倾向保守）；内战初，南方和北方的犹太人都支持奴隶制度、反对林肯，内战后才转向共和党和解放黑奴。

19 世纪，大量德籍犹太人涌来。1880 年后，还包括来自俄罗斯、波兰、立陶宛、乌克兰、摩尔多瓦、加利西亚和罗马尼亚（都是说意第绪语）的。到 1924 年《移民法》出台，就限制入境了。后来的就比较"自由"和"左倾"。他们在欧洲经历过社会主义、无政府主义、共产主义和劳工运动，所以在工运上非常活跃。1936 年（罗斯福时代）以来，他们积极于民主党的政治。到 21 世纪，共和党也开始向他们招手。

犹太人一早就开始美国化。这与犹太历史很有关系。他们从来就是少数，从来没有"国"。为了创造生存空间，到哪处适应哪处（起码在表面上如此），时间长了就真的同化了。他们初到美国是干小商小贩，甚至耕田，但很快就学晓要安稳就要放弃一些犹太传统和特征：衣着当地化；安息日要从星期六改到星期日以迁就基督教的假日；安息日的严格规矩（例如不能开车）要放宽；等等。他们甚至考虑过从大城市去小城镇发展，尽量融入美国社会（例如《加尔维斯顿计划》，Galveston Plan[84]）。

20 世纪初，那些 19 世纪后期来自中、东欧的第二代人（属阿什肯纳兹宗）加速进入主流，把一个用宗教和社会定义的犹太身份转型到以种族和文化（ethnic-culture）定义的身份；把外来移民的身份转型到由种族和家庭特征（ethnic-family）定义的身份。那时的犹太人一方面恐惧失去他们的文化独特性,另一方面想加入主流。

"二战"时期,半数犹太男子参军。战后,大批移出城市贫民区,移入近郊中产区,并与教外人通婚。当初80%是劳工,这时开始进入学界、商界。"二战"使他们除了宗教和文化的身份之外,还多了一个"劫后余生者"[85]的身份。同时,因为西方人将"二战"期间纳粹屠杀犹太人定性为人类历史上最不义之事,引发西方人的自疚(他们认为纳粹只不过是西方人两千年迫害犹太人的最残酷例子),对犹太人特别同情、迁就。

如今,除以色列外,美国是犹太人聚居最多的地方。但他们与犹太教的教义和传统越来越疏远,越来越是"文化犹太人"(cultural Jews)。虽然80%自认为与犹太教关系密切,但很多已经不上犹太会堂(synagogues,主要是听道)了。他们仍会守大节日,行犹太教的割损礼、婚礼、丧礼,但在"唯一真神"的几个宗教里,美国犹太人算是最疏松的宗教团体。[86]

宗教松懈与追求自由(主要指社会和道德自由)相连。他们比较热衷参与政治,成立了很多非宗教的犹太团体,做了大量慈善。他们的政治热忱高于宗教热诚,在美国所有民族中投票率最高,参与最积极。虽然占人口不足2%,但因为94%居住在总统选举最关键的州,所以他们的票有关键作用。

与其他移民不同,犹太人是个严谨内向的民族,所以永远不会大大增加人口,也就是永远做少数,因此永远有被人欺侮、被人歧视之感,所以凡事必争;又对所有少数的被迫害的群体有强烈代入感,所以最着意为少数人或受害者争取权利[87]。少数派的"被压迫情结"(persecution complex)使他们有追求自由(无论是妇女解放、同性恋、吸大麻、工运、民运、宗教自由、和平运动）和改革社会的天然倾向[88]。为此，他们是有名的好争、好辩。但是犹太人对自己是白人还是非白人态度仍然暧昧。

当然，他们在经济、社会、学术上的成就人所共知。在美国所有宗教群体中，犹太人的教育水平最高，平均14.7年；59%受过四年大学教育[89]，31%有更高学历[90]。但是，一直到1950年代，高等学府都歧视犹太人，有录取限额（特别针对当时初移来的犹太人，大都多子多女），招聘教授也有排犹政策。著名经济学家如米尔顿·弗里德曼（Milton Friedman，1912—2006，1976年获诺贝尔经济学奖）和保罗·萨缪尔森（Paul Samuelson，1915—2009，1970年获诺贝尔经济学奖，是美国获该奖的第一人）都找不到教席。今时不同往日，近几年的哈佛、耶鲁、普林斯顿和宾夕法尼亚大学的校长都是犹太人。美国前200名最具影响力的公共知识分子，其中50%的父母皆犹太人，76%至少父亲或母亲是犹太人。美国所有诺贝尔奖获得者中有37%是犹太人。

2018年的数据显示，44%的犹太家庭年收入超100000美元[91]，人均收入是美国人的两倍；[92]平均财产443000美元，是美国人的四倍多（99500美元）。早期的犹太移民已经活跃在财经界，主要经营皮毛生意，其次是做投资基金、投资银行（尤其是来自德国的犹太移民）。1830年代是做建铁路、开运河的融资。如今，对冲基金、私人财富管理更是犹太人的天下（如2008年倒闭的雷曼兄弟和华尔街龙头大哥高盛都是犹太资本）。纽约最富有的地产商人，前20名中有18个是犹太裔；美联储近期的三个主席都是犹太人——艾伦·格林斯潘（Alan Greenspan，1926—　）、本·伯南克（Ben Shalom Bernanke，1953—　）和珍妮特·耶伦（Janet Louise Yellen，1946—　）。

犹太人分散于全世界每一个角落，有民族自立、自足性格，不受任何所在国家的完全同化。他们国际化，能说多种语言，过的是都市生活（相对农村生活），流动性强，可以说是典型的世界公民。但是他们的成功，以及他们的"无根"（虽表面同化，但不完全归属），的确引起很多当地人的不满。

福特（Henry Ford，1863—1947）是典型的美国反犹分子。他反对美国加入"一战"（他也是当时典型的美国孤立主义者），因为他相信这是犹太人发动的战争，从中图利。"所有战争后面都是国际金融家。他们就是所谓国际犹太人：德国犹太人、法国犹太人、英国犹太人、美国犹太人。我相信除了在我们这里，这些国家都是犹太金融家至上……在我们这里，犹太人是个威胁。"他认为犹太人对社会没有贡献。1915年美国尚未加入"一战"时他就说："我知道谁引发了这场战事：德国的犹太银行家。"到战后（1925）他还在说："我最反对的是每一场战争中的国际犹太人的钱的力量。这就是我反对的——这种没有国家但又可以命令所有国家的年轻人去送命的力量。"[93]在一篇名为《犹太人的主意塑造了联邦储备计划》（Jewish Idea Molded Federal Reserve Plan）的文章中，他质疑美联储和它的倡议人保罗·沃伯格（Paul M. Warburg，1868—1932，德裔犹太银行家）是个危害美国的阴谋。到今天，美联储是犹太人天下的阴谋论仍未平息。

像清教徒，犹太人也有极强的少数意识，追求自立、自足，也有作为神之选民的自傲。但他们的自疚与清教徒不同，清教徒的逐利、争权引发出自疚，犹太人却没有；对他们来说，逐与争是求生存，哪来自疚？他们有的是"生还者"的自疚：为什么在民族灾难中自己侥幸？是不是为了偷生而苟且？这种自疚很难清除。

这种少数意识，使清教徒和犹太人都求自存，但历史背景很不一样，所以求存的方式也很不一样。清教徒是自己跑来美洲的，所以他们要自存就要守住家园，有孤立主义的倾向。犹太人是到处被人赶的，到任何一处都守不住，所以他们要自存就要散布四方，有世界公民的倾向。美国人的清教少数被压意识使他们对犹太人的历史际遇深感同情；美国人的扬基积极求财意识使他们对犹太人的经济成就非常欣赏。犹太人在全球寻找商机，对逐利心重的美国精英确实有吸引力。在资本全球化中，美国与犹太人确是天作之合。

　　但犹太人的少数意识也使他们好争、易怒，使美国人心里有一种"远之则怨，近之则不逊"的感觉。所以美国犹太人的势力虽然强（或者是太强），但往往招人反感。再加上美国犹太人在美国的一举一动跟美国与以色列的关系分不开，也使美国人不安。但美国不少人，尤其属激进主义的新教徒（相信犹太人复国是基督再度来临的先决条件），包括总统们如小布什和特朗普都有强烈的支持以色列倾向。

6. 美国性格

　　总体来说，美国虽然是多元民族，但同放在一个大熔炉里，而这个熔炉的火种是盎格鲁-撒克逊性格：行动取向、务实作风。传递这个火种有两种人：来逃难的清教徒（北方），来立业的士绅（南方）。他们都有少数的求存意识，强烈追求自立、自足（清教徒是要光荣神，士绅们是要战胜环境）。

　　清教徒与士绅都有高人一等的优越感。清教徒自傲是神的选民，士绅们自傲是天生贵胄。但清教徒是受害的少数，来美洲是追求政治（宗教）自由，因此团结而排他，有一种冷漠（nothing personal），对传统质疑，对约束抗拒，为维权而易争。而士绅们是尊贵的少数，来美洲是追求经济（立业）自由，因此逞强而专横，有一种狭隘（everything personal），重面子而易怒。

清教徒逐利，但对人性悲观和充满犯罪感的教义又使他们因逐利而自疚，逐利与自疚的交战则从宗教道德层面转移到社会正义层面——逐利致富与结党谋权无须介怀，只要目的正确和多做善事。这正是美国北方的扬基性格。

南方的士绅们种烟草、棉花逐利，大量输入奴隶，认为主奴关系乃理所当然，解放奴隶是破坏社会应有的等级秩序，挑战他们天命主人的尊严。南北战争中虽然明知处于劣势，但骄傲感使南方人决心力抗，宁为玉碎。这就是美国南方的荣誉性格。

北主南辅组合出一个美国的"贵族阶层"——"黄蜂"。美国国歌不断重复的一句就是美国人给自己和给国家的最贴切写照："自由的土地，勇者的家园。""黄蜂"就是这种美国性格的创造者、监护人。

这种性格同时兼有自傲和自疚：道德卓越是他自立的基础，这使他自傲，但达不到自己的理想、容不下别人的不同，使他自疚（觉得有失高贵）；物质文明是他自足的成就，这使他自傲，但成就下面的逐利不仁、谋权不义使他自疚（觉得做得过分）。

少数意识使美国人以自立、自足去求自存，但又使他易生恐惧——恐惧自存受威胁。恐惧使人容易失措——求自立一旦走向极端就变成冷漠，也可以扭曲变成逞强，而逞强的极端就是压人；求自足一旦走向极端就变成孤寒，也可以扭曲变成自私，而自私的极端就是吃人。再者，美国的少数意识有天然的孤立倾向（出于团结、排外）和搏击（lash out）的冲动（来自好争、易怒）。

在殖民时期，少数意识与少数现实是一致的。但立国之后，这套生于少数现实的民族性格成为一个移民大熔炉的火种[94]，新移民接受甚至拥抱这个美国性格，但也加以平衡和补充。其中，贡献最大的是爱尔兰人和犹太人。爱尔兰移民[95]带来天主教的普遍意识，使美国人有种为善不甘人后的冲动，国内、国外如是。但清教原有的自疚性格又往往扭曲了善行，变成对"弱者""受害者"的姑息，大量消耗社会资源和物质资源。另一方面，悲天悯人的慷慨也可以带来扩张的冲动，尤其是如果这冲动后面有少数意识的自傲或自疚作祟，扩张的倾向会更走向极端。

犹太移民带来另一套世界意识。两千年来，他们处处被逐，但这也造成他们处处都能生存。在某种程度上，他们是成功的民族：他们被驱逐是因为他们太成功，使收留他们的当地人感到不安或不满。他们有世界公民意识，在全球商机下四海为家。这正合全球资本的逻辑。美国与美国犹太人有一个特殊的互惠关系：美国庇护犹太人，犹太人为美国开发全球资本，很难说谁利用了谁。[96]但美国的代价是以色列成了不可摆脱的包袱。[97]犹太人成功地使美国承担起保卫以色列以至全球犹太人的责任。[98]

在国际上，美国的"自我"意识可以用来解释19世纪的门罗主义和20世纪的孤立主义。但立国后的移民也带来"泛人"意识，中和了"自我"。天主教的普世慈悲为美国人对自己道德不足的自疚开启一条舒缓的通道——向全球输出美国的善意，但根深蒂固的少数意识使美国人往往把自己的慷慨强加给别人，变成一种道德逞强。犹太人的全球商机把美国对逐利成功的自傲推上一个全球的舞台——向全球拓展美式经济，但根深蒂固的少数意识使美国人把自我保存看得太重，变成一种经济掠夺。

我们可以小结一下。美国民族性格有六种成分：（1）来自盎格鲁－撒克逊民族的行动型性格的务实。（2）来自早期殖民"少数意识"的恐惧、团结、自立、自足。恐惧可带来失措；团结的极端是桎梏，扭曲就成了逞强；自足的极端是孤寒，扭曲就成了自私。（3）清教极严谨的道德观与经济大发展引发的谋权与逐利冲动互相碰撞，产生出一种常态性的自疚。（4）来自北方清教道德高尚骄傲感的易争；来自南方士绅品位高贵骄傲感的易怒。（5）来自爱尔兰天主教普世意识的悯人。普世的负面是扩张，悯人的负面是姑息和纵容。（6）来自犹太教少数民族长期流徙的一种极强的求生欲，甚至有苟且求存、全球逐利的倾向。其中，"少数意识"是认识美国性格的钥匙。

美国对世界有莫大的影响力，但它有自觉而没有自知。美国人对个人主义的崇拜阻止了他们认真分析自己的社会。美国的辉煌成就——技术、科学、文化——改变了世界。也许有一天整个世界会变成美国。社会学家斯蒂芬·门内尔指出：这令人担心。美国的成功使美国人对自己的观察很难清晰。我们可以从他们对"9·11"的反应看出一点点受辱与愤怒的循环。"9·11"羞辱了美国，触发了近乎狂怒的反应。问题是，美国国力已过了顶峰，今后可能会受更多的人的更大的侮辱（起码从美国人的角度看会如此），会引发更不负责的反应。这是美式少数意识的好争易怒的必然反应。门内尔让我们好好思考："世界要不要学习如何去处理一个被激怒的美国会带来的危险？如果要学，怎样去学？（Will the world have to learn to manage the danger posed to it by an enraged U.S.A., and if so, how?）"

注：

1. 十三殖民区是弗吉尼亚（Virginia，1606—1830）、纽约（New York，1614—1848）、马萨诸塞（Massachusetts，1629—1833）、马里兰（Maryland，1632—1867）、特拉华（Delaware，1637—1792）、康涅狄格（Connecticut，1639—1818）、新罕布什尔（New Hampshire，1639—1877）、罗得岛（Rhode Island，1643—1842）、佐治亚（Georgia，1663—1798）、北卡罗来纳（N. Carolina，1663—1875）、南卡罗来纳（S. Carolina，1663—1868）、宾夕法尼亚（Pennsylvania，1681—1790）、新泽西（New Jersey，1702—1844）。以上年份是指从殖民区成立到殖民区政教分离。

2. 殖民是指美国立国前来的英裔人，其他族裔是移民；立国后统称移民。

3. 清教是通称，内部分成数不清的派别，甚至一个小教堂也可以自成一个教派。这种"自立、自主"的管治方式影响美国政治制度至今。新教派别可以按主教制、长老制和公理制来识别，但最多还是比较民主和分权的公理制，参看上卷第十七章。

4. 1630年之后，土著人口锐减，因为欧洲人带来了麻疹、天花和黑死病。最严重的灾难是天花，早在1510—1530年就由欧洲人传入。

5. 也有一群从苏格兰北面来的不说英语的移民，主要落点在北卡罗来纳州。但18世纪中期就被英语文化吞没了。

6. 南北战争时期的黑奴大都是在美国出生的。

7. 18世纪，来自苏格兰和北爱尔兰的估计25万到40万人。

8. 稍要注意的是在18世纪，约6万名罪犯流放到佐治亚州。当然，那时的罪犯很多都是因为贫穷和失业。重罪犯是死刑，不会流放。

9. 稍后的宾夕法尼亚（1680年始）、南北卡罗来纳（1663年始）、佐治亚（1732年始），是十三区中最晚靠外来移民建成的。但移民还都是来自英格兰和苏格兰，虽然也有不少来自德国。说白了，就是移民最初从祖家带来的文化、心态都保存了下来，且主要是英国。

10. 不少是1848年全欧闹革命引发的逃亡，其中不少是知识分子和政治活跃分子。在人数来说，他们是美国最大的少数民族。但他们来时不懂英语，被称为"沉默的少数"（silent minority），在美国的政治影响力上远不如爱尔兰人和犹太人，至今如是。

11. 内战期间（1861—1865），非英裔的族类都积极参战，有的亲南方，有的亲北方。1863年，在北军控制区内的爱尔兰裔和德裔移民发生大暴动，这是后话。

12. 1820年，拿破仑战争已了结，移民开始恢复，那年进来8385人。1830年来的有23320

人。十年来（1821—1830）的总数是143000人，是前十年（1811—1821）总数60000的两倍多。接着不断上升。1831—1840年的总数是599000人，升了4倍（其中，爱尔兰207000，德国152000，英国76000，法国46000）。1841—1860年的总数是1713000人，二十年升了3倍（其中，爱尔兰781000，德国435000，英国267000，法国77000）。1845—1849年是爱尔兰的土豆粮荒；1848年的欧洲多处革命失败；1849年加州出现淘金热（吸引100000人从美国东部、拉丁美洲、中国、澳大利亚和欧洲涌来。那时加州总人口只有90000）。

13. 1880年代是以德国人为主的移民潮。单1881—1885年的几年间就有100万德国人来美，主要前往中西部。1850—1930年的80年间共有500万德裔人移美。那时期，蒸汽船取代远洋帆船，旅费大减，方便移民。南欧与俄国的农业改革，制造了大批剩余劳动力，来美的都是15—30岁的年轻人。其他移民也如洪水涌来，总数达2500万。除德国外，还有意大利、希腊、匈牙利、波兰和多个斯拉夫民族。同一时期，犹太人口从250万增到400万。

14. 始于1843年纽约的新共和党（New Republican Party，后改称美国党，American Party），与今天的共和党无关。他们反移民、反天主教徒任公职。但当被问起为什么有这样的主张时，他们的回答一律是"我什么都不知道"（I know nothing）。到今天，"什么都不知道"仍用来形容坚持不理会政治的人。

15. 共和党提倡解放黑奴，但反移民者却加入它，今天看来是矛盾的：解放黑奴是开明、进步，反移民则是反动、恐外。这两者在当时的共和党内并存，可见政治的复杂。

16. Asian Exclusion Act，也叫Page Act，因众议员Page主张"终止廉价的中国苦力和不道德的中国妓女"而得名。

17. 原先是定下十年期限，但到1892年又延十年，到1902年又再延。

18. 一般学者把1880年后期至1920年看作新的移民期。这段时期约移入530万意大利人（高峰期是1910—1920年，有200多万，绝大部分是天主教徒），主要是经济移民，有一半在五年内回流。斯堪的纳维亚来了150万人，是当地人口的20%，因为贫穷和宗教迫害。主要聚居中西部的明尼苏达州和达科他州。中欧来了200多万人，主要是天主教徒和一些犹太人，以来自波兰的居多。犹太人则来了约200万，大部分是因为帝俄的排犹。

19. 1921年，国会通过《紧急配额法案》（Emergency Quota Act），1924年演化为《移民法案》（Immigration Act），规定新来移民的配额不超过1890年代进来的2%（甚至连后来逃避纳粹的犹太移民也被限制）。直到1965年，这些法案鼓励中、北、西欧移民，限制中欧和俄罗斯移民，完全禁止亚洲移民，但对美洲其他地区开放，特别是墨西哥、加勒比和中南美洲。也有网开一面的，但只是个别案例，例如"二战"前逃避纳粹的犹太难民、"二战"后侥幸得生的犹太生还者、从共产主义国家逃出的难民（1956年匈牙利反共失败逃难的和1960年古巴革命后的逃亡者）。"格外开恩"的只有1934年的《同等国籍法案》（Equal National Act），允许美国母亲和非美国父亲家庭出生、18岁之前进入美境且居留超过5年的申请入籍；1945年的《战时新娘法案》（War Brides Act）允许美军的外籍妻子移民，后包括未婚妻；1948年的《流离失所人员法案》（Displaced Persons Act）允许战时失散的人员在配额之外入美（包括200000成人和17000孤儿；1950年补200000人；1951年又补200000人）。

但"二战"后欧洲移民配额还是增加了，因为那时美国工人短缺（战时的女性劳动力都归家去了。当然只是暂时，日后妇女大量重返劳工市场引发男女争工。1941—1950年超过100万移民入境（包括德国226000人，英国139000人，加拿大171000人，墨西哥60000人，意大利57000人）。可是1952年的《麦卡伦·沃尔特移民法》（McCarran Walter Immigration Act）又重申1924年的配额制，但每年的总配额改为1920年美国人口的0.16%（175455人）。但美籍人的妻儿和西半球出生的就免配额。1944—1954年墨西哥的非法移民增60倍。1954年美国大量驱逐非法入境的墨西哥人。今天墨西哥裔非法居民问题的源头在此。

20. 1980年，合法的墨西哥移民连同家属约220万，1990年是430万，2000年是780万，再加上近1000万的非法入境者，总数超过1600万（是墨西哥人口的16%）。他们也是美国众多民族中的一个主要部分。

21. 详见上卷第二十章。

22. 见《西方文明的文化基因》第二十一章。

23. 麻省殖民区首任总督温恩罗普（John Winthrop，1588—1649）讲道提出"山上之城"的理念。这是《圣经》里的名句。"山上"是众人仰视的地方，也就是榜样；"城"不是城市的城，是城邦的城，是个政治团体，是个国家。

24. Established Church，又称Church Establishment，是指有治理当地宗教事务的合法权力，实质就是地方治理权。

25. 尤其是1636年成立的哈佛、1701年的耶鲁和1746年的普林斯顿。今天，源自清教的扬基意识就是经高等教育渗透整个美国的。

26. 原先是对荷兰人的蔑称，后移用作荷兰海盗的诨名。18世纪时，纽约的荷兰人又用其来蔑称新英格兰康涅狄格区的英国人。从此这称呼就沿用下来，主要是说这些人机灵。

27. 扬基一词文化意义多于地理意义，特别强调加尔文宗的清教信仰和公理制教会。马克·吐温在1889年出版的《在亚瑟王王庭里的一个康涅狄格扬基汉》（*A Connecticut Yankee*

in King Arthur's Court）把扬基一词普及化，并把扬基与康涅狄格连起来。今天，扬基已经遍布全美，特别是美国东北部、中西部的北部（中西部地区的明尼苏达州、威斯康星州、密歇根湖上游的半岛、北达科他和南达科他州、伊利诺伊州、爱荷华州，远至西雅图、旧金山、檀香山市）。

28. 传统的土地共有制开始由私有产权和土地投机取代。普遍性的贪婪"破坏了社会安宁"。

29. 1730—1740年，英国的循道会初到美国传教，强调个人虔敬、兴奋（revival，通过神灵感应，重新做好人）和承担公民责任。在神学理论上，比较温和、宽容的阿米尼乌斯宗（Arminianism，认为大部分人有得救机会，但人可自由选择或不选择得救）取代比较严厉而狭隘的加尔文宗（认为只有少数人得救，而且是全赖神恩，得救或失落都是没有选择的）。

30. 理查德·布什曼（Richard Bushman，1931—　）的《从清教到扬基：1690—1765年间康涅狄格的特性和社会秩序》（From Puritan to Yankee: Character and the Social Order in Connecticut, 1690-1765）是个很好的参考。布什曼解释，清教性格是从家有严父、教会有"严父"、社会有"严父"、国家有"严父"的环境中产生出来的——服从教士、服从政府。这不是一种姿态。统治者预期其高位会带出子民的尊重与服从。同时，"严父"会把力量注入子女。"严父"权威之手塑造子女的生命，建立起坚固和刚毅的性格。为此，清教性格是同时专横与服从（domination and submitting）。他们有很浓的少数派自尊意识，非常容易与别人发生纠纷，小小事情都要上法院，对"不义之事"会大兴问罪之师。他们反抗权势压迫的意识极强，保护自己权利的意识极高。所以，虽然对统治者极为服从，但尊重权威又引出对权威范围和界限的重视。书中，布什曼描述了17世纪后期开始的土地私有化和商业兴起带来的社会和经济矛盾，冲击宗教和政治。但他更聚焦于"心理"层面。他的分析是，清教徒对财富是含糊和暧昧的，就算最虔敬的也把财富视为社会地位的保障和神恩眷顾的证明。人人尊重有钱人，并把他们视为理所当然的社会统治者。富有象征德行。所有人都应该勤奋、节俭，而勤奋、节俭的结果往往就是财富。甚至可以说，财富是神恩的象征，没有人会不尽全力地在自己分内去争取富足。当然，他们也知道财富会带来危险——灵魂得救的危险，因为有钱的人会面对更多的引诱，容易堕落。当然，财富来自发财的机会。1690年之前（光荣革命之前），普通人的发财机会不多；之后，经济不断增热，尤其是西印度群岛的贸易。小本生意做大，地价几年内翻倍，人人都有希望发大财，银行贷款又很松得很，认真的清教徒处于一种令他不能忍受的焦虑之中。他焦虑与神的关系，神选择谁会得救，不获救的永不超生。但初来建设殖民区的先祖们把神的权威与治理社会的权力相连。清教徒相信宗教与政治的统治权就是神安排的。社会的法律是神的旨意，一个人遵守法律和服从统治就不会下地狱。但到1690年之后，求财之欲使教徒与法律和统治者发生矛盾，但反抗法律和统治者又使他觉得好像违反了神意。

大觉醒运动的宣道者强调通过忏悔不再犯，然后"转意归神"，就可不再需要对犯过的罪负责而获重生（reborn，也称 born again）。重生带来的喜悦和爱心可抵消当初的自疚、焦虑。这却颠覆了传统的社会秩序。自疚的形成是因为觉得曾经叛道的行为破坏了神授的社会秩序（表达在社会规则和统治者权力上）。大醒觉的宣道者并没有叫人不守法律，只是强调守法不会使人得救：上教堂、读《圣经》、做善事可以慰藉自疚，但是没有获救的作用。重生的人虽然会上教堂、读《圣经》、做善事，但不会带有想得救的目的，因为他"知道"服从统治者不会带来神恩，不服从统治者也不会来罪遣。至此，信徒仍是反抗统治者，仍不遵守社会法规，但不再有自疚。一个世纪的清教统治、法律、权威把他们压得喘不过气，如今，得救与守法分开了，焦虑解脱了。大醒觉解脱了自疚，但社会秩序，起码是旧秩序就走向毁灭。"转意归神"的重生教徒得到了内心平安，他们仍然抗拒旧法规、旧权威，因为他的新欲望、新思想与旧法规、旧权威格格不入。最后，他们完全离弃旧法规、旧权威，另创一套新法规、新权威去反映其欲望与思想，也就是反映一种新人——扬基。

31. 特别是1692—1693年在马萨诸塞的塞勒姆巫术案（Salem Witch Trials），处死20人。这被认为是美国历史的大污点。

32. 1585年，沃尔特·雷利（Walter Raleigh，1552—1618）在北卡罗来纳州的罗诺克建殖民地，第二年就撤走了。1587年再来，但殖民据点竟然"失踪"，据称可能被土著杀害或掠走，制造出一个"失去的殖民区"（lost colony）的传说。

33. 例如买入20个奴隶就可以分得1000英亩，也就是大约4平方公里，是大庄园的规模了。而且，更有报假数的，例如奴隶死于途中的也算是引入。估计分配的土地是实际引入的4倍。由于人头配额可以暂时不用，保留到日后需要土地时再用它拿地，加上配额可以在市场买卖，就酿成了土地投机。1699年之后，只有英裔人才可以拿到人头分配，买入的奴隶就没有配额了。

34. 在法律上，美国没有贵族，但有贵族文化。出身和财富同是社会地位的基础。

35. 最早的奴隶是在北部，主要是美洲土著，用作家仆。

36. 新英格兰商人从加勒比地区运入糖，做朗姆酒，然后把酒运往非洲换奴隶，再把奴隶运来美洲（包括美国南方庄园和加勒比海甘蔗园）。到1780年禁止奴隶进口后，奴隶的自然生育补充劳动力。可以说，南北战争中北方要解放的黑奴，其实是先由北方贩奴商引入的。

37. 直到特朗普当选之前，华盛顿都是美国最有钱的总统。他有大烟草庄园，过上流社会生活（最爱猎狐）。1783年和1797年他主动辞掉公职去"耕田"。

38. 杰斐逊也来于望族，但对小农情有独钟，认为他们才是国家的中坚分子。"在土地上耕种的人是神的选民。如果神有一个选民，神会在他心中存放一套特有的、真正的德行。"（*Notes in Virginia*，1785）

39. 当然，南方不全是士绅，他们只占5%左右，还有大量的合约雇工——他们在取得自由身之后分到土地（主要是偏西面比较贫瘠的土地，而且还要跟边荒地区的印第安人争地），以及从非洲引入的黑奴的后裔（他们世为为奴）。还有从英格兰、北爱尔兰移来的穷白人，和从英国迁徙过来的欠债下狱的人。到18世纪更有在北方被大觉醒运动逼走的贵格、浸信和圣公会"移民"。南方的士绅精英已经塑造出主流（正如在英国的士绅，人数不多，但决定社会格局），其他的大多数不是艳羡就是反感，但都是以他们的行为和意识形态为参照（包括正面和负面）。

40. 在美国南北战争之前还有种族歧视的说法，反映英国内部的仇恨。南方人自视为统一英国的威廉大帝的诺曼人后裔（也就是英国的贵族），而视北方扬基为盎格鲁-撒克逊人的后裔。诺曼是比较接近赤道的民族，要比靠北的日耳曼血缘的盎格鲁-撒克逊开化得更早、更"优秀"。有极端者甚至说盎格鲁-撒克逊人是诺曼人的奴隶。

41. 特别值得一说的是牛仔性格。独立、刚毅、荣誉都可以追溯到南北战争后二三十年他们在美国西南部开发的过程（见后）。

42. 他们是最初的贵族殖民者带来的合约工，约满后在荒野分得小块土地。每家每户要自己保护自己，不像北方清教徒聚居于小镇。这种散居的农耕社会被杰斐逊歌颂，认为有民主的风范。

43. 自耕农地处边陲，每每与印第安人冲突，向政府申诉又没有成效，卒弄出1676年的培根叛乱（Bacon Rebellion）。培根是总督妻子的侄儿，初来美洲，分配不到好地，与总督闹翻，乘机发难，率大批自耕农和黑奴，以民主公平之名驱逐总督，火烧首府詹姆斯敦。英国来的援军镇压，培根患痢疾死，遂息。历史对培根的评价，毁誉参半。

44. 他们是17世纪初苏格兰斯图亚特王朝被迎入英格兰为王时派往爱尔兰殖民定居的苏格兰人的后裔。在爱尔兰殖民的大地主是英格兰人，他们则只是劳工。几代后他们已自视为英格兰-爱尔兰人，属英格兰的长老派教会。1660年，英国内战结束，主教制国教恢复，他们被排挤（虽然没有迫害），再加上干旱，地主又加租，生活困难。在18世纪前半段，大批移去美洲求出路。但那时南方的土地已为大庄园所据，他们只得走向山区（如今的阿巴拉契亚），土地贫瘠，又接近边境。他们以保守、凶悍、排外和反政府出名，到今天也是。他们是美国宪法第二修正案的最有力支持者（民间可以藏械，以抗政府暴政）。

45. 他们发动威士忌暴乱（Whiskey Rebellion）。美国独立战争后，国会设威士忌税以弥补军费的债项。大酿酒商收6美分，小酿酒商收9美分。"山巴佬"都是小酒商，而且因为山区交通不便，不能卖到大市场，酿私酒风气大盛，并不断恐吓和伤害联邦收税官员，又在各地发动暴力抗税，终于武装叛乱。华盛顿亲率军队镇压。

46. 他们主要是南北战争后的退役军人和到处流动找工作的单身白人，被视为社会底层。有赶牛、牧马的，也有偷牛、盗马和打家劫舍的。但都是崇尚自由、能吃苦、有独立性格的硬汉和强徒。

47. 最有名是"O.K. 牛棚枪战"（Gunfight at the O.K.Corral）和厄普仇杀骑（Earp Vendetta Ride）。1881 年，厄普警长兄弟三人和另一伙伴，拿到拘捕令拿捕叫"牛仔队"的匪党。双方在墓石镇（Tombstone）相遇，30 秒钟枪战，射杀 3 人，其余逃脱。接着逃匪处处暗算厄普兄弟，伤一杀一，但因为有时间证人，都无法入罪。厄普决定追踪复仇，但因未拿到命令，反被通缉。终于找到匪徒余党，尽枪杀之，然后离国逃亡。

48. 因为各州政府的阻挠，联邦不能通过和执行外交政策，1783 年的《巴黎条约》规定美国要偿还独立前向英国私人借的债，而独立时的保王分子可以向美国索取被充公财产的补偿，这些条款当然不受各州政府欢迎，因此无法执行。英国鉴于此拒不撤军。此外，在独立后，英国商人向美国大量输出工业制成品，影响了美国工业发展。那时西班牙控制新奥尔良，不准船只进出密西西比河道。南方各州要想解禁，北方各州则想借此向西班牙换取其他商业利益，莫衷一是，松散的国会无法决议。

49. 这是东北方与南方各州的妥协，允许将奴隶人口乘以 3/5，然后加上白人人口数，来计算该州的税收分配和在众议院的代表席位。

50. 1798 年发生 XYZ 事件（当时法国是恐怖统治结束而拿破仑仍未掌大权的时刻，美、法关系恶劣；美国派代表团往法国谈判，无功而返，美方民情激愤；美方用 XYZ 称呼法国的谈判代表而不用真名字），使联邦政府担心法国特务会在美国制造内乱（那时正是法国大革命恐怖统治的末期）。那时候的民主 - 共和分子（Democratic-Republican，主张杰斐逊式小农民主）则办报刊不断攻击联邦分子（Federalist，主张中央集权）。国会通过《外国人和叛逆法案》（Alien and Sedition Acts），原意是防范法国特务，但被用来逮捕有"叛逆"嫌疑的民主 - 共和的办报人，其实就是逮捕维护州权的人。

51. 1798 年，南方肯塔基和弗吉尼亚两州的州议会，经杰斐逊动议，通过《肯塔基 - 弗吉尼亚决议》（Kentucky-Virginia Resolutions），又称"98 原则"（The Principles of 98，即 1798 年定下的原则），申明州议会有权以联邦政府违反了国家宪法的理由废止联邦议会通过的法案在州境内执行。这代表州权可与联邦权抗衡。

52. 1833 年 3 月 20 日联邦国会通过《进口税征收法案》（An Act Further to Provide for the Collection of Duties on Imports，也称 Force Bill），杰克逊总统想用来强制南卡罗来纳州收取联邦进口税，并允许总统派军队。

53. 当时的妥协是把加利福利亚当作自由州，但同时从犹他地区和 1845 年加入的得克萨斯州划出一部分土地为新墨西哥地区作为奴隶州，并同时通过法案严厉追捕由奴隶州逃到自由州的奴隶。这是个很勉强的妥协。在某种程度上，这是美国在"天定命运"的旗帜下，在美洲大肆扩张的代价。

54. 最严重的是在 1859 年 10 月 16—18 日废奴极端分子约翰·布朗（John Brown, 1800—1859）与党人共 19 人（14 白人、5 黑人）在弗吉尼亚州哈珀斯码头（Harper's Ferry）攻占一个枪械库，意图发动奴隶起义，但被联邦海军陆战队击溃。布朗受伤并被捕，12 月 2 日施行绞刑。

55. 1861 年 3 月 4 日，林肯宣誓就职，宣称不会发动内战。"我不会去直接或间接干预美国现存的奴隶制度。我相信我没有法律权力去这样做，而我也没有意愿这样做。"

56. 战事非但凶狠，而且频繁，强度高，死伤多。因为没有"攻地"的目标，所以目标就是"杀敌"。开战时全美陆军只 16000 人。南方在 2 月决定各州供应总 102000 人。北方同样回应。第一年，绝大多数是志愿军，热血得很，远超军需供给和训练能力。稍后，热情退减，要征兵。美海军 1861 年只 6000 人，1865 年 45000 人。海战方面，主动是北军，意图是封锁南方港口，控制河道，以最少流血赢取战事。1861 年 4 月林肯封锁全部南面港口（商船没有人保险就不来了）。南方犯了大错，在林肯仍未封锁之前就自锁，意图引英法干预——它以为不出口棉花会影响欧洲经济下滑，逼英国加入战事。但英国没有加入（英国人反对奴隶制），并且从亚、非洲找到来源（印度、埃及）和更好的棉花。这在日后影响了南方经济的复原。南方"棉王"地位终结，出口不足产出的 10%，经济差不多崩溃。粮食短缺（特别在城市），铁路失用，河道失控。北军焦土破坏，南方丧失海外棉花市场（但也卖给北方商人——做生意与爱国好像是两回事）。河战中北军控制密西西比河，截断南军为东西两段。

陆战分四条轴：（1）东面主力直指弗吉尼亚的首都里士满；（2）西面从俄亥俄，经肯塔基入田纳西；（3）从米苏里河沿密西西比河南进；（4）最西从堪萨斯发动攻势。东面，南军胜多败少，甚至反攻指向华盛顿。林肯几度易帅。在西面，北军胜，以格兰特将军（Ulysses S. Grant，以不屈不挠著名，后为总统）为帅，以密西西比州维克斯堡一役为最主要一击（1863 年 7 月）。密西西比河域则主要是游击战。因为南军实无力顾及。这里还有 12000 印第安人与南军并肩（北军则没有印第安人相助）。1864 年，林肯委派格兰特将军为总帅，两人都认为必须完全摧毁南方才可结束战争。战略是尽量破坏田舍、楼房、铁路。分四路进攻，南军屡屡力抗，北军每次失利都不退（不像战事初期的东面战场），是场消耗战，目的在完全毁灭南方经济（这也是日后南方美国人不能忘记的仇恨）。格兰特率军直指南方首都弗吉尼亚里士满。南军的李将军备战。格兰特绕道，攻稍南的彼得堡，围九个月。李的军力已经非常薄弱，突围不成。这场战役史称"五叉战役"（Battle of Five Forks），还有称"南军的滑铁卢"。至此，北军包围了里士满和彼得堡，南军被完全截断与后方补给。李决意撤退，里士满失陷。李将军原想投降，后想退到有补给的阿波马托克斯法院村（Appomattox Court House）重整。但格兰特追击，并比他先到。李再无别计，遂降。格兰特特别礼待，让李保持军刀、战马，成为佳话。这是1865年4月9日的事，一个月内南军瓦解，但林肯却在南军降后5天被刺（4月14日）。

57. 1850年代，奴隶争议升级。共和党决心约束奴隶扩散，因为认为奴隶制度违反共和原则。他们采"围堵"政策，不让奴隶扩散，让它慢慢"阴干"。南方认为这是干预他们的宪法权利，相信释奴会破坏南方经济，尤其恐惧圣多明各恐怖事件（海地奴隶革命成功，狂杀白人，造成"公众脑海里的病毒"），刚好那时约翰·布朗发动南方奴隶叛变，使人更惊。19世纪的美国人发了财，人口大增，向西扩张。"自由"被定义为人身自由（personal liberty，奴隶是人）和财产权利（property rights，奴隶是财产）。两者冲突。国家主义和荣誉（nationalism and honor）是19世纪的强大意识，驱使南方走向南方国家主义，但北方不察觉南方的极端愤怒；北方也走向全美国的国家主义，把南方的脱离定性为叛国，不能容忍，而南方也不察觉北方的同仇敌忾。

58. 20世纪南方文学中最有名的福克纳（William Faulkner, 1897—1962, 1949年获诺贝尔文学奖）对南方人性格中的历史意识是这样写的："每一个14岁大的南方男孩都有过这一刻，不只是有过一次，而是他想多少次就会有多少次。1863年7月那个下午，两点钟未到……孤注一掷的一刻还未发生，甚至还未开始……此际，甚至不是14岁大的男孩，都会想到'这一刻'，尽失和尽得可能就是这一刻。"（译自 Intruders in the Dust, 1948年）

59. 北方、西方富起来，南方变穷长达一世纪。至于重建（reconstruction）的成败，争议多多。

		北方	南方
人口	1860	22,100,000（71%）	9,100,000（29%）
	1864	28,800,000（90%）	3,000,000（10%）
铁路	1860	21,800里（71%）	8,800里（29%）
	1864	29,100（98%）	不足道
制成品	1860	90%	10%
	1864	98%	不足道
军火	1860	97%	3%
	1864	98%	不足道
棉花	1860	不足道	450,000包
	1864	300,000包	不足道
出口	1860	30%	70%
	1864	98%	不足道

资料来自 https://en.wikipedia.org/wiki/American Civil War, Section on "Union victory and aftermath", "Comparison of Union and Confederacy, 1860—1864"。

重建是为巩固北方战期胜利,使联邦再度合一;保证南方州份行使共和式政府;结束奴隶;防止半奴隶。过程可分为以下阶段:

1865 年,约翰逊总统采取宽容政策。

1866 年,"激进共和"(Radical Republicans)掌政,要彻底消灭南方国家主义,使"奴隶真的释放"。

1872 年,"自由共和"(Liberal Republicans)认为战争目的已达,重建应撤销,但总统大选失败。

1874 年,南方为主的民主党取回国会,反对重建。

1877 年,妥协(Compromise)。联邦军队撤走,但白人取回全部南方州议会。歧视黑人(前奴隶)的法律(Jim Crow Law)要开始了。

60. 得克萨斯州的休斯敦地区是美国新制造业最兴旺的地段。此外还有俄克拉荷马州的俄克拉荷马市、田纳西州的纳许纳尔、得克萨斯州的沃斯堡、犹他州的盐湖城、阿拉巴马州的莫比尔、弗吉尼亚州的弗吉尼亚海滩。

61. 卡特来自佐治亚,里根来自加利福尼亚,老布什来自得克萨斯,克林顿来自阿肯色,小布什来自得克萨斯。

62. 指美国东北部的哈佛、哥伦比亚、耶鲁、普林斯顿、康奈尔、布朗、达特茅斯、宾夕法尼亚八所大学。"常春藤"原是这些大学体育联合组织的名称。

63. 查尔斯·安德森(Charles H. Anderson)在《美国新教白人:从种族起源到宗教团体》(*White Protestant Americans*: *From National Origins to Religious Group*, *1970*)中这样说,"斯堪的纳维亚人是二等'黄蜂',但做二等'黄蜂'比不是'黄蜂'要好"。

64. 我有一个同事是典型的"黄蜂"。他会假自嘲、真自傲地说:"对不起,我是'黄蜂'。"与人说话,说到曾在哪里念书,他会说,"在波士顿"。当然,如他所料,人家会追问,"波士顿哪里?"他会很腼腆地好像很不愿意地说声"哈佛"。

65. 他得票比尼克松只多 0.01%,天主教徒的选票是决定性的因素。当然,他父亲大撒金钱去助选也是原因。

66. 联邦公职原是"黄蜂"垄断,特别是外交部等高级部门。"二战"后,天主教徒和犹太人开始突破。最显著的是天主教的乔治城大学(Georgetown University,在首都华盛顿)集中力量,把毕业学生系统地打进外交官仕途。到 1990 年,联邦高级部门的官员比例三分天下:"黄蜂"、天主教徒(占总人口的 25%)和犹太人(占总人口的 1.7%)。在最吃香的企业律师行业中(corporate lawyers),天主教徒和犹太人的比例甚至超过"黄蜂"。但是,天主教徒和犹太人的精英也越来越变得像"黄蜂"了。

67. 他是爱尔兰裔（1939—2016），也是上面说过的简·方达第二任丈夫。

68. 首先，不是所有爱尔兰人都是天主教徒。苏格兰－爱尔兰裔的多是长老制新教，比纯爱尔兰人早来，落脚在殖民区的中南部，而且对天主教极端仇视，因为未来美国之前在爱尔兰已经和天主教斗了很久（见上"南方人"）。还有，不是所有天主教徒移民都是来自爱尔兰，其实他们更早来的是德国地区的天主教徒（那时德国还未统一）。但他们不说英语，影响力不大，而且日后的德国天主教主教们鼓励他们尽早同化，所以未发挥德国民族性格的影响力。此外还有波兰、意大利、拉丁美洲的天主教徒移民，但因语言不同，未有很大影响。到近年美国强调多元文化，才开始出现不同族裔的"竞争"。可是，到此刻美国天主教徒已是美国化了。

69. 北爱尔兰来的是苏格兰－爱尔兰人，是新教长老制，落脚于南方西部山区，自闭、保守、凶悍、仇视天主教，上文已介绍过。

70. 特别是波士顿、费城和纽约，也有不少住匹兹堡、巴尔的摩、底特律、克利夫兰、圣保罗、旧金山、洛杉矶。

71. 要注意，1830年代的民主党是保守的，尤其不支持解放黑奴。1960年代的民主党是开明的，无论是对于妇女解放运动或是民权运动。爱尔兰选民好像总是支持民主党的居多。

72. 肯尼迪是第一个天主教徒总统，竞选期间他的名言是："我不是天主教的总统候选人，我只不过刚好是天主教徒的民主党总统候选人。在公共的事情上，我不是我教会的代言人——我的教会也不是我的代言人。"这句话至今还被认为是天主教徒在美国政治生活中的分水岭。有人认为他还"不够美国"，有人认为他"太过美国"。

73. 在19世纪，地方政府种种工作都是地方官员（包括立法的市议会议员和行政部门的主管都是民选的）指派的，主要是分配给政治支持者。当初，政党为增加选票就招引爱尔兰新移民入党。慢慢地，爱尔兰人把持党务，以至参选，继而支配地方政治。1900年，纽约市的市政职位有三分之一是爱尔兰裔。

74. 整个东北地区的警察都是他们的天下。1855年，纽约市的1149名警察中有431名是移民，其中爱尔兰占344名。1973年，波士顿警务处的爱尔兰裔成立联谊会，会员占整个警务处的半数。

75. 第一代的爱尔兰移民中很多是单身妇女，主要做家仆，第二代的主要当老师。两代都有一个共通点，不嫁。当时天主教会开办很多学校，主要是希望维持信仰。这些学校培训出很多女老师，非但在天主教会学校教书，也到公立学校任职。那时的家长对女儿的教育比对儿子的教育还要重视（部分是因为男性找工作比较容易）。到1890年，纽约市某些地区的学校三分之二的老师是爱尔兰女性。

76. 特别值得关注的有以下：教皇若望二十三世（在位期1958—1963）1961年颁布《慈母与良师通谕》(Mater et Magistra)，在"基督宗教与社会进步"一章（Christianity and Social Progress）把利奥十三世的思路推广，特别提醒富有国家对贫穷国家的义务。在1963年再颁布《世上和平通谕》(Peace on Earth)，强调世界和平只可建立于地方性与国际性的个人、团体与国家的适当权利与义务的关系之上。第二次梵蒂冈大公会议（1962—1965），天主教全体主教与教皇共同公布《现代教会的牧民原则》(Pastoral Constitution on the Church in the Modern World)，坚持人类每一分子应有的尊严，宣布教会与受苦难的人和安慰苦难的人团结一致，休戚与共。教皇保禄六世（在位期1963—1978）1967年的《人类发展通谕》(Populorum Progressio)强调单凭全球性的自由贸易不足以矫正西方工业国家与第三世界的贫富不均，呼吁富有国家履行对贫穷国家的道义责任。到1971年，他又发公开信，要求基督徒面向城镇化和城镇中的穷人。教皇若望·保禄二世（在位期1978—2005）在1981年的《有关劳动力运用通谕》(Laborem Exercens)指出，公共利益高于私人产权，人类生产是为全人类服务。1991年是利奥十三世《新事物通谕》的百年纪念，若望·保禄又发通谕，谴责过分的集体主义和没有约束的资本主义。本笃十六世（在位期2005—2013年）提出一个"世界政治权力"（World Political Authority）的理念去处理泛人类的问题。现今教皇方济各告诫人们警惕"金钱偶像崇拜"，在2017年《赞颂通谕》(Laudato si')狠批消费主义和不负责任的发展。

77. 字根是罗马时代军事上的subsidium，是"坐在后面"的意思，也就是在有需要时给予支持和帮助。

78. 今天美国人口的23.9%（7000万）是天主教徒，新教教徒的总数是1.5亿，近人口半数。但新教派别则不可量计。

79. 最初，教会帮助教徒在新教（尤其是清教）社会中保存天主教身份，但同化运动早在19世纪后期已开始。当时的教会已有高层教士（以枢机主教詹姆斯·吉本斯［James Gibbons，1834—1921，任期为1877—1921］为首）鼓吹"美国化"。1899年，教皇利奥十三世批评美国化不合天主教真髓，因为它漠视宗教，追求物质，没有绝对原则。

80. 约占美国教徒总人数的三分之一。当然，脱离的原因有两个极端：不满教会放弃传统而脱离；因为教会放弃了传统而变得松懈。有人说，脱离了天主教会的人数之多足可以成为美国第二大"教派"。

81. 根据2011年的调查，60%教徒不同意教会反对人工节育，46%不同意教会禁止离婚，31%不同意教会禁止堕胎。

82. 是指在15世纪被驱逐前，祖籍伊比利半岛，遵守西班牙、葡萄牙犹太人生活习惯的犹太人。占全球犹太人总数20%。一般比较"保守"。全球总数220万，其中30万—40万在美国，140 万在以色列。

83. 指中世纪德国莱茵地带的犹太人后裔。很多自 10 世纪到 19 世纪移往东欧。从中世纪到 20 世纪中采用意第绪语（Yiddish，是德语与希伯来语的混合），一般比较"进步"。全球总数 1000 万—1100 万，其中 200 万—600 万在美国，280 万在以色列。一个有趣的现象是，在美国阿什肯纳兹宗人数是塞法迪宗的 15 倍左右，影响力也如是；但在以色列，他们的人数比例只是两倍。可见，美国对以色列的政策极大部分取决于在美国的阿什肯纳兹犹太人（宗教和社会道德比较"进步"），而以色列对美国的政策则很受塞法迪犹太人（宗教和社会道德比较"保守"）影响。

84. 20 世纪初，大量犹太移民从俄罗斯和东欧逃往巴勒斯坦，美国犹太领袖们不想他们移来纽约和东岸城市的贫民区。在 1907—1914 年（"一战"前夕），通过该计划把数以万计的犹太人移往得克萨斯州的加尔维斯顿港入境并落籍在周围的小镇。但不久，当地居民开始不满犹太商人的竞争和犹太工人不遵守雇主要求（例如拒绝在安息日工作），就不再欢迎犹太移民。

85. 但"劫后余生"也使犹太人强烈自疚：为什么我的同胞、家人都死了，独我生还？我的生还有没有苟且？

86. 调研所得（来自 https://en.wikipedia.org/wiki/American_Jews, .Section on "Religious Beliefs"）：

	信有神	肯定有神	没有神	相信进化论
全美	79%	68%	9%	/
犹太	48%	24%	19%	80%
天主教	79%		8%	51%
新教	90%		4%	32%

犹太教的派别主要有四个：改革派（Reform）、保守派（Conservative）、正统派（Orthodox）、其他派。在经济意识上，四派都很相似，都逐利；在道德意义上，改革派最松懈，正统派最传统，保守派居中，但也越来越松懈。据 1998 年统计：改革派占 38%，保守派 37%，正统派 27%，其他派占 30%。到 2013 年的另一个调查，改革派仍占 35%，但保守派就跌到 18%，正统派更只有 10%。而且有 30% 不属于任何派别。这个趋势被视为美国犹太人的大危机，因为犹太人将会完全美国化。在美国，最虔诚的是东北部和中西部，南部和西部次之，最松懈的在西北部（高科技集中的华盛顿和俄勒冈州）。非宗教的犹太人（他们以文化定义犹太身份）在 1990 年占 20%，到 2008 年占 37%（全美国无宗教人口的比例在 1990 年是 8%，在 2008 年是 15%）。其中一个主要原因是教外通婚（1950 年只有 6%，1974 年是 25%，到 2000 年达 40.50%；非宗教犹太人教外通婚更高达 71%）。低生育率也是问题。正统派的家庭比较大，但他们却较穷。但近几年有迹象

显示，非宗教和轻宗教的犹太人回归宗教，特别是走向正统派。

87. 在1963年，民运领袖马丁·路德·金领导了一场"向华盛顿进军"（March on Washington）运动，美国犹太联合会（American Jewish Congress）主席约阿希姆·普林茨（Joachim Prinz, 1902—1988）这样说："我们长远历史的起源是奴隶渴求自由……我们自身的痛苦历史经验使我们完全认同和团结……"

88. 但也会因派别而不同：正统派的社会道德观与比较严谨的基督宗教教派相似；改革和保守派就烈支持女性神职、同性婚姻和吸大麻。有人说美国犹太人赚钱像主教制（代表高级经济、社会地位），投票像循道会（即是18世纪新教大觉醒运动的带头人，崇尚自由，排除内疚）。

89. 比他们更大比例的是印度教徒，全美的比例是27%。在犹太教中最松懈的改革派的比例则达66%。

90. 全美的比例是11%。

91. 与他们同样高的是印度教教徒，达43%（全美是19%）。犹太教中最松懈的改革派则占最高比例，达55%。

92. 当然，也有犹太穷人。在纽约市约560000（约20%）犹太人的收入接近或低于贫困线。他们都是来自苏联的移民，属正统派。

93. 从1920—1921年，福特在他办的报纸《德宝独立报》（The Dearborn Independent）上发表一连串有关犹太人控制金融的文章，甚至刊登《锡安山长老议定书》（The Protocols of the Elders of Zion，可参见《西方文明的文化基因》第二十四章）。在一篇叫《犹太人的力量与美国的钱荒》（Jewish Power and America's Money Famine）的文章中，他坚称犹太人控制美国货币供应是阴险的，当农民和其他不属于银行界这个小圈子的人最需要钱的时候，他们就收紧钱的供应。他谴责："美国的黄金跑到哪里去了？……可能仍留在美国，但已经不属于美国。"

94. 美国大熔炉对不愿意同化的群体极度排挤。在1967年之前，美国不允许美国公民拥有双重国籍。今天也没有明文允许，双重国籍仍是法律的灰色地带。移民宣誓入籍时仍需在仪式上放弃原来国籍。

95. 他们是首批大规模天主教移民，而且是说英语，从一开始就积极参政，所以影响力大。其他的天主教徒移民，如德国、波兰、意大利和拉丁美洲来的，都壮大了天主教在美国的影响力。

96. 当然，美国犹太人越来越美国化，他们自认是美国人。与此同时，美国文化与全球资本文化也越来越一致。无可否认的是，美国犹太人的世界公民意识比任何美国的族裔浓厚。

97. 他们在美国对外关系的聚焦点自然是有关仇犹和以色列的问题。1930年代纳粹德国迫害犹太人，美国持观望态度，犹太人不满。到罗斯福时代，其左倾经济政策和对欧洲犹太人的同情，使其大得美国犹太人的支持。1948年，以色列建国后，美国犹太人的关注点聚焦于以色列的生存和以色列与阿拉伯诸国的关系。1967年的六日战争带来美国犹太人内部分歧，大部分接受并认为战争是无可避免的。但自由分子的张力特别大，他们一方面反对战争，一方面支持复国。这是典型自由分子的矛盾——自救与自疚。1977年，以色列右翼的贝京（Menachem Begin, 1913—1992）登场，美国犹太人中产生左派与右派之间的矛盾。1982年的黎巴嫩战争更加深内部分歧。美国犹太人对复国主义开始有不同意见。1993年的奥斯陆协议（Oslo Accords），自由派支持格灵顿，但保守派则坚持以色列安全至上。虽然70%犹太选民支持民主党，但共和党对以色列的态度也开始使他们发生转向（特朗普对以色列的支持，分裂了犹太选民对希拉里的支持）。以色列是受压求生是恃强凌弱，分裂了犹太人。

98. 新教中特别是加尔文宗特别支持以色列建国，因为他们认为当全球犹太人回归以色列的那一天耶稣就会再来临（Second Coming），是大审判和永远和平的开始。

第三章 时代心态

　　同一年纪的人在不同的时代里会有不同的心态。战后一代人数最多,支配整个 20 世纪。现今是他们的子女(世纪一代)上场,人数也是最多,也会支配未来几十年。他们的心态既受父母一代的影响(宠惯、自我),又成形于全球资本、全球反恐的时刻(重利、恐惧)。这会决定他们面对未来时的反应。

史家用不同方法划分时代:按年份,按朝代,按划时代的人、事等。"时代心态"是指一个具体时段的集体情绪状态。"具体时段"是历史维度,"集体"是社会维度,"情绪状态"是心理维度。刚好,"二战"后的美国社会研究学者们[1]把这三个维度组合起来,聚焦于不同时段出生的人的集体情绪状态,分别是"沉默一代"(出生于1928—1945)、"战后一代"(出生于1946—1964)、"X一代"(出生于1965—1980)、"Y一代"(出生于1981—1995)、"Z一代"(出生于1995—2015)。

一般来说,人的成长往往是青春期反叛性强,成熟期比较务实,年长期比较保守。但时代背景(经济、战争、政治、社会)会影响这些阶段来临的早晚、快慢和阶段与阶段之间的变幅。相对地,这些人生阶段也会按处于该阶段的人数多寡、增长的幅度和节奏影响历史。但无可否认,在历史时空中,人与事是互动、互变的,历史是人创造的,因此不同的"事史"里面有不同的"人史"。在一定的时空里,不同的年龄群体会处于不同的生命阶段,这些年龄群体会按其生命阶段的特征跟他们所处的天然与人为环境和所遇的天然与人为事件互动、互变。因此,研究在一个特定历史时刻中处于不同生命阶段的年龄群体,追踪他们在这个生命阶段为什么有这样的想法与行为,会帮助我们了解"事史"与"人史"的互为关系。

1. 沉默一代

"沉默一代"(Silent Generation,又称"大兵一代",G.I. Generation[2])出生于1928年到1945年间。因为他们生于大萧条时期,又经麦卡锡主义(1947—1957)的恐共、反共洗礼,变成不谈国事的一代。典型表现是埋头苦干、收敛野心,但求渡过难关。从人数上来说,这是人丁单薄的一代,因为出生于经济困难期,父母不敢多生。

机缘巧合,这一代成长时刚好赶上"二战"后的经济兴旺期,所以也叫"幸运的少数"(Lucky Few):经济突飞,生活越来越好;就业机会比碰上大萧条的上一代好得多(比接下来的几代人都好);教育机会空前(尤其是退伍军人重返学校)。这苦尽甘来的一代的生育率非常高,生出人数空前的"战后一代"。他们受过苦,想孩子有好日子过;他们奉公守法、兢兢业业,也想孩子以此为样,但他们的孩子过着父母供养的好日子,不知道是不是日子过得太好就觉得平凡、乏味,孩子们开始质疑上辈谨守的国法、家规,认为是桎梏,要反叛。

2. 战后一代

"战后一代"（Baby Boomers，也叫"婴儿潮一代"）出生于1946年到1964年间。这代人抗拒或重新定义了传统价值观（传统主要是指他们上一两代人的东西）。他们是特权的一代：一出生就享受战后政府巨额的住房、教育补贴和战后的经济兴旺；成长后是美国有史以来最富裕、最活跃、最健康并且真正是前途无限的一代[3]。他们的高收入使他们能够享受最丰富的物质生活，包括日后的中年和老年阶段。但同时，消费过度和自视过高也受人诟病。

这是美国有史以来人口最多的一代（7600万人），极受资本主义重视。一开始，企业对他们的消费模式就极度关注，争相吸纳他们的购买力。在政治层面，到了1980年代，他们代表最大的选票群体，他们的利益是政客们最关注的事情。从1960年代后期到1970年代中期，他们是反叛者；1970年代中期开始（以1974年石油／能源危机来算），他们是逐利者；1980年代之后他们是社会福利的享受者。美国的政治一直为他们服务：当他们大部分读完了大学后，读大学的费用就激增600%（1980年至今）；在他们的壮年时期（从1981年里根上台到2007年的经济危机）美国实行放任经济，使他们的发财机会大增[4]。

战后一代又可分两期（约10年一期）："较早的战后一代"（Early Boomers，出生于1946—1955）和"较晚的战后一代"（Late Boomers，出生于1956—1964）。他们之间有很大的文化差异。"较早一代"比较有代表性。一般谈到1960年代美国社会、文化大反叛（counterculture），尤其是1960年代的民运和1970年代的妇女解放运动，多聚焦于他们。他们的特征是崇尚个人、崇尚自由、样样尝试，倾向社会公义，多属民主党。他们成长的里程碑事件包括冷战（与恐共）、古巴导弹危机[5]、肯尼迪两兄弟和民运领袖金博士被刺[6]、登陆月球[7]、越南战争和被征入伍[8]、反越战抗议、性自由、爱之夏[9]、吸毒尝试、民权运动、环保运动、妇女解放运动、胡士托音乐大会[10]。

"较晚一代"的特征是没有"较早一代"那么乐观，对政治不信任，对任何事物存犬儒态度，多属共和党。他们在文化改革上比"较早一代"中立和保守。一般谈到1970年代后期、1980年代的消费主义和"自我一代"就是聚焦于他们。他们成长的里程碑事件也包括了冷战、古巴导弹危机、肯尼迪兄弟和金博士遇刺、登陆月球，但还有"水门事件"、石油禁运、通货膨胀、石油短缺、经济衰退、就业困难、卡特总统重新征兵登记[11]、伊朗人质危机[12]、里根上台和救济非洲（Live Aid）[13]。

从1980年代开始，战后一代开始变得比较保守，甚至有人表示后悔年轻时发动的文化改革[14]。2016年的总统大选，特朗普比希拉里更成功地从战后一代拉到选票。但到此时，这代人已经是52—70岁了。

战后一代变成"自我一代"[15]（有点像清教变扬基的过程），有强烈的自恋倾向（narcissism），强调自我实现（self-realization）和自我完成（self-fulfillment）。这一代一切都强调自己：找寻自己、开拓自己的潜力、认可自己的真情。新潮宗教（如Scientology）和东方宗教（瑜伽、冥想）涌现；健康产品、锻炼身体（特别是跑步）成为时尚；最流行的迪斯科舞（Disco）无须舞伴，完全个人。这批人数庞大、消费力强的享乐主义者是资本主义社会有史以来的最大商机，消费经济应运而生，投其所好，大赚其钱[16]。这个时代出现的"膜拜青春"（youth worship）到今天仍是美国特色。

3. X一代

"X一代"（Generation X，又称"音影一代"，Musical Television Generation 或 MTV Generation，又叫"闩门一代"，Latchkey Generation）出生于1965年到1980年间，成长期（也就是1990年代）的特性是懒惰、犬儒、冷漠。但到了壮年（也就是2000年代），调查显示他们活跃、快乐、掌握工作与生活之间的平衡[17]。这代人的代表特征是企业和创业精神特强。

美国出生率在1957年开始下降，1964年之后降得更快。1960年代早期，避孕药上市，是生育率下降的主要原因之一，其他原因还有妇女离家工作和离婚率上升[18]。不少的X一代出生于冷漠社会（1970年代中后期），他们的父母往往关注自己多于关注孩子，孩童成长过程是混乱和恐惧的：1960年代的反叛与放纵和1970年代的冷漠与自我，削弱了夫妻为了孩子而维持婚姻的决心。父母离婚后孩子跟着父或母，而父或母又会带新性伴回家。因此，孩子与父母，尤其是与父亲的关系是有限度和疏远的。他们也叫"闩门一代"，也就是父母都去上班（特别是中产阶层家庭，教育水平越高的母亲，越多在外工作[19]），孩子下课后或假期留在家里，无人照管，把门闩上，以保安全。这是美国在成长期缺少成人在场的第一代人，他们受同辈影响多于受父母或长辈影响。

在社会层面，民权运动带来了黑白同校，为此，这一代也是种族（主要是黑白）歧视最少的一代。但同时，社会传统道德约束趋弱，当他们进入青少年时期，毒品泛滥，艾滋病暴发。1990年代的传媒和学者把他们形容为漫无目标、对什么都没有兴趣、只爱享受[20]。当时流行于这一代中间的一句话是:"随便怎样就怎样啦!"(Whatever!)

1990年,《时代》杂志一篇文章叫《生活:小心向前》(Living: Proceeding with Caution),形容快20岁的年轻人是梦游度日,毫不聚焦;但到了1997年《时代》杂志的另一篇文章《重顾X一代》(Generation X Reconsidered)就发现他们(那时是17—32岁)在发展小生意、创建新科技上面,比上代人更有干劲和野心。他们从被怜悯变成被艳羡。到2002年,《时代》杂志又出一篇叫《X一代原来真的不懈惰》(Gen Xers Aren't Slackers After All),此时的X一代应该是22—37岁。调研显示他们绝大多数都自信而乐观。此刻也是克林顿时代,放任经济达到最高峰的一刻。学者们[21]赞赏这一代虽生于放纵社会,成长于经济风浪,但终能扭转乾坤,以新科技去创造1990年代的经济复苏[22]。可是马上就出现了互联网泡沫[23]。

总之,这一代人既复杂又矛盾,包括以下特征:独立性、有办法、自己管自己、适应力强、犬儒、务实、对权威质疑、平衡工作与生活、企业家精神、有高科技才能、有市场弹性(关注顾客需求)、静静地干自己的事、勤力工作,以及对性生活、朋友、家庭都不依传统。

4. Y一代

"Y一代"(Generation Y,现在比较多用"世纪一代",Millennials)生于1981年到1995年间,大多是战后一代的儿女,所以又叫"战后一代的回响"(Echo Boomers)。他们是数字科技的一代,成长期是自由经济、开放道德的时代。2008年的金融危机和接着的大衰退对他们影响很大,尤其是工作岗位的短缺。

战后一代在 1970 年代中后期变成"自我一代",但他们的儿女更被人叫作"自我、自我、自我一代"(The Me Me Me Generation)。有心理学家[24]形容这一代自信而宽容[25],但比起上几代的年轻人,有较重的特权(entitlement)意识和自恋意识。这代人在中学和大学时代比上几代更重视财富[26],更关心政事[27]和生命的意义[28],甚至连环保运动也不热心了[29]。同时,他们很多人不讳言自我中心、浪费和贪婪。

战后一代成年后从反叛走上自恋是因为经济从好转劣,理想幻灭,改而追求享乐;世纪一代年轻时就充满自恋,物质丰富,养成特权意识,认为享乐是应该的。此外,他们有"直升机父母"(helicopter parents,在上面不断盘旋),事事照顾,唯恐不周,因此养成彼得·潘心态(Peter Pan,童话中一个永不长大的男孩),拖延长大成人。部分解释是住房贵、教育负债高,因此自己不能成家,而父母又比较丰裕,可以供养他们。上几代的人读完中学或大学就结婚生子,世纪一代看见的是很多人(包括父母)离婚和对工作不满意,但他们仍想结婚,不想离婚;仍想有好工作,不想做不满意的工作,所以在等。2016 年的调查显示,在 2014 年,18 岁至 34 岁的年轻人中有 32% 住在父母家(在 2000 年时只有 23%)[30]。

成年后,世纪一代喜欢与朋友交往而疏远宗教、社团[31]。他们对美国的未来比老人家(也就是 X 一代到了年老)更有信心[32]。虽然他们读书借债很重,找工作也不容易,但他们对工作环境的要求却比上几代都高(可能是生于丰裕而不知稼穑艰难)。他们要求架构扁平的企业文化(flat corporate culture,也就是上司下属的身份没有尊卑之别)[33]、工作与生活的平衡(work-life balance,也就是不加班、多假期、少压力)[34]和具"社会良心"(social consciousness)的企业,也就是企业尊重环保、女权、性取向等进步政策³⁵。他们不愿长期在同一个岗位工作，要更换，要有团队性（相对个人性）的工作环境。

但这一代人中也有早晚之别。出生晚的比较现实，喜欢较稳定的工作、不介意加班；这可能跟他们成长中 2008 年后的经济大衰退有关。没有念大学的最吃亏，他们找不到安定（有保险和养老金）的工作、晚婚或不结婚、不生孩子。³⁶

在政治上，他们比上一代更趋向自由：经济自由，虽然还强调企业道德；社会道德自由，尤其是同性婚姻、吸毒合法（其实这趋势都是始于克林顿的"新民主"）。他们也被称为"最没有偏见的一代"。2015 年皮尤研究中心调查显示他们 40% 支持政治正确（political correctness），也就是在言语上不开罪边缘群体（相对地，X 一代的支持率是 27%，战后一代是 24%，"二战"前的沉默一代只有 12%）。世纪一代的选票是奥巴马当选的主要原因。

这一代的未来也是美国的未来。如果年轻人有工作做是社会安稳的主要因素，美国的前途不容乐观。在 2010 年，年轻人失业率高达 19.1%³⁷，是 1948 年开始有统计以来的最高值。贫穷、失业、与父母同住大幅增加。有人说，2011 年"占领华尔街"运动³⁸是在反映这个现实（虽然参加的长幼都有，但世纪一代肯定占多数）。他们的收入也在下降（2008 年之后的经济复苏是有史以来最不均衡的复苏，上层与下层的收入差距急速扩大）。虽然他们的教育水平比上几代都高，但只能找到低工资的工作³⁹。估计到 2020 年，世纪一代占全国劳工的一半。他们是有史以来教育水平最高、文化最多元化的一群，有人认为这一代是雇主们难以讨好的工人。

5. Z一代

"Z一代"（Generation Z）出生于1995年到2015年间。他们感觉整个社会与经济体制都有问题，但又不敢大改。他们大部分是X一代的孩子，不大相信美国梦，因为他们的父母已不相信。这一代在经济大衰退的阴影中长大，看见父母、兄长受难，学会要自主、要有企业精神。他们看见中产阶层不断萎缩、收入差距不断扩大、家庭中的张力不断加大。虽然他们没有"9·11"的记忆，但一直都是在由美国带头的反恐、防恐的大气候下，有很大的不安全感和不安定感。

这代人有一种分裂心态。一方面，他们自认为忠诚、开明、负责任、有决心、体贴别人，但另一方面则认为同辈们（别人）好竞争、爱冒险、好新奇、有自发性。好像他们自己与他们的同辈是两类人。

今天，这代人仍在成长阶段，但看起来比较保守。20岁左右的上教堂达41%（同龄的Y一代只有18%，X一代是21%，战后一代则高达46%），好像从谷底回升。他们比较谨慎，不爱冒险。据2013年的调查，十多岁尝试饮酒的有66%，坐车不系安全带的有8%（上一代同龄的是82%和26%）。2014年的青少年与2008年同龄的比较，堕胎跌了40%，吸毒喝酒下跌38%，中学未能按时毕业的下跌28%。

他们是互联网与社交传媒的一代，有人说他们是在逃避真实生活中遇到的精神和感情烦恼。2014年，他们中有41%的人每天除功课外上网超过3小时（在2004年只有22%）。在2015年，有150000个APP用于教育，大大改变了教育方式，但好坏参半：一方面是教育个性化，有助学生的完整发展；另一方面，造成对科技过度依赖，削弱自我管控能力。他们很注重在网上分享、追随。有趣的是，在网上交流最多的也是日常见面最多的。他们在网上创造"身份"去交友，少了见面，但又同时为此感到寂寞和离群。他们网上购物的习惯使他们对什么东西都要"即时"。整体来说，这代人的感觉是孤单、焦虑、脆弱。女孩比男孩更受影响。

他们的主要焦虑之一是怎样念完大学而不用高负债。2013年的调查显示，14—23岁的人有43%担心读大学的债荷。中学读书比上几代勤力，因为希望拿到大学奖学金，也希望父母资助（上几代靠借学生贷款），65%的人相信读大学是物有所值的投资。

这代人支持同性婚姻、变性人权利、性别平等，但同时又比世纪一代保守，注重金钱，有企业家精神，务实，是经济保守、道德进步的一代。

每一个时代会包括很多人的不同生命阶段。一般来说，不同的生命阶段会有不同的典型心态，例如年轻的会有反叛倾向，壮年的会比较务实，年长的会希望平静。以克林顿时代为例，也就是1990年代中期（以1995年算），沉默一代（生于1928—1945）已经过了盛年，应该是回归平静；战后一代（生于1946—1964）是精壮之年，应该是干劲十足；X一代（生于1965—1980）刚成长起来，应该有反叛冲动。这些心态的组合肯定会影响历史的轨迹。不同的心态使人对事物有不同的反应，创造出历史。

再以克林顿时代为例。彼时，沉默一代快到回归平静的时刻，有什么事会影响他们？回归平静的易与难。也就是，哪些事会使他们觉得退休后维持自立与自足将会是绰绰有余还是心力交瘁？克林顿放任经济带来的投资大赚钱使他们觉得退休后可以生活无忧，满意了。相对来说，战后一代处于干劲十足的生命阶段，有什么会刺激他们？大展拳脚的顺与逆。也就是,哪些事会使他们觉得选择高度自立与自足将会是畅行无阻还是逆水行舟?克林顿放任经济带来的经济大热使他们觉得海阔天空任鸟飞。他们的务实性格有出路,满意了。至于有反叛的冲动的 X 一代,有什么事会刺激他们?反叛冲动的舒与压。也就是,哪些事会使他们觉得追求应得的自立与自足会是事事如意还是处处受制?克林顿的放任道德使他们觉得没有压力,克林顿的放任经济使他们觉得没有忧虑,满意了。克林顿竞选总统时,传媒问他有没有抽过大麻,他的回答是典型的克林顿式的:"我试过,但没有吸进去。"[40]难怪年轻人当他是朋友。可以说,克林顿时代,有乐观的心态。当时的人对当时的事乐观,反映当时的事(放任经济、放任道德)是顺着美国的文化基因(自立与自足),甚至可以说是太顺着(自立走向逞强、自足走向自私),并能满足美国的民族性格(务实、骄傲)——老有所养,壮有所用,年轻的有享受——能不天下太平?当然,这些日后是要付出代价的。

奥巴马时代就要为克林顿买单。二十年过去了(以 2015 年计算),沉默一代老的老,死的死,已不代表时代心态了;战后一代(51—70 岁)是退休年龄,回归平静的时候;X 一代(35—50 岁)是精壮之年,建功立业的时候;世纪一代(19—34 岁)是方刚之年,反叛冲动的时候。现在分开来看看这些不同生命阶段的人的心态。(1)有什么事会刺激年事渐长的战后一代?回归平静的易与难。2008 年的金融危机和经济大衰退给他们退休后能否自足、自立打了个问号。更悲的是,他们曾经反叛过、享受过、风光过,如今黄毛小子们要削减他们的福利、挑战他们的权利,这让他们很难受。所幸他们人数仍多,政治势力仍在,但保护权益要不断斗争,日子不会太平静。(2)有什么会刺激精壮之年的 X 一代？大展拳脚的顺与逆。他们在成长期是享受人生，非但没有反叛的冲动，更有点懈怠的倾向。"9·11"的恐惧和愤怒唤起美国人的少数意识，同仇敌忾的团结。他们正是 20 来岁，参军反恐给了他们生命意义。但不多久，在阿富汗、伊拉克（尤其是伊拉克）的战事拉锯，国内外指责美国师出无名（美国至今仍未有正式表彰伊拉克战争的退伍军人），他们当然难受。到 2008 年金融危机时，他们正是三四十岁，正是要大展宏图之际，却来个大衰退。而且，这个大衰退主要是克林顿时代以来在放任经济中赚大钱的投机大鳄和助纣为虐的财经业界造成的，使他们有种被欺骗和被遗弃的感觉。2011 年的"占领华尔街"运动是低级工人对高级工人（财经人士）不满情绪的发泄。有部分人发奋创新、搞新科技，成功了。但更多的变成犬儒，或见日度日，或愤愤不平，日子不会好过。（3）有什么会刺激血气方刚的世纪一代？反叛冲动的舒与压。"9·11"时他们大部分都不足 20 岁，恐惧虽有，但不深刻。2008 年开始的大衰退对他们就影响大了，那时他们是中学生、大学生，这些战后一代的子女是被宠坏的一代。大衰退之前，父母师长唯恐他们不高兴，养成了"应得权利"心态。大衰退之后要出来找工作了，才知道稼穑艰难，但他们从小娇生惯养，对生活要求高（自我、自我、自我的自恋、自怜和享受），对讨生活投入低（要求不加班，多假期，少压力，很多成年后仍靠父母供养）。由于他们已有极大的道德自由，对道德的反叛冲动比父母当年低得多。反过来，他们重视金钱、少理政事、接受现实，连 2011 年的"占领华尔街"运动也是雷声大雨点小。所以，他们虽有不满，但不会积极造反，只会加紧消费。可以总结，奥巴马时代的心态是不乐观，但也不至于悲观，虽无奈，但不至于失望，反应当时的事（"9·11"、大衰退）并不顺着美国文化基因（自立、自足），也未能满足美国的民族性格（务实、骄傲）。老的为未来担忧，壮的有被骗之感，年轻的就是不满、犬儒、自恋，这就是克林顿时代风光的后遗症。

　　战后一代的心态（包括不同生命阶段的变动）支配了美国过去的几十年。从奥巴马开始，世纪一代（战后一代的子女）登场。他们会支配美国未来的二三十年。按目前来看，他们是因循的一代，不会改变美国，也不想改变世界。但美国的政治颠倒会加剧、国力消耗会加速。到世纪一代的子女（2015—2035年出生）登场，他们也将会支配美国三四十年，也就是2030、2040年到2070、2080年的时段。那时，世纪一代交给他们的是个怎样的美国，他们接棒时又将会是怎样的心态，就要看2040—2050年代美国的局面了。

注：

1. 如心理学家珍·特恩格（Jean Twenge，1971—　），社会学家霍德华·舒曼（Howard Schuman，1928—　）、杰奎琳·斯科特（Jacqueline Scott）。

2. G.I. 是 Government Issue 的缩写，即"政府装备"，因为他们在"二战"、朝鲜战争中当过兵。

3. 美国《时代》杂志每年选出"今年的代表者"（Man of the Year）。1966 年选出的就是战后一代。在美国历史中，年轻人从未像他们这样被重视和被理想化。

4. 但也加速贫富差距。顶层 1% 的人收入增长了 278%，而中等人家的收入（排在 40%—60% 的人均收入）只多了 35%。

5. 1962 年 10 月 16—28 日，苏联运送长程导弹到古巴，美国海军封锁古巴。双方对峙，最后苏联船只回航，危机遂解。有人说是人类最接近核战的一刻。

6. 1963 年 11 月 22 日，约翰·肯尼迪在得克萨斯州遇刺；1968 年 4 月 4 日，马丁·路德·金博士在田纳西州遇刺；1968 年 6 月 5 日，罗伯特·肯尼迪在加利福尼亚州遇刺。

7. 1969 年 7 月 24 日，阿波罗 11 号登陆月球，尼尔·阿姆斯特朗（Neil Armstrong）是在月球漫步的第一人。

8. 越战期间，美国兵员只有 1/3 来自征兵。地方的征兵站有很大的自主权免除兵役，引起很大争议。1969 年 12 月 11 日改用抽签。当初，社会对逃避兵役者非议很大，但当伤亡人数增加、战事无期延长，反战情绪越来越高涨。

9. 爱之夏（Summer of Love）始于旧金山，主题是反越战、反政府、反现存制度、反物质主义，主张分享、共有、社团、冥想、迷幻药、大麻、长发、反叛。1967 年 1 月 14 日，3 万多人在金门桥公园开音乐大会。接着是学校 3 月份假期，大批青少年从全国各地涌来。那时，加州大学伯克利校区的海特-阿希伯礼（Haight-Ashbury）街区成为嬉皮士集会中心。社区报纸上发出宣言："庆祝一个必然要从地下变成公开的理念，去认识它、分享它。这样，会复兴一个以同情、感知、爱情和体现人类大团结的革命。"从全美、全球涌来 10 万人，整个夏天是吸毒、性交和摇滚乐。主题曲是《旧金山》（San Francisco，名句是"一定要在发上插些花朵"，为此，嬉皮士也叫"花的孩子"，Flower Children）和披头士的《你只需要爱》（All You Need is Love）。同年在纽约上演《毛发》，歌颂吸大麻。

10. 1969 年 8 月 15—18 日在纽约州胡士托镇一个牧场举行，聚集了 40 万人，是文化大反叛的里程碑。虽然叫音乐会，但充满浓厚的反战（和平）意识。

第三章　时代心态

11. 1979 年，苏联入侵阿富汗。卡特总统作出反应，在 1980 年 7 月 2 日重开征兵。

12. 1979 年，伊朗爆发革命，11 月 4 日占领美国大使馆，扣留 6 名美国外交官员和平民为人质，到 1981 年 1 月 20 日（444 天后）才释放。美国国威大失，卡特更颜面无光。

13. 1983—1985 年，非洲埃塞俄比亚的内战和干旱引发大饥荒，近 40 万人死亡。1985 年 7 月 13 日，美国费城与英国伦敦同时举行救灾音乐大会，称为"拯救生命音乐节"。据统计全球 40% 的人观看了即时现场广播，筹得款约 1.5 亿英镑，但很大部分被用去买军火。

14. 《时代》杂志 2018 年的封面文章："我的一代怎样毁灭了这个世界"（How My Generation Ruined the World）。据 1993 年的调查，战后一代有 42% 从宗教组织退出、33% 从未离开过宗教组织、25% 重返宗教。这些重返的多数没有像从未离开过宗教的那么虔诚，而且他们的自由倾向较重。这些都影响了美国的堕胎与同性恋"进步"（progressive）法律。

15. 美国作家托马斯·伍尔夫（Tom Wolfe, 1930—2018）起的名字。

16. 出名的故事是露华浓（Revlon）化妆品公司，他们研究年轻女性的心态，认定她们要与男性争锋，但又要表达独立个性，遂推出以生活方式为招牌的香水"查理"（Charlie），将女性产品灌上男性名字，以表达 1970 年代新女性的能力和魅力，成为全球最畅销香水。

17. 这是按成长过程的观察。但或许这个观察看到的不是同一时期出生的人的前后生命阶段，而是两类前后不同时期出生的人，也就是早出生人的壮年期和晚出生人的成长期。早出生的比较接近 70 年代的自我一代，受其冷漠感染。1990 年代是他们的成年（1965 年出生，到 25 岁时是 1990 年）。晚出生的比较偏离自我一代，没有受大的感染，变得平衡一点。

18. 1960 年代中期开始，离婚率急升，最高是 1980 年，之后在高位平稳。

19. 那时，女性上班是解放的象征，先出现于精英阶层，也就是上中阶层。到后来，夫妻上班成为维持生活所需，但此时精英阶层的妇女则重返家庭。她们不一定是照顾孩子（当然也可以包括照顾孩子），而是电子时代使她们可以在家里上班，或从事自由职业如写作、设计、顾问等。

20. 有人指出，在 1990 年代，这不单是 X 一代的状态，整个社会都如此。

21. 其代表是加州大学社会学家迈克尔·迈路斯（Mike Miles），他特别为 X 一代辩护。

22. 但这一代的收入比父母一代同龄时低了 1/10。家庭收入增加是因为夫妇同时工作，而且一生要转换好几次岗位（尤其是 2008 年金融风暴之后）。

23. 1993 年，Mosaic 浏览器开启了全球资讯网。互联网与资讯科技相关的公司风涌而起。很多公司在它们的名字前缀上个"e"或在名字后添上个"com"就使它们的股价猛升。风险投资者和买家的炒作把泡沫越做越大，一路持续到 2000 年。2 月，美联储宣布准备大加息。3月10日始破裂,到2002年10月9日,科技股指标的纳斯达克指数(NASDAQ-100)从2000年3月的最高位下降了78%,生存下来的包括今天的亚马逊、谷歌、Netflix和PayPal。

24. 珍·特温格(Jean Twenge,1971—),专门研究各代人的心理特征。

25. Tolerance,在西方主要是示意对传统道德疏松,特别是性道德。

26. 战后一代有45%、X一代有70%、Y一代有75%认为"财富很重要"。

27. 战后一代有50%、X一代有39%、Y一代有35%认为"要关心政事"。

28. 战后一代有73%而Y一代只有45%认为"需要建立一套有意义的生活哲理"。

29. 战后一代有33%而Y一代只有21%"愿意参加环保清理工作"。

30. 这是典型的白种中上阶层人家的子女,黑人和拉丁裔的就不同了。

31. 这一代的美国人有29%不属任何宗教。X一代是15%,战后一代是7%。但同时,他们只有3%是无神论,75%有某种信仰。

32. 这是皮尤研究中心(Pew Research Center)在2014年的报告。但在十多年前,X一代在壮年时期也有同样的信心。这两代人的历史背景不一样。X一代是对克林顿经济兴旺期的反应。而Y一代是大衰退(2008年金融风暴)过后慢慢恢复期的反应。两个时代背景都是经济向好转。相对来说,当战后一代踏入壮年期(1970年后期)遇上经济衰退时就显得悲观多了。

33. Y一代的成长期的教育风气不强调竞争,是"奖牌孩子"(Trophy Kids)的一代,什么活动凡参与就有奖,没有排名。在学术技能的要求上也宽松。这可能养成"不争",但到了工作岗位上就不习惯被评价高低。他们想视上司为"导师"(mentor)而不是"老板",对任何事情不耐烦等候,要立即有反馈(这可能跟电子通信发达有关)和参与决策。

34. 这与战后一代的工作伦理有很大分别。Y一代特别强调家庭生活。

35. 他们的教育中有悯人、公益意识。这与他们的自恋发生矛盾。他们的志愿活动比上几代高,60%想做公职,而不是赚钱,这跟战后一代的逐利意识不同。2011年(Y一代已是壮年)调查显示,64%愿意为自己感兴趣的工作放弃60%收入。这一代不愿做的工作中40%属金融银行业。

36. 估计到40岁仍是单身的妇女有30%(是X一代的两倍)。2000年,全美18岁到34岁的人口有43%已婚或同居,到2014年下降到32%。受过高等教育的群体也有这趋势:宾州大学沃顿商学院的女毕业生在1992年有78%愿意生孩子,到2012年跌到42%。

37. 2010年后不断回落，到2018年9月只有3.7%。关键是就业的性质也在变，再没有长久的工作，工资也跟不上生活指数。两极分化有增无减。

38. 是一个左派极端分子引起的运动。2011年9月11日开始在华尔街中心小广场上聚集，抗议社会与经济的不公平。示威者称："我们是99%。"到11月15日被驱离。示威者平均年龄33岁，但分两大群：20来岁的和40来岁的，大部分是白人（81%）。当初，奥巴马表示同情，不少著名人士也表态支持。但不久就泄了气。批评者指出示威群众没有清晰的目的，缺少少数群众的参与，太丑化金融界，带仇犹意识。

39. 大学毕业生在低工资岗位工作的比例从2000年的23%上升到2014年的33%。

40. 1992年3月29日，他在候选人论坛上说："我从来没有违反过任何州的法律，但当我在英国时（他是牛津大学的罗德学者，Rhodes Scholar），我曾试验过一两次大麻，我不喜欢它，我没有吸入，也再没有尝试。"

第四章　文明轨迹

战后一代的先反叛、浪漫，后冷漠、自我，决定了 20 世纪下半期的文明轨迹。先是安稳社会（罗斯福时代）变桎梏社会（杜鲁门、艾森豪威尔时代）；战后一代的反叛走向越权（肯尼迪、约翰逊时代）；经济冲击使越权冲动萎缩为冷漠（尼克松、福特、卡特时代）；政治苟合和放任经济驱使冷漠走上分立（里根、老布什时代）；变本加厉的政治苟合和放任道德使分立变成昏乱（克林顿时代）；保守分子的反扑，造成左右拉锯（小布什时代）。

至此，世纪一代开始影响文明轨迹。他们的宠惯、自我、恐惧和重利加重了社会的混乱。一片混乱之中，美国经济实力和国际地位踏入逆转期（奥巴马时代），又回归到冷漠与苟合（特朗普时代）。未来的轨迹会是精英逞强和权利苟合加剧，不断削弱社会的凝聚力和经济的生命力。

大萧条是个醒觉：资本主义国家在大萧条，但国家主义的德国、社会主义的苏联却在大增长（这是日后反纳粹、反共产的伏线）。罗斯福透彻地摸通了美国人的民族性格和当时的时代心态，打造了一个自立而团结（尊重互相的不同但团结大家的力量）的政治联盟，称"罗斯福联盟"（第五政党系统）[1]。他从共和党抢走了不满党内僵化的开明分子，又把民主党的窗口打开，去吸纳从 19 世纪末期开始大量涌入的非英裔移民。他的大刀阔斧和强势姿态，吸引了所有对大萧条心怀忧虑和恐惧的美国人。罗斯福和他之后的民主党支持者主要是"自由分子"、新移民以及非新教徒。这组合包括天主教徒、犹太人、黑人（现称"非洲裔美国人"，African-Americans）、南方白种人（他们很多是反对黑白同等的，但更敌视继承林肯的共和党，所以投入民主党联盟）、工会分子、操纵城市政治的龙头大哥们（罗斯福鄙视他们，但互相利用）、进步知识分子、农业利益分子（农民是大萧条中最受害的）。在他的领导下，这个联盟支撑危难时期的"新政"，在不破坏资本制度下约束疯狂逐利，去建立一个自立而团结的安稳社会，并以一连串的福利政策去济贫救苦、创造就业，增加国力，从而建设一个自足而团结的富足社会。

这位罗斯福是个什么人物？他是典型的"黄蜂"：出身显赫，父亲属纽约贵族层，追溯到 17 世纪荷兰移民（纽约曾经叫新阿姆斯特丹），靠经商、地产致富。堂兄弟是老罗斯福总统（老罗斯福是共和党，但他的强势政府和改革热情吸引罗斯福，两人虽是政敌，但私交很好），母系直追五月花，以营商和造船致富。他是典型的富家子弟，生活奢华（少时年年到欧洲旅行），中学就读于新教主教制的美国格罗顿中学（Groton School，90% 是权贵子弟），校长恩迪科特·皮博迪（Endicott Peabody）对他一生影响极大（主持他的婚礼），尤其是灌输基督徒救贫助苦的责任，并鼓励他任公职。入读哈佛（历史）、哥伦比亚（法律），成绩平平，但任哈佛校刊《哈佛深红报》(*The Harvard Crimson*)

主编，这是需要有野心、精力和管理才干的。

1910 年初试啼声，竞选纽约州参议员（1910—1912）。他虽然敬仰堂兄老罗斯福，但仍追随父亲的民主党。选区是共和党地盘，他担心属共和党的老罗斯福会反对而选不上（虽然老罗斯福私下鼓励他），开汽车到处拉票（当时极少人有汽车），大胜当选，众人惊讶。此时，他的政见已是支持劳工和妇孺福利（这些也是受老罗斯福影响），尤其是反对那时代由"政治老板"把持的政治机器（political machine）组织竞选、分配利益和垄断肥缺。

因支持威尔逊（民主党）竞选总统成功，他被任命为助理海军部长（1913—1919，是海军的第二把手），极力支持扩大海军。他成功处理了海军部与非军人工会的纠纷，获工会尊重，说他公平。1914年，他想竞选联邦参议员，但在提名阶段就失败了。这使他明白联邦竞选不能不靠地方组织，于是开始与地方党组织的"政治老板"们交往（这是典型的"黄蜂"作风：功利、务实，能屈能伸）。1920 年，他被提名为民主党副总统候选人（当时是 38 岁）。那时"一战"刚结束，美国走向孤立主义，有国际倾向的民主党大败[2]。他当然选不上，但已经建立了很好的人际关系。竞选失败就回纽约干律师，他仍想在 1922 年的中期选举中卷土重来，但在 1921 发现患上小儿麻痹症，一生被困扰。1925 年开始，他到南方他的游艇停泊地做水疗，既与纽约保持联络，也在南部建立新关系。

1929 年纽约选州长，党领导们说只有他才可能击败共和党对手，果真他以 1% 的票数领先赢得州长，成为下届总统大选的热门。上任才几个月，华尔街崩溃、大萧条现身。他马上知道事态严重，成立就业委员会，是第一位支持失业保险的州长。1930 年 5 月，他竞选连任州长,这次以14%票差胜出,他重申要资助农民,解决就业,设失业保险及养老金。这些都是日后"新政"的蓝本。

1932年,他建立智库(Brain Trust),准备大选。民主党认为经济不景气是他们的机会。罗斯福激励威尔逊时代的进步分子和南方与西部的民主党人支持他。接受提名时他强调管制证券、减关税、救济农村、资助公共建设。在当时,这些是属进步(左派)的意见。提名后,他得到了共和党进步分子的支持,并在民主党内与右派和解,大选以57%胜出[3]。

他的传记作家詹姆斯·麦格雷戈·伯恩斯(James M. Burns,1918—2014)是这样形容他的:"实事求是多于意识形态。他就像游击队的指挥。他的各个队伍在山里的密林和峡谷中东窜西窜,乱撞乱打。突然间,好像一半是计划的、一半是巧合地汇合在一起,粗暴狂野地冲向山下。"罗斯福自己的解释是,这些看似是事出偶然的做法是有需要的,"国家有需要,……除非我误解了它的脾气,国家要求我们既要固执又要尝试。常识告诉我们,拿到一个方法就要去用一用,失败就老实承认,然后再试另一个方法,但无论如何都要试"。

他当了四任总统(1933—1945),既有进步和自由的思想,又很务实和懂得操纵。伯恩斯说:"这个总统利用他身为首长的正式和非正式的权力去统领他的政府:提出目标、创造动力去激励每个人对他的忠心,引发出每个人的最优点……有意地在助手之中培养竞争的意识,各人意志的冲突会带来混乱、伤心、愤怒但又会爆发出冲劲和创意……他会把同一份工作分给几个人去做,或者几份工作交给一个人去做,借此去巩固他作为评判者、听诉者、协调者的地位……他会不理会或者绕过集体决策的机制,例如内阁……永远是靠劝诱、奉承、玩弄、适应、重组、协调、修睦、操纵。"

罗斯福是公认的美国三大总统之一（其他两位是华盛顿和林肯）。他的贡献包括迅速扩大联邦政府，重新定位美国政府功能，通过社会项目重定"自由主义"的意义，加强总统权力、削减国会权力。日后的几位美国总统（杜鲁门、肯尼迪、约翰逊）都曾是他的助手。

他改变了美国政局。从他开始，民主党在国会占多数，1933年到1969年的九任总统里，民主党占七任，都是以自由主义为政纲。共和党则闹分裂：保守派反"新政"，认为是反商业、反增长；自由派接受部分"新政"，但要求更高效率。从1939年到1964年（也就是到肯尼迪去世），"新政"联盟（民主党和共和党中的自由分子）支配总统竞选，保守联盟则支配国会。

大萧条经"二战"终结束，而"二战"后的美国更是大发展：富足社会建成，中产阶层激增；国富兵强，美国走上全球霸主地位；美式中产梦是全球的榜样；美式政治意识，经美国外援、从马歇尔计划到科伦坡计划，更成为世界典范。英国的全球霸权终在"二战"后移至美国。

"二战"后，战前的团结延续下来是萧规曹随的政治保守。新中产阶级的保守道德（与英国当时工业革命时期一样）、麦肯锡主义的恐共（1945—1954）、冷战的威胁、核弹的阴影，引致全社会一片桎梏气氛。社会主义的苏联欣欣向荣，充满朝气的意识形态对美国知识分子和年轻人散发出强大的吸引力；来自西欧的存在主义对传统甚至一切提出质疑，使衣食无忧但想追求新事物、新思维的年轻人趋之若鹜。胜负不明的朝鲜战争、不明不白的越南战争，还要征兵，年轻人的精神没有出路，兼有征兵送死的恐惧，生理上又充满无处发泄的精力，一触即发。

1963年肯尼迪被刺杀是先兆，1968年金博士、罗伯特·肯尼迪先后遇害引发美国人，特别是年轻人的反叛狂潮。此时，正是战后一代成长之日，他们闹得震天价响：胡士托音乐节、爱之夏、性解放、吸大麻、反越战、民权运动……

这个年代的反叛，就像从瓶里逃出的妖怪，永远不能收回瓶里。但反叛很快就受到挫折。1971年"尼克松冲击"（Nixon Shock）[4]暴露出美国经济不稳。1974年的石油危机使美国陷入十多年的经济低迷。反叛的战后一代到此刻开始踏入壮年，经济与政治现实驱使他们为自己打算，走向"自我"。

第一个"我"是"我自己"，"自我"就是实现"自己"。在资本社会，最能实现自己的就是金钱：可以是疯狂地赚钱，可以是疯狂地花钱，更可以疯狂地又赚又花。资本主义非但乐意奉陪，更刻意鼓励，称之为"拼命工作，拼命享受"（work hard, play hard）。在赚钱、花钱至上的社会里，笑贫不笑娼，钱怎样赚来不要紧，钱怎样花去不用管，自然滋生和助长了赚钱的暧昧和花钱的放肆。可是，美国民族性格会使其对没有原则的逐利产生自疚。

对缺乏逐利能力、被逐利排弃的贫苦的自疚，产生出一种"为贫请命"的政治产业（political entrepreneurship），其功能是不断地拓展或演绎不幸者（victims）。为扩充产业，"不幸者"的身份越来越多样化：无业游民、单身母亲、残疾人、无家可归者、有家不归者，形形色色。"为贫请命"的精英们成功地把不幸解释为社会缔造的，社会有责任供养他们，也就是多给福利，称之为"应得权利"（entitlement，指法律上规定的政府津贴、补贴保障等）。慢慢地，有些家庭几代人都靠福利，养成一种福利文化——有为贫请命的精英，有甘心为贫的不幸者——一种没有羞耻心的懒惰。国家的包袱越来越重，2010年的估评占GDP的19%、政府开支的45%[5]。但是，这个包袱是由"逐利而自疚"催生和背负的。如果"逐利而不自疚"，包袱就会马上减轻。但是，逐利与自疚都是来自美国文化的深层基因，催生出一个姑息贫苦的疲惫社会。恐怕这会支配美国的命运。

另外一个"我"是"我的群体"，"自我"就是实现"我的群体"。在反叛的时代，"我的群体"就是被现存制度和传统道德歧视或漠视的群体，也就是弱势或边缘的群体。反叛的强者（有政治本领和野心者）或出自群体之内，去"讨回公道"，或来自群体之外，去"主持公道"。这就是"身份政治"。在美式政治中要争取政治权益，必须造势，也就是组党结盟去壮大声势。这往往是没有原则的利益结盟：色情电影制片商与人权组织在言论自由的旗帜下发表联合声明；支持堕胎者与工人运动者在维护人身安全的口号下一起上街游行；同性恋者与民权运动者在争取平等的光环下共同支持一个政党。可是，美国民族性格会使其对违反原则的争权产生自疚——对比"我的群体"更边缘、更弱势的群体的自疚，于是引发出"主持公道"的政治产业。它的功能是不断地"发现"和"发明"受害者。"讨回公道"的精英们成功提升"受害"和"被压迫"的意识，教育不知自己受害的人知道他实是受害者，然后通过群体组织和政治勾结去为他们夺回应有的尊重和权益。这种没有约束的政治野心在不断增加，社会的凝聚力越来越被动摇，也就是越来越失序，身份政治的社会成本越来越高。但是，这个失序是由"争权而自疚"催生并承担的。如果"争权而不自疚"，失序就会相对而减轻。可是，争权与自疚都是来自美国文化的深层基因，催生出一个纵容弱小的衰败社会。恐怕这也会支配美国的命运。

这些政治产业包括"讨回公道"的非营利组织（non-profit organizations）和"为贫请命"的慈善组织（charitable organizations），通称"非政府产业"（non-governmental sector），它们不是民主（不是选举出来的），但打着民主的招牌去监督民主（精英民主）政府，以维权之名去谋权，以济贫之名去取利，或两者兼之。谋权、取利的手法是"民主"——由它们代表"民"，由它们去做"主"。这些"民"不断扩展，这些"主"贪得无厌。社会张力越来越大，政府的负担越来越重。

更要命的是，政治产业化完全消减了"整体利益"的理念，政治行为变成市场行为（权力交易的行为），政府变成这个政治市场里众多利益中的一个利益主体。政治行为就是众多利益主体之间的权力交易行为；政治市场的运作逻辑与一般商品市场的逻辑一样，也就是自由竞争（争权）会带来最高效率的政治权利和社会财富分配。利益主体之间的离离合合是被争权的效率支配，争权效率之外再没有别的政治原则，但"政治原则"之名仍用来遮掩赤裸的争权。可以说，政治产业化以利益取代了原则。在近代美国，过度追求自立和自足产生出过度自疚，引发了以"讨回公道"和"为贫请命"为品牌的政治产业。

且看美国"自我一代"如何支配美国过去的40年。他们成长于经济丰裕但社会桎梏、精神空虚的时期，引出反叛。到1970年代，面对现实的考验，革命的革命、逐利的逐利、享乐的享乐。更多是周日谋名利，周六谈革命，日日寻享乐，都是为了"我"。外表热闹，内里冷漠。

道德被任性颠覆了，身体被享乐掏空了，生态被消费破坏了，于是产生一种自疚。但是，任性制不了，享乐舍不了，消费慢不了。于是就找些大题目去为天、为地、为人请命，以平衡颠覆了的道德；做些健身、节食、素食以弥补掏空的身体；搞些环保、节能、省源以恢复破坏的生态。但资本主义也确实聪明，少了任性、享乐、消费，哪来的钱赚？因此，就把为天、为地、为人的请命，健身、素食的消费，环保、节能的运动，通通弄成赚钱的门路，而且是带上了光环的赚钱。这些使人眼花缭乱的动作确可以慰藉一下这代人不可自拔的自疚，但只是治标而已。

要治本就要否定自疚。自疚是因为有犯罪感，那么，如果没有罪就不会有犯罪感，就不会自疚，于是双管齐下。（1）把犯罪演绎为社会行为：犯罪是因为触犯了社会，为此，社会以法治之。假如犯罪是因为犯了法，那么没有法就没有罪。战后一代把传统不合法的东西，在人权、平等、自由、效率的掩护下合法化（吸毒、同性恋、高利贷、投机倒把等），于是犯罪少了，自疚也少了。为此，战后一代倾向于把个人责任转化为社会责任。（2）把犯罪的道德意识转移为宗教意识：犯罪是因为触犯了教规，为宗教所不容。但如果把教规定性为偏见、把教会定位为腐化，那么违反教规就不等于违反道德，不算是犯罪。为此，战后一代尽量丑化和淡化宗教的约束。

到1970年代末期，战后一代成长了，他们的先反叛、后自我，定下了随后30年的美国文明方向，制造出美国特色的政治，如下。

1980年大选，里根打造出"里根联盟"。他是共和党，但成功拉拢了"里根民主党人"，也就是民主党中倾向于小政府和自由经济的部分。但是这些人既然是民主党，所以多是支持道德自由，这与保守的共和党人和典型蓝领阶层的道德观[6]格格不入。里根以反堕胎姿态去留住这些保守分子，得到当时政治影响力极大的"道德多数"（Moral Majority）[7]的大力支持。这是里根极高明的政治手法。那时，最高法院已裁定堕胎合法（这是保守分子极力反对的），因此里根的反堕胎姿态是有声势、没实际，所以也不犯进步分子之忌，可以说是左右逢源的组合，也可以称为埋没原则（共和党原则）的苟合政治。[8] 从1980年上任、1984年连任，到1988年交棒给老布什，这个组合所向无敌。1984年他的连任拿到60%总选票，横扫49个州。罗斯福之后，里根开启了没有原则的苟合式权力和利益小圈。

他发明出"里根经济"（Reagonomics），又称供给侧经济（supply-side economics）[9]。马上，市场（尤其是股票市场）大热。1987年的好莱坞电影《华尔街》（*Wall Street*）的名句"贪婪是好事"（Greed is good）就是那时的写照。

这个时代，富人更富，穷人更穷。金融全球化，股市开始失控，虚拟经济抬头，支配华尔街。减税和军费增加带来大赤字，引发全球性通货膨胀。此时，战后一代冷漠的自我已是主流，但经济背景已不再是70年代后期的低迷，而是80年代的蓬勃。资本主义的逻辑是经济越蓬勃，贫富差距越大[10]，一方面引发出更大的逐利自疚，另一方面也提供更大的舒缓能力。加大的自疚和扩大的能力把同情弱小与贫苦推向姑息、纵容。"边缘"成为一种政治通行证，只要你被定位为"边缘"，你就得到了政治的认可或经济的供养[11]。因逐利而自疚的经济精英们同情边缘群体，要为民请命的政治精英们组织边缘群体，一般社会大众是听精英、跟精英，于是乎身份政治成为主流气候。

让我们听听歌颂美国文明写出《历史的终结与最后的人》一书的福山对身份政治的反思。他的著作《身份政治：对尊严与认同的渴求》（*Identity: The Demand for Dignity and the Politics of Resentment*）聚焦于被他称为自由民主政治文化下的怪婴——身份政治。2018年他接受《高等教育纪事报》(*The New Chronicle of Higher Education*，2018年8月27日)的访问时说：

Q：身份比经济更能解释政治吗？

A：这个理念要回归到柏拉图，他谈及人的灵魂的三分之一是有关别人对你的尊重。在现代社会，这演化为身份政治。我们想象有一个内在的自己，被别人鄙视、轻视和漠视。现今大量的政治活动是要求这个内在的自己显现、公开和被政治制度认许。这种对被认许的追求是从1960年代开始的社会运动演化出来的，包括美国非洲人（黑人）、妇女、同性恋（各种性取向）、原住民、残疾人等。这些群体被左派（罗斯福时代开始的工人运动和移民运动的支持者）吸纳，触发右派（自由经济与传统道德支持者）的反应。他们问：我们怎么办？难道我们不值得被认许？精英们是不是忽视了我们，贬低我们的诉求？这就是今天民粹主义的基础。

Q：少数群体要求被认许是问题吗？

A：绝对不是。每个诉求都是合理的。问题在我们对"不公"的演绎和处理，使社会碎片化。举个例子，在20世纪，左派的重心是围绕着工人阶级和经济剥削，而不是针对某一个特定身份群体的被剥削（因此左派能成功促建福利社会），但如果被演绎为某个特定身份群体的特征时，就会削弱大众对福利社会的支持度。再举奥巴马的医疗保险政策为例。很多反对者把它演绎为提升某个种族的利益的政策——一个黑人总统去为他的族裔做点事……

Q：学府、传媒与身份政治的关联是什么？

A：我的朋友们跟我说，很明显的，美国大学中已经没有言论自由了。这好像说得过分了点。但这个看法事关重大。大学影响其他精英机构的气候。在校园发生的事情最后会过滤到整个社会……这与美国社会生活逐渐走向一种"疗愈"（therapeutic）的心态有关。从1960年代与1970年代开始的"身份"意识抬头。当时的人有种"不被满足"（unfulfilled）的感觉，他们感觉"真正自我"（true selves）没有被认许。由于长久以来以宗教为基础的文化共识已经消失，人们感到失落。心理学、精神病学取代宗教。在医疗界，心理健康是有"疗愈"的使命，就从那时开始，提升"自我尊严"（self-esteem）成为理所当然的社会发展目标……再演变为大学的使命之一……但是使学生对自己有种舒服和满足的感觉，不一定对他们的教育有好处……

Q：身份政治对言论自由有威胁吗？

A：我是暧昧的，有很多事情在校园里谈确是有困难，但我不认为我们有言论自由的危机……在1980年代与1990年代，我的意识形态属于右派。没有人要我闭嘴，因为我在政策学院教书，比较宽容，不像某些人文学科……近年来，校园重新出现1960年代以来未见的激进学生运动……我看见历史在重复……

虽然政治难离朋党[12]，但身份政治的朋党倾向特别强。所有边缘群体都有少数意识，现实中也确是身为少数。为生存，群体之间会因利益趋同而聚，也会因利益冲突而散。主流政党也会拉拢边缘群体去增加政治本钱。因此，聚和散往往是以原则换取权利，走向朋党社会。谁会想到企业利益会与同性婚姻勾搭[13]，或道德保守的伊斯兰与道德进步的民主党人士互通声气[14]。这些都是值得反思的。

里根之前的政党系统有三个特征：(1) 从开国到 1960 年代末，每个政党掌权都有起码 20—30 年以上的稳定。(2) 两党的政治原则都比较鲜明。(3) 选民选政党多于政党追选民，竞选费用（政客筹款）未成为参政的绝对门槛。

里根之后就不同了，共和党和民主党好像是轮流"坐庄"。最长的一党连任的是里根和老布什，加起来也只有 12 年（这只是总统的交替，如果再加上国会控制权的交替，政治更不稳定）。政治原则（道德）和利益（当选）越来越分不开。共和党会拿民主党的原则、民主党也会拿共和党的原则去追求对方的支持者来归附。竞选费用几何级地递升，政客们的精力不是去搞好国家，而是搞定捐款人。这几十年来，竞选费用是政治辩论的主要议题。

里根时代打开苟合风气[15]，为了利益，放弃原则。民主党也不甘人后，克林顿是最成功的一个。[16]罗斯福以来，民主党自命是有原则、为民请命的政党，经常贬低共和党，说他们是为功利、有钱人的党。但克林顿最懂见风使舵，他凭组织新民主派（New Democrats）阵营登上总统宝座。新民主派也叫中间民主派（Centrist Democrats）、温和民主派（Moderate Democrats），其实是民主党内的中间偏右分子。这跟里根的"里根民主党"（民主党内偏右分子）非但是异曲同工，更是青出于蓝[17]。

1980 年代，共和党的里根阵营屡败民主党。民主党高层开始反思，探索美国人民的政治倾向，认为要来一个彻底的转向，在经济政策方面走向自由经济（典型的里根共和党政策，若干程度上其实就是放任经济）和小政府政制（典型共和党方向）。1984 年，里根大胜连任。民主党中一班同道中人组织"民主党领导协会"（Democratic

Leadership Council，DLC），倡议用"第三路线"（Third Way）去打"里根主义"。虽然他们不是正式的党组织，但发挥了很大的影响力（克林顿和两个日后当上副总统的人都是会员）。他们把经济政策从左（罗斯福新政的政府干预经济）推右（里根式的放任经济），去吸引逐利之士，把社会（道德）政策从左推得更左，去满足进步人士。到1988年总统大选时仍未成气候，共和党的老布什当选，但也引起更多民主党人加入"新民主"阵营。

1990年左右，克林顿卸下主席一职去竞选总统（1992年的大选）。他特别讨好曾经从民主党跑到里根共和党里的中产白人，又要吸引有反大政府倾向的白人劳工（多是共和党人）。因此，他答应中产减税，并给低收入劳工退税。当时的民意调查显示选民认为他是非常自由派的，最有代表性的形容词是"包容"（inclusive），一定角度上看其负面意义就是"苟合"，即为了利益，不讲原则。

克林顿当选后就大搞自由经济（共和党方向，特别是大大放宽金融管制，比里根更放任）和自由道德（特别是同性恋，以满足共和党、民主党中的进步分子）。在税制上虽然提高最高收入人士的税率和降低最低收入家庭的税率，但总的来说，中产阶层的税仍是增加的。当时的共和党指它不是个真正的"新民主派"，是个增税收、增开支的"自由分子"（liberal，主要是指他的社会和道德姿态）。共和党中人决定在1994年的国会中期选举中，把所有力量集中在一个全国性反克林顿的旗帜下（而不是分散在各选区各自为政）。在保守倾向的共和党和民主党选民联手支持下，共和党大获全胜，夺回被民主党支配了40年的国会参、众两院的控制权[18]。同时，也是50年来共和党首次控制超过半数州议会。这次"革命"成功反映了美国人对克林顿的反感，更开启了不断的道德自由与道德保守的斗争。在经济层面上，放任资本已经是共和党与民主党的共识，分歧不大。但在道德层面上，保守分子与进步分子的分歧在加大。虽然大的方向是"进步"，但进步分子想走得更快，相对之下，保守分子就变得越来越保守。

克林顿卸任后到处演讲，最高叫价是50万美元一场。他的基金收到的捐献[19]每每出自大商人、大企业，这些人也是战后一代中的发财人士，拿点出来可能是逐利自疚的舒缓，也可能是逐利成功的自得，或有可能是当年反叛不成的发泄。也有人说难怪克林顿敛财，因为他出身穷困。这种说法是对穷人的最大侮辱。

克林顿时期的美国，繁荣与冷漠、逐利与自疚并存。国外在巴尔干半岛以武力保护南斯拉夫解体后各不同族裔和宗教战争中流离失所的边缘群体[20]，国内支持妇女解放、同性恋。他的政治魅力是他可以使人觉得他是个"真心"的人，他的名句是"我感到你的痛"（I feel your pain）。有一个奇怪的现象，在美国备受同情的边缘群体，好像都是民主党中的进步人士钦定的，都是挑战传统道德的。在美国，这是倾左。倾向传统道德的（无论是反堕胎还是反同性恋）都被打成"极端"，与纳粹、法西斯同流。在一定程度上，这也可以说是1960年代反叛的延续，但当时的反叛者如今是当权者了。

克林顿之后，小布什是传统的共和党人：自由经济、保守道德。那时，自由经济已经是左、右精英的共识了。虽然在自由经济，特别是全球资本下被边缘化的蓝领阶层心有不甘，但忿忿之情仍未被点燃（这也是日后特朗普的政治本钱）。从罗斯福以来，他们都是民主党的主力支持者。因为民主党传统的进步政策都是维护劳工和救济贫困。但从1960年代末期的战后一代反叛开始，民主党的进步在经济公平（进步的传统演绎）上还加了道德自由（进步的时尚演绎），而经济公平度好像越来越不足，但道德自由度则越来越增强。这是一般比较保守的蓝领阶层（收入和教育水平都不高）难以接受的（虽然精英们的道德自由风气也慢慢感染到下层社会）。民主党对经济公平与道德自由之间的平衡决定着这批人的去留，并大大影响着美国整个政局。这批人的投票率一般不高，使政治上的计算更为复杂。"经济公平式的进步"是花钱的，但是会吸引他们，可是他们的投票率不高，对政客来说是本大利小的生意，况且，经济公平会使很多高收入、高税率的中上层人士不满。相反，"道德自由式的进步"是不花钱的，但会使一些保守的蓝领不快，可是会吸引中上层，而他们的投票率高，是本小利大的政治生意。总的来说，民主党走向自由经济（其实两党都是越来越开放经济，只是民主党会比共和党暧昧一点），但主力放在自由道德。共和党则以自由经济为标榜，辅以道德保守（其实两党都越来越开放道德，只不过是共和党比民主党暧昧一点）。这只是形容两党之间的平衡状态，随时有个里根、克林顿、特朗普之辈出来，来个大炒作。里根以自由经济为口号，克林顿以更自由经济为口号。今天，经济不再是两党之间的主要分歧，道德自由将是左、右两派分歧所在。

　　这里要说一说左与右在美国的意义，分为四个层面：经济、社会、道德与政制。右派主要是共和党，但有保守的民主党。左派主要是民主党，但有进步的共和党。在经济层面，右派主自由经济，左派主稍为约束经济，但总的方向都是走资本经济，力度不同而已。在道德层面，右派强调传统约束[21]，左派强调自由选择，但总的方向是个人主义。在社会层面，右派是少福利，左派是多点福利，方向左右摇摆，但总的是要保住资本，有钱的会越来越有钱，穷的会越来越穷，福利是为了维稳。在政制层面,右派主张小政府,左派喜欢大政府,但凡当上总统的,无论是共和党或民主党,都想揽权,若是宪法不容,就往往以行政令去绕过国会(立法)和法院(司法)。

特朗普在党内提名时,被党内所有人排斥;获提名后,党内大部分人跟着他。当选后,党内、党外反对他的处处联手打击他[22]。但他看得清楚,看出从克林顿开始的"新民主"结合放任经济(讨好右派)与身份政治(讨好左派)搅得越来越极端,又看出那些没有从放任经济和身份政治中拿到好处的和对放任经济和身份政治反感的人越来越多,而这些人对经济向右、道德向左的政治精英极度讨厌。民主党候选人希拉里(克林顿夫人)是左派精英中之精英。她在竞选演讲时描述特朗普的支持者为"可憎者"(deplorables):"种族歧视者、性别歧视者、同性恋歧视者、穆斯林歧视者等,确有这类人,而他(特朗普)抬举了他们。"的确,特朗普的核心支持者就是这些被放任经济、身份政治弄得生活困难、道德彷徨但又投诉无门的"另一类边缘群体"[23]。在某种程度上,他们是新的少数、被遗忘的群体。为此,不少自疚心重的美国人开始把同情心从女性主义、同性恋群体转移到这些被遗忘的人群上去[24]。有人说,希拉里这句话使她失去不知多少选票(原先准备支持她的票)。

总统大选最能反映全国的民心。里根以来,两党候选人的票相差很少,一般是几个点[25](从杜鲁门到里根,有五次票差超过10%;之后,一次都没有)。这能反映两极分化,而且是非常固定和肯定的分化。因此,决胜的选票也只是2%—3%的向左或右转移。争夺这2—3点是整个选举过程的聚焦点。大胆的政客会作战略性的突破,可以是突破性的"组合",例如奥巴马在2007年和2010年的选举,成功地吸引了刚获得选举权的年轻人(1980年后出生,刚成年的世纪一代),

也可以是突破性的"苟合",尤其是通过与身份群体的分与合,例如民主党与伊斯兰的结盟。苟合是没原则的团结,有利则留,无利则去,是不能长久的。至此,我们得出美国文明发展的轨迹。

在文化基因法的逻辑中,这条轨迹分主、辅两线。主线是由自立(个人基因)和团结(泛人基因)组成,运行于自立与团结组合的八角图之内。两个基因都是来自美国殖民初期北方清教和南方权贵的骄傲少数意识。自足乃自立所需的物质条件,且是传承于祖家英国民族性格的务实,于是产生一条辅线,由自足(个人基因)和团结(泛人基因)组成,运行于自足与团结组合的八角图之内。

现在用总统的任期来划分美国近代文明的各个阶段。政府的行为与百姓的意愿虽不一定同步,但一定相随,有时政府走在前面(尤其是当有强人出现),但大多时间走在后面。先谈主线轨迹。

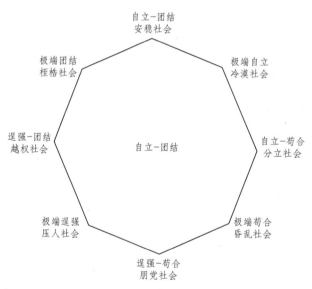

图1 自立-团结基因组合的八角图(美国文明轨迹主线所在)

"一战"前的美国是进步期（Progressive Era）。老罗斯福（Theodore Roosevelt，任期 1901—1909）任内，打击资本垄断、整顿政治风气，1919 年修宪全国禁酒、1930 年修宪赋予妇女选举权。

1920 年代的冷漠社会（过度自立）

"一战"过后，全世界进入了一个兴奋而麻痹的时代。欧洲走上虚无，美国进入孤立，连自己总统倡导的国联也不参加，生命就是赚钱与花钱。1929 年 10 月 29 日"黑色星期二"，大萧条现身，震醒"咆哮 20 年代"。

罗斯福时代：安稳社会（自立与团结的组合），美国晋升全球霸主

罗斯福了解并关心美国人的恐惧，知道要发挥立国的自主、团结精神才能渡过难关。他雄才大略，不避艰难，定下进步"新政"，支配了之后半个多世纪的政治方向。"二战"结束时，国内安定，国外扬威。

杜鲁门与艾森豪威尔时代：桎梏社会（过度团结）

两人虽属不同政党，但萧规曹随，继承罗斯福"新政"方向。此刻，美国取代英国成为全球霸权。国外推行马歇尔计划、科伦坡计划，慷慨支援他国，是"善良的美国人"时代。但此时冷战即将揭幕，与苏联展开军事竞赛。恐共的政治气候、保守的道德风气令人倍感桎梏。对外，"善良的美国人"变成"丑陋的美国人"。

肯尼迪、约翰逊时代：走向越权（逞强与团结）

此刻，战后一代成长。桎梏的社会使他们过盛的精力无法宣泄。肯尼迪当选像一股新鲜空气，年轻人寄以浪漫的期待。他在 1963 年被刺杀，年轻人对政治失去信心，一片悲观。

约翰逊缺凝聚力，他虽然力推"伟大社会"，但未能满足年轻一代，只吊起他们的政治胃口，期待更多的改革。就在那时，美国在越南战事升级，缺了道德光环的越战使年轻人既反感又恐惧。接着是大征兵。年轻人的反叛、犬儒和恐惧汇聚成一股从反战到反一切现存制度的气流。有说，越战使美国人"失去纯真"。

尼克松、福特、卡特时代：从越权走向冷漠（过度自立），并开始走向分立（自立中带上苟合）

尼克松时代，反战达到高潮（虽然越战是由他结束），加上罪案激增，他恢复保守政治（反"新政"，并把联邦权力向州政府转移，而州政府一般道德桎梏、政治保守）。1970年代中期，一连串的经济危机和政府赤字使已达壮年的战后一代回归现实，出现自我一代。有的走回冷漠，赚钱、花钱要紧；有的反叛到底，但以"为民请命、讨回公道"自居。水门事件使尼克松丧尽政治本钱和道德光环，被迫辞职。

福特一上台就以总统特权赦了他，求安稳反引大乱。身份政治现身，尤其是女性主义和同性恋抬头。运气不佳的福特干一任就放手了（其实是尼克松留下的任期）。

卡特为民主党夺回总统宝座。但他生不逢时，国内经济滞胀，国外威信全失。他对宗教虔诚，大讲人权，但又没有能力去贯彻。以人权为口号的身份政治成形，社会走向既冷漠（国民懒理）而又分立（精英专权）的状态。

里根、老布什时代：分立时代开始（自立与苟合的组合），美国巩固全球霸权，引领资本全球化

里根看准美国人的彷徨，以放任经济去巩固右派的支持，以放宽

道德准绳[26]（也就是稍离他所属的共和党传统）去争取左派的加入，建立罗斯福以来以弹性原则建成的最大政治联盟，开启近几十年来的政治样板。确实，他成功瓦解苏联，刺激经济（消费型经济、全球化生产），但军费和减税带来的政府赤字，放任经济推动的资本全球化，埋下了日后经济严重失调的地雷。

克林顿时代：分立走向昏乱（自主与苟合的组合，但越来越走向过度的苟合）

民主党的克林顿看见里根的成功，借用过来，创"新民主"。他把里根的放任经济弄得更放任（远离民主党传统原则）以吸引共和党的右派，把道德自由弄得更自由以留住民主党的左派。身份政治达至高峰，身份群体与政党的勾结也达至高峰。在克林顿的性丑闻中，开明与进步分子（特别是妇解分子）支持他把自己的行为分开为公一面（公职）和私一面（私德），去为自己开脱，"苟合"被正常化，反映了美国政治和社会的性格分裂。

小布什时代：昏乱与逞强拉锯

克林顿任内虽然经济大热，但一身丑闻，连民主党总统候选人都不想拉他来助选。共和党以经济自由、道德保守反扑成功。小布什险胜。民主党不服气，甚至要求重新点票。从此，党争加剧，完全不在建设国家，完全在要打倒对方。其实，左、右派的实质分歧不大（自由经济是共识，自由道德则稍有不同），但意气之争反趋激烈（走向极端逞强）。2001年，"9·11"事件团结了美国人，反恐、防恐成为国策，至今。小布什以强势姿态出兵阿富汗和伊拉克，是典型的美国式的恐惧、易怒带来的鲁莽、失措。

奥巴马时代：昏乱与安稳拉锯。世纪一代抬头，美国经济实力和国际地位踏入逆转期

奥巴马在 2008 年金融海啸和反恐不利的时刻，以高达 7.27% 票差当选，带来一片新气象。他打的旗帜是政治开明、道德开放。上任不到一年就拿到诺贝尔和平奖，是进步分子，尤其是主流传媒的宠儿。推他上台的是世纪一代。他的竞选口号是"可以信任的改变"。——信任很快就消失，改变的方向又不知何去何从。他为救市，甚至采用社会主义经济手段，任内党争加剧，政府运作因党争而几次停顿。和平奖未有带来和平。反恐、防恐的成本虽未增加但也没有大减，社会福利的开支反而不断上升，特别是战后一代的养老和退伍军人的医疗。虽是黑人总统，但黑人的经济和社会处境未因他而改善。他的人权呼声倒是鼓励了国内的身份政治和国外的"阿拉伯之春"。他虽想做罗斯福（自立与团结组合的安稳社会），但倒像卡特。

特朗普时代：冷漠与苟合拉锯

因放任经济而被遗弃，因道德自由而感到彷徨的中下阶层，投诉无门，特朗普答应为他们重造"美国梦"；因眼见全球伊斯兰对美国的鄙视、敌视而感到愤怒，因眼见中国的经济力量和军事力量不断增强而感到威胁的美国优越分子，特朗普答应为他们重振"美国国威"。他虽是共和党人，但几乎所有共和党精英都看不起他。但他从政治小丑一跃而成为美国总统时，众人唯恐不及地加入阵营，这也是另一类的苟合——不是为争权，而是为分权。当然，他的"美国第一"绝对违反全球资本的逻辑，这种反动必不会成功。但他对希拉里所形容的"可憎者"——种族歧视者、性别歧视者、同性恋歧视者、穆斯林歧视

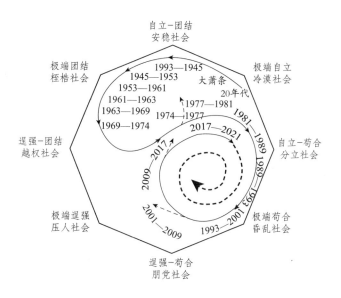

图 2　美国近百年的文明轨迹主线（自立‑团结基因组合）
（细虚线与箭头显示总统想走的方向；粗虚线显示文明轨迹的未来）

者等确有很强的号召力，显示出美国的分立政治和苟合政治已到了无可救药的地步。

从"咆哮 20 年代"到今天的美国文明踪迹的主线就是这样子。

这条轨迹显示出美国文化基因组合的变动，动力因素是民族性格、时代心态、历史背景和关键人事。轨迹的移动是按"文化基因法"的"距离律"进行（见上卷第十六章），也就是动力因素的动向和强度决定轨迹在八角图中的移动方向和距离长短。

（1）从大萧条的冷漠社会到罗斯福的安稳社会是短距离，无需很大的动力，有顺水推舟的意味，罗斯福的"功"是他懂得美国人求安心切。

（2）杜鲁门与艾森豪威尔时代的桎梏社会也应是意料之中的事（近距离）。

（3）肯尼迪与约翰逊时代，美国年轻人开始挑战桎梏社会，走向反叛（越权），这也不应是意外（近距离）。

（4）尼克松与福特时代是大变（改方向、长距离），需要相当大的动力。经济危机出现（与布雷顿森林体系的崩溃不无关系），加上越战泥足深陷，战后一代反叛年龄已过，水门事件带来一片犬儒，都是把美国人从"太理想"推向"太现实"的因素。

（5）卡特时代是个迷惘的时刻。美国人反思天之骄子、世界霸主的地位，在走向安稳或分立之间徘徊。

（6）里根时代的美国人其实有两个选择：走向罗斯福的自立团结（其实这也是卡特的理想，可惜他眼高手低），或者是走向功利的自立苟合。罗斯福选择了全民团结（约束富人、接济穷人，仍不忘建设国家）；里根则选择了精英苟合（放任赚钱、放开道德）。美国人跟了里根，部分原因是上一任的卡特无能，部分原因是里根的个人魅力，但更有可能是没有一个罗斯福。里根虽然赢了冷战（其实苏联当时已筋疲力尽），但同时也埋下了经济地雷。"贪婪是好事"的社会哪能长久？

（7）接下来就是在分立与昏乱之间转圈子。克林顿时代比里根时代更甚，是个权力与财富勾结的社会。共和党的小布什以险胜夺回宝座，但是坐得很不安稳。2001年的"9·11"事件是时势造英雄。他走向强势总统之路，但美国是天然孤立，任何时候的对外用兵都会很快失去冲劲，后期还来了金融海啸。年轻朝气的奥巴马，在世纪一代的簇拥下登场，但经济大衰退和伊、阿战事的脱身无期使美国人雄心大敛。奥巴马卸任时外面国不泰、里面民不安。特朗普就是利用民不安拿到政权。他把所有的不安分子集中起来,有不满主流左派的开明道德的,有不满主流右派的放任经济的,创造出反主流的主流。这不但是苟合,简直是乌合[27]。

看来,美国的未来会是常态地、动态地处于政治分立(自立－苟合)和昏乱(极端苟合)之间。不断反复打滚,但恐怕跳不出这个恶性循环。

自立与团结是主线(表现在政治与道德层面之上)。但自立需要自足,所以自足与团结是条辅线(表现在物质与经济层面上)。辅线与主线应该平行。现看看这条辅线的轨迹。

1920 年代非但是个冷漠社会(过度自立),也同时是个孤寒社会(过度自足)。大萧条时期罗斯福的"新政"非但强调自立与团结,还强调自足与团结,创造出"二战"后美国的安稳(与人共存)和富足(与人共富)。1960 年代是战后一代反叛桎梏社会,但不是自私,所以没有走上贪婪。1970 年代的经济危机驱使他们其中一部分(不再反叛到底的)转向自我:赚钱、花钱,背后是一片冷漠、孤寒。卡特时期的滞胀和能源危机只加多了一层悲观而已。到里根的放任经济,抹清了悲观,但未改变孤寒,反使有者越有,而且好像"有之无愧"。克林顿的加倍放任更是增加了逐利的混乱。他的经济政策是华尔街与联邦政府的互相依附,劳动人民加速边缘化。"占领华尔街"其实是种哀鸣。奥巴马处理 2008 年金融海啸的手法是种"社会主义经济"和"企业福利"的苟合,聚焦于保住那些"大得不能让它失败"(too big to fail)的企业,名义是维持就业,实质是维持资本。特朗普的"美国第一"是美国头一次向全球资本"宣战"。看来,美国经济的未来也会像

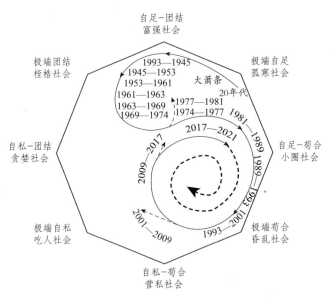

图 3　美国近百年的文明轨迹辅线（自足-团结基因组合）[28]
（细虚线与箭头显示总统想走的方向；粗虚线显示文明轨迹的未来）

它的政治未来，也会是常态地、动态地处于经济的小圈社会（自足-苟合）和昏乱社会之间，不断反复打滚。

美国的权力分立和利益小圈文明使资本主义在美国得到丰盛的滋润。争权是要用钱的[29]。资本拥有者（和管理者）最有钱去资助政客来换取政治庇护。在这样的争权社会里，钱与权的关系不在个别的钱权交易，而在整个政治机制与整套资本利益的勾结[30]，因此国家利益与资本利益会混成一体。到最后，国家利益就被资本利益支配、绑架[31]。同时，逐利苟合自然坐大了资本在整个经济中的龙头地位。

到这里，我们可以看出主、辅两线重叠在苟合：自立-苟合与自足-苟合。在文化基因法里，这意味着自立-苟合的权力分立社会与自足－苟合的利益小圈社会是可以互相转移的（转移律）。

美国的扬基务实性格允许和接受争权与逐利，只要争得不过分，逐得不越轨。但苟合就不同了。苟合是违背原则的结合，驱使有清教道德高尚感的美国人觉得自疚；苟合带来的不义、不公触动有天主教悯人倾向的美国人发出同情。自疚与同情跟苟合的争权与逐利是并行的，苟合越多，会引发越大的自疚与同情，以至沦于姑息。按文化基因法的"转移律"，通过重叠，一个八角图可以牵引另一个八角图。在这里，重叠之处先在苟合：自立－苟合与自足－苟合（见图4）；然后，由于苟合带来姑息，于是自立－苟合引发出自立－姑息，自足－苟合引发出自足－姑息。

在政治层面上，姑息过度就是无休止的身份政治，在经济层面上，姑息过度就是无了结的福利开支，最后，是社会秩序崩溃（颠倒社会），经济资源耗尽（内耗社会）。成熟了的全球资本会愿意伴随一个精（精神）血（物资）干枯的美国吗？

最后总结一下不同时代的美国突显出的不同形象。

"善良的美国人"（Good American）反映罗斯福"新政"的活泼朝气与悲天悯人，一片安稳（自立团结）和富足（自足团结）。国外是睦邻扶邦；"二战"的反纳粹与法西斯，"二战"后的推进联合国，开启马歇尔、科伦坡计划等，展示正义与慷慨。美国人对世界乐观，世界对美国也是乐观（起码西方世界如是）。现在很多美国人仍相信乐观、活力和慷慨是他们的写照。世人不是没看见美国善良的一面，但被负面看法掩盖了。这也许对美国人不公平。美国骄傲的少数意识对这种它认为是人家对它的不公平往往有很大的反应，甚至失措。

"丑陋的美国人"（Ugly American）[32]是1950年代后期到1960年

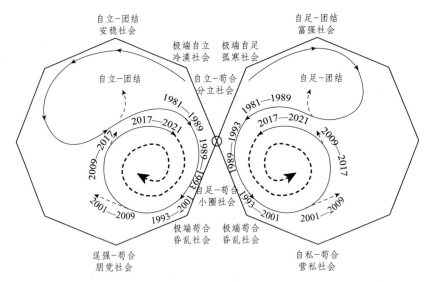

图 4　美国文明轨迹主线（自立-团结基因组合）和辅线（自足-团结基因组合）的重叠点（自立-苟合与自足-苟合）

代的称呼。那时代的典型丑化是这样的：一群中年美国女游客逛巴黎（满身廉价的假珠宝装饰），唧唧吵吵，指东画西，旁若无人。到商店买小礼品，左挑右捡，店员听不懂，一位女士不耐烦了，大声说："怎么搞的，没有说英语的吗？"文明悠久、文化深厚的法国人怎吃得消。这时代美国人的自大开始掩盖它的慷慨。到里根搞放任经济（自私），重振国威（逞强），其政府纵容全球资本掠夺，加上苏联解体，美国国威大振，这种自大使人吃不消。

"宠坏的美国人"（Spoiled American）。20 世纪 60 年代中期到 70 年代早期，战后一代变得任性。他们是"花的孩子（Flower Children）"，一面是天真的革新社会，一面是放纵的尽情享受。两端都有代表性的音乐，悲观与乐观、纯情与犬儒兼而有之：反战的《所有的花儿到了

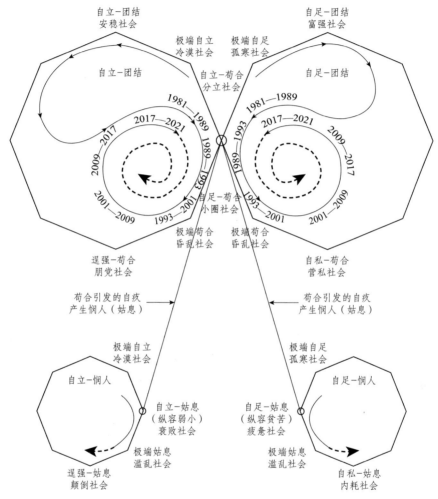

图 5 美国文明轨迹的主线（自立-团结组合）和辅线（自足-团结组合）引发出的反应
（自立-悯人组合和自足-悯人组合）

第四章 文明轨迹

哪里？》(*Where Have All the Flowers Gone?*)，民权的《我们要克服》(*We Shall Overcome*)，放纵的《旧金山》(*San Francisco*)、纯情伤感的《那段日子》(*Those were the Days*)。在越战中，先是耀武扬威，真的自视为自由世界的霸主，卒是泥足深陷。盟友眼中，美国"少爷兵"装备十足但怕死得要命，在国内一片反战声中草草收场，国威大丧。与中国建交也是为借力围堵苏联。到卡特时代，身份政治渐成气候，延伸在国外就是大讲人权，把美国的姑息和纵容传给全世界。

"耗殆的美国人"（Spent American）。1970年代末期，美国经济衰退，出现滞胀，甚至有说要被日本"买了"，一片灰色、沮丧。里根放弃罗斯福以来的"新政"，在国内采放任经济去方便赚钱，在国外搞军事竞赛去重振国威。方便赚钱确实使经济繁荣，但加深两极分化，军事竞赛确实拖垮苏联，但也加大政府开支。为避免两极分化带来的社会不稳，福利的开支越来越大，身份政治的消耗也不少。为了弥补庞大军费带来的政府赤字，国债负担越来越重。小撮精英（无论是做买卖的还是搞军备的）确实赚了大钱，但政府越来越穷了。姑息与纵容的社会，自克林顿以来有增无减。到小布什的反恐、防恐，国家开支更是易放难收。奥巴马想走回罗斯福的进步，反落得像克林顿的肤浅自大。特朗普最会见风使舵，以生意人的眼光去看政治，看出下层人士对进步分子的反感，就利用这些反感做他的政治本钱，成功了。但此时经济已经是全球化了，他的"美国第一"其实就是跟全球资本作对，甚至是跟此刻仍依附于美国的全球资本精英作对，怎会成功？证据清楚显示，美国资本如通用汽车（其实是全球资本的一员）已经"不听话"，要去墨西哥廉价劳工的地方生产了。当然，在美元仍是全球支配性储备货币的情况下，全球会为美国的消耗买单。至于社会资源、生态资源（无论是美国的还是世界的），都大量地、不断地在消耗。迟早要算账的。

"被辱的美国人"（Humiliated American）。美国文化是受不了羞辱的。这是它的基本性格（骄傲的少数），受辱一定令它失措。"9·11"事件，"受辱"的美国决定以打击伊斯兰极端组织为国策，惹出全球性的反恐、防恐，往往是莫名其妙，无论是入侵阿富汗还是入侵伊拉克。失措的美国好像凡伊斯兰国家都不放过。"阿拉伯之春"是通过种种方法（包括美国支持的非政府机构）去宣扬美式自由、民主，唤醒阿拉伯国家的异见分子去反政府。结果是独裁者被打倒，但每个国家的政局乱得一团糟，诉诸暴力、武力，以利比亚、埃及、叙利亚的老百姓受害最深，同时引发出近百年来首次的民间大移徙。百万计的非洲、阿拉伯难民涌进欧洲。西方初是高唱人道主义，打开大门（当然不包括远隔大西洋的美国），没多久，欧洲诸国发现承受不了，相继关门。更危险的是民粹主义因此抬头。未来难料，会有安定吗？

注：

1. 美国开国以来几度大的政党重组，反映政治精英的分分合合。第一个政党系统（First Party System，1792—1824）是杰斐逊总统时代（1801—1817）的产物，立国之初是没有党派的。政治实力派的"联邦分子"（Federalists）力陈政党的危险，华盛顿本人也是讨厌政党的。稍后联邦分子的领导层内部发生分歧，汉密尔顿一派主张中央集权。另一派是麦迪逊和杰斐逊组成的"民主共和党"（Democratic-Republican Party，不是民主党与共和党的组合），主张联邦与州分权。1812年战争（是英国与拿破仑战争在美洲的延伸，被美国人视为第二次革命战争）真正地团结了美国人，要完全脱离英国，同时走上真正的独立与孤立（有名的门罗主义是在1822年出台）。至此，联邦分子被边缘化，但政坛一团和气，叫"好感的年代"（Era of Good Feeling，1817—1825）。第二个政党系统（Second Party System，1828—1854）是杰克逊总统时代（1825—1849）的强势联邦政府。那时，两个政党开始壁垒分明。由杰克逊领导的民主党（Democratic Party）主张权力集中在总统身上，反对成立中央银行，并反对以政府政策去推动工业发展（此时英国的工业革命传到美国）。唱对台的"国家共和党"（National Republican Party）主张工业现代化，并以"贸易保护"政策去扶持国内工业。第三个政党系统（Third Party System，1854—1893）是内战时期（1849—1865）和恢复期（1865—1877）以及接着的"镀金时代"（Gilded Age，1877—1897）的党派体系。林肯成功地把共和党建成为"进步"党派，主张解放黑奴，成立中央银行（主要是为了筹军费）、建铁路网、收高关税（贸易保护以助工业发展）、大开发西部土地（免费土地供给开荒移民）。因此，党的支持者是被释放了的黑奴、工商业主、技术劳工和专业人士，主要在北方。那时的民主党仍是维持一贯的政纲，反对高关税（因高关税保护工业发展但不利靠出口烟、棉和入口消费与机器的南方农业），其支持者主要是南方白人、保守的商业主、传统的北方民主党人（他们反对北方启动内战）和天主教移民（因为他们在清教的北方难立足）。第四个政党系统（Fourth Party System，1896—1932）是共和党支配政权的时代（它是内战的胜方）。这是个变化多端的诡异时代。先是"进步时代"（Progressive Age，1897—1920），首次约束从19世纪中后期到20世纪早期（1860—1920年左右）通过高度发明创新又同时极度弱肉强食为美国创造了空前繁荣和空前不均的"强盗资本家"（robber barons）。稍后，美国参加了"一战"但马上恢复孤立，并带领全球进入一个梦幻（表面纸醉金迷、内里冷漠孤寒）的"咆哮20年代"（1920—1929）。这个时代的政治议题聚集于反托拉斯（Anti-trust，主要是打破铁路和金融的财团垄断）、保护性关税、工人运动、银行业的结构、政党的腐败（尤其在大城市里的政客、工运分子、工商财团的互相勾结）、黑白种族的隔离、政府行政效率、妇女投票权、移民限制等。1929年，一切都好像破灭，美国与全球进入前所未有的大萧条。第五个政党系统（Fifth Party System，1933—1960年代中期，但有人说到现在还是这系统）；这时代主要是罗斯福和他的影响。民主党建成"朝代"是因为它成功打造了一个面目一新的民主党大联盟。相对地，共和党内部就分裂为保守派和自由派，而自由派的影响也在不断下降。支配党事的保守派变得极端。罗斯福"新政"后面的政治氧气到了"二战"结束后开始泄气。"二战"解决了大萧条最严重的失业问题。战后经济繁荣但社会桎梏。20世纪60年代中期，战后一代成长，反传统与反制度戴上反越战与推民运的光环，兼有性解放、抽大麻的借口。年轻一代成为反叛一代。保守与传统分子的反扑使整个60年代后半期与70年代上半期成为代表自由的民主党和代表保守的共和党的拉锯战，互相争取支持者，不惜妥协原则。

2. 共和党的沃伦·哈丁（Warren Harding，1865—1923，心脏病死于任内，由副总统卡尔文·柯立芝［Calvin Coolidge］继任）以60.3%对34.1%压倒性胜出。

3. 从内战到1929年，民主党极少能控制两院，在17次总统大选中只赢得4次。但1932—1979年（也就是到共和党的里根上场），民主党经常控制两院，并在12次总统大选中赢了8次。

4. 尼克松一系列经济改革措施，包括停止以黄金支持美元、控制物价、控制工资等。参见《西方文明的文化基因》第二十二章。

5. 主要是国家养老金（Social Security）、老年人保健（Medicare）、穷人保健（Medicaid）、社会福利（Welfare，包括食物补助、贫困家庭津贴、失业保障等）。1990年占GDP的0.4%，到2010年达19%。其中，以老年人保健升幅最快。"应得权利"的真正出台要上溯到大萧条时代。罗斯福在1930年代的福利政策把政府在这方面的开支提升到GDP的1.5%，"二战"前夕是2%。到1950年也只是3.3%，大部分是济贫的福利；到1960年已升到5%，此时养老金的比例开始上升。1965—1966年，也就是约翰逊的"伟大社会"时期，相继出台"穷人保健"和"老年人保健"计划，"应得权利"开支暴涨，到1976年达GDP的11%。1980年代早期（里根时代），"应得权利"开支达GDP的13%（此中养老金站稳5%，社会福利也站稳3%—4%，而老年人保健则持续上升）。2000年以来（小布什到奥巴马）开支继续上升，高峰是2010年的18%（其中养老金占6.4%，保健占7.3%，而社会福利则是4.5%，主要是因为2008年金融风暴影响）。2010年代，社会福利收缩，但养老与保健则续升。2015年的数据是养老达7.1%、保健7.9%，但社会福利则降至2.5%。可是，从政府开支的比例来看，就是不同的现象。1900年，"应得权利"是政府开支的5%（GDP的0.4%），到2010年就占45%（GDP的19%），也就是政府的负担比经济的承载力要重得多。大萧条时期，社会福利支出在政府的总开支里从2%急升至10%。到1940年，整个"应得权利"的开支达15%（那时仍未有保健，而养老支出也有限）。"二战"时，社会福利开支因就业率上升而下降。但"二战"后，再经约翰逊的"伟大社会"政策,到了 1970 年,总开支已是 20%(主要是养老增加)。1970—1980 年代更是爆炸性上涨到 30%。里根年代则稍有收缩,尤其是社会福利。到 1990 年代(克林顿)又来一次爆炸性上升(从 1990 年的 33% 升到 1994 年的 41%),主要是保健。2000 年代的升幅不大,但 2008 年金融危机的压力使总支出急涨到 49%(也就是政府总开支的半数了),接着稍微回落。还有一个现象要注意。美国的"应得权利"的 GDP 比例不算高,在 2016 年美国是 19.3%,很多国家都比它高,最高是法国的 31.5%,北欧的瑞典是 27.1%,德国也有 25.3%,连英国都有 21.5%。但关键是(1)这些国家的经济体远小于美国;(2)美国近十多年的增加率远超过这些国家。从 2000—2016 年,法国的加幅比率是 15%(从 27.5% 增加到 31.5%),瑞典是 4%,德国是 0,英国是 21%,而美国则增加了 35%(从 14.3% 升到 GDP 的 19.3%)。这些都反映美国政府的"应得权利"负担在近二十年来,也就是克林顿的加速放任经济和加大道德自由之后,在不断上升。福利负担的不断增加会制造严重的经济代价。

6. 当年的蓝领阶层的道德观比较保守,但经过多年来政治与文化精英的灌输和引导,今天的蓝领阶层很多人已放弃了传统道德观。

7. 1979 年由浸信会牧师杰·瑞法威尔(Jerry Falwell)创立,主要是团结共和党和保守基督教教徒,是对 1960—1970 年代战后一代道德自由的一种反应,虽然那时的卡特总统是虔诚新教徒,但保守分子认为他并未矫正社会道德的松懈。里根当选和连任有赖他们大力支持。但内部不和导致在 1980 年代末期解散。

8. 唯一没有被里根拉拢成功的是南方白人,这批人的力量会在特朗普时代现身。

9. 芝加哥学派最闪光的时刻。中国改革开放正赶上这一浪潮,是祸是福就要看我们了。供给侧经济又称"下淌经济"(trickle-down economics,理论是减税会增加富人收入,引导增加投资,导致"供给"增加,使财富"下淌"到低收入人群)。里根称之为返回"新政"之前的自由企业、自由市场。继任的老布什暗地里将此叫作"巫术经济"(voodoo Economics)。它主要有四条腿:(1)削减政府开支的增长(但增加国防支出,里根上任后占 GDP 的 4.9% 或政府总开支的 22.7%,卸任时占 GDP 的 5.8% 或政府总开支的 27.3%。是越战结束后最高的开支,为此,政府平均赤字每年仍达 GDP 的 4%)。(2)削减联邦所得税(income tax,包括个人和企业)和资本增值税(capital gains tax)。(3)削减政府法规,尤其是税制。(4)收紧货币供应,削减通胀。到今天,"里根经济"的功过仍有争论。支持者的说法是:(1)结束了滞胀。通胀从上任时约 13.5% 降至离任时的 4.1%。(2)提升了 GDP 增长,任期内人均 GDP 每年增长 2.6%,相对任前八年的 1.9%。(3)提升了企业家精神。反对者的说法是:(1)扩大了收入差距。中下层收入增长从 2.4% 下降到 1.8%;上层收入增长从 2.2% 升到 4.83%。最高收入的 1% 人口的税后收入在 1979 年占全国总收入的 7.4%,到 1986 年更高达 12.8%,虽到 1989 年里根卸任时稍回到 11%。(2) 制造了一种贪婪的风气。(3) 国债增加了 3 倍。里根任内每年政府赤字是 GDP 的 4%，在他之前的八年的平均是 2.2%。美国从最大债权国变成最大债务国。1980 年（里根上任）到 1988 年（卸任），国债（联邦与地方）从 GDP 的 26% 升至 41%。

10. 不是以绝对的温饱衡量，而是种差距的衡量。

11. 举例来说，在医疗上投入到乳癌（女性）和艾滋病（同性恋者）的资源远远超过患者在人口中的比例。当然，艾滋病到现在已不是同性恋的专利，但当时确实集中在同性恋群体。

12. 当年立国的国父们都不愿有政党出现，但很快就"投降"。

13. 2013 年，美国最高法院要裁判《保护婚姻法案》(Defense of Marriage Act，也称 DOMA，主要是定义婚姻只容一男一女的结合，也就是不允许同性婚姻）是否合美国宪法。超过 300 多家大企业联名要求法院判决该法案违宪（结果是 5：4 裁定违宪）。今天，大部分的《财富》500 强企业都支持同性婚姻，叫得最响的包括苹果、高盛、哥伦比亚广播公司、星巴克、Twitter、迪士尼。有些企业如苹果、星巴克等，甚至挑战反对同性婚姻的人士，说欢迎这些人抵制它们。可见同性婚姻是如何声势浩大。同性恋者是最有闲钱的消费者，而他们的形象和消费模式带领着消费时尚和潮流，是以消费为动力的资本经济的支柱。但企业，尤其是大企业，支持同性婚姻的另外一个主要原因是企业成本。企业界认为不允许同性婚姻在联邦层次上合法化（婚姻是州的权力，而不少州已允许同性婚姻）会大大增加企业成本，并限制企业的运作（尤其国内、国外招募高层管理和高科技员工，特别是创新型产业和文化产业，它们是同性恋集中地）。研究都市发展的理查德·佛罗里达（Richard Florida, 1957— ）甚至建议以同性恋者在人口的比例去衡量一个城市的创新力。从前，企业支持"进步"是危险的，现今的危险是支持得不够快、不够响。这些企业打出的口号是用"多样化的员工"去反映整个社会和企业服务对象的群体。但是，要保证员工对企业的忠心，企业要为多样化的员工提供同样的工资和福利，不能厚此薄彼，这是他们支持同性婚姻的理由。

14. 2017 年，北美伊斯兰协会（Islamic Society of North America）年会在芝加哥举办。有两个维权组织（人权运动 [Human Rights Campaign] 和支持进步价值观的穆斯林 [Muslims for Progressive Values]）合办一个会展摊位。当大会负责人看到他们分派传单、呼吁欢迎同性恋者参加宗教祈祷和争取伊斯兰妇女平权时，马上把摊位关闭，指出他们违反了年会的"宗教、私人和家庭取向"原则。这个小事件反映了美国穆斯林与进步分子（主要是民主党）的暧昧关系。

15. 其实罗斯福也有嫌疑，但他要处理大萧条，所以他的"大作为"遮掩了"小瑕疵"，没有污了名。

16. 克林顿 1992 年拉拢同性恋群体，是为想当选；1996 年伤害同性恋群体，是为想连任。同性恋群体愤怒他签了《保护婚姻法案》，当然知道他是为了连任而苟且（讨好反对同性恋的保守分子），但仍大力支持他（因为他比共和党更能满足同性恋群体的诉求），这也是为了利益而已。除了道德问题，这样的结合肯定不会长久，因为今天的利可以是明天的弊，离离合合总会有政治成本（朝秦暮楚，公信力下降），总会动摇社会安宁（无所适从，凝聚力消失），而且往往带来经济浪费（假公济私，掏空国库）。

17. 其实，这个新民主的组合分几个浪潮。1980—1990 年代是第一浪，对象是在美国南部和西部有里根倾向（小政府）的白人劳工民主党人士。到 1990 年代是第二浪，拉票对象转移到东北地区的选民（日后克林顿当选的支持主力在此）。在 1994 年中期大选中，共和党重获参、众两院，更把民主党在南部和西部地区的势力扫光。第二浪从 1990 年代持续到 2016 年，在共和党小布什任内发生的。华尔街和硅谷的道德自由、财政保守的精英们是第二浪的代表人物。这些"中间民主派"找的支持者不再是南部的白人劳工和西部人，而是在东北、中西部和西岸地区较温和的共和党人。他们是同属左右派：左是赞成道德自由（堕胎、同性恋、环保），右是反对"大政府"和政府赤字，也可称"华尔街民主党"。但是在 2008 年的民主党总统初选时，他们却放弃了一手创建"新民主"的克林顿的夫人希拉里转去支持奥巴马，因为到那时"新民主"已经不"新"了。它的经济自由与道德自由已成为民主党的正统（可以说，"新民主"的消失其实代表它的成功），而这个民主党的正统想升级成为美国的正统。这就是奥巴马任内不遗余力去走的方向，引发出道德保守分子的强烈反应，成为特朗普当选的主要原因。

18. 这叫"共和党革命"（Republican Revolution）。从 1933 年罗斯福时代以来到 1995 年，共和党只有四年同时控制参、众两院。

19. 他的基金被人批评最甚的是不够透明。当然，凡是政治人物都会受到批评，但他的基金确实接受了不少"外国"的捐款，特别是中东国家。

20. 科索沃人把他视为圣人，为他立像，因为他在 1999 年没有拿到联合国委员理事会的批准就发动北大西洋公约国采取军事行动，去"保护"科索沃对抗当时的南斯拉夫。更有政治意义的是，从此美国定下在国际上什么是"人道"，谁违反谁就不"人道"。

21. 当然传统也在变。保守人士指的传统只是"二战"之前的共识：反吸毒、反堕胎、反同性恋等。

22. 党内的是以约翰·麦肯（John McCann）参议员为首。

23. 有别于当时差不多都要左派钦点才算的边缘群体。

24. 当然，边缘群体是多元化的，同情妇解的也可以对伊斯兰歧视，同情同性恋的也可以歧视黑人。

25. 美国近代总统当选票差（资料来自 https://en.wikipedia.org/wiki/United_States_prsidential_election，Section on "popular vote results"。由于有时有得票较多的第三候选者，作者只算第一和第二得票者的票差。）

罗斯福	肯尼迪	里根	小布什
1932 17.76%	1960 0.17%	1980 9.74%	2000 -0.51%（负差）
1936 24.26%		1984 18.21%	2004 2.46%
1940 9.96%	约翰逊		
1944 7.50%	1964 22.58%	老布什	奥巴马
		1988 7.72%	2008 7.27%
杜鲁门	尼克松		2012 3.96%
1948 4.48%	1968 0.7%	克林顿	
	1972 23.15%	1992 5.56%	特朗普
		1996 8.53%	2016 -2.09%（负差）
艾森豪威尔	卡特		
1952 10.85%	1976 2.06%		
1956 15.40%			

差额的半数是决定因素。例如 4% 的票差代表 2% 的转向。

26. 里根是美国总统中，当选前曾离婚的第一人，之后一个是特朗普。

27. 福山有先见之明，知道身份政治必会把政治弄得一团糟，早在他《历史的终结与最后一人》就谈到特朗普（也就是他当选前的 20 多年）："我在《历史的终结与最后一人》中说过民主加上市场经济是好事。因为它会像海绵一样吸纳野心人士的精力，不让他们变成凯撒大帝或希特勒。那时我提到特朗普。我们的政治制度要吸纳这些人，安定他们。当时，我们的制度好像有效。他可以做个地产商或者稍后做个娱乐圈的卖艺人。但他不满足，要搞政治。现在我们真的有问题。我们国家宪法的设计就是防止这些有疯狂野心的人升上去，用权力制衡的系统去约束他们。如今，我们的制度面临考验。"（2018 年 8 月 27 日接受《高等教育纪事报》的访问。）

28. 图 3 与图 2 很相似，主要分别是在杜鲁门、艾森豪威尔、肯尼迪、约翰逊时代（也就是 1950—1960 年代）文明的主线走向"越权社会"，反映战后一代的反叛；而文明的辅线则没有走向"贪婪社会"，反映那时的战后一代虽然反叛但仍不是自私。到尼克松之后（1970 年代后期），他们才走上自我、自恋。

29. 近几年美国总统与国会选举费用（包括直接竞选费用和所谓助选团 [Political Actions Committee] 的投入，资料来自 https://www.opensecrets.org/overview/cost.php）

第四章 文明轨迹

	总统选举费用（美元）	国会选举费用（美元）	总数（美元）
2016年特朗普当选	24亿	40亿	64亿
2012年奥巴马连任	26亿	37亿	63亿
2008奥巴马首任	28亿	25亿	53亿
2004年小布什连任	19亿	22亿	41亿
2000小布什首任	14亿	17亿	31亿

从1976年到2016年，总统竞选费用（不包括助选团）升了21倍，大幅上升是从2004年小布什竞选连任开始（也是大资本家索罗斯声称倾家荡产也要拉小布什下马的那一年）。

30. 政府与资本的勾结除了开放经济约束外，还开放大量的企业福利（coporate welfare）。以下是一些典型的例子（2014年数据，来自 https://www.huffingtonpost.com/bill-quigley/ten-exemples-of-welfare-for-the-rich-and-corporations_b_4589188.html）。

（1）州政府与城市政府为大企业提供最少800亿美元补贴。通用汽车公司拿得最多（从17个州共拿到16亿美元）。其他公司包括壳牌石油、福特汽车、克莱斯勒汽车，各拿10亿美元以上，亚马逊、微软、波音等各拿超过2亿美元。

（2）联邦对企业补贴差不多每年达1000亿美元。

（3）联邦把企业所得税从表面的35%（特朗普上任后大减）削减到实际的13%，每年为企业省了2100亿美元。

（4）对冲基金管理层的最高所得税率（15%）低于一般人（35%）。为此，政府税收每年少了830亿美元。这些人中有近70%月收入超过46万美元。

（5）快餐行业员工工资低，要拿政府救济福利，每年超过2430亿美元。

（6）住房抵押利息免税，是变相补贴房地产行业，每年高达700亿美元。直接受益的业主中超过70%的人年收入超过10万美元。

（7）华尔街救市时联邦储蓄局动用76兆美元，实算的救市成本估计为320亿到680亿美元（并未包括因要托住联邦国民抵押协会和联邦住房贷款抵押公司而用去的1800亿美元）。

（8）大企业因犯法而被罚的罚款可免税。这一方面影响政府税收，另一方面纵容企业漠视法律。大投资银行JP Morgan曾被罚款130亿美元，但因免税而省了40亿美元。

（9）税法中不断为企业与富人开路。2013年的税率给予他们670亿美元的方便。

（10）企业私用飞机补贴（每年约30亿美元）、高管层购房免税（每年约80亿美元）等优惠。

31. 最明显的是国家要保障就业（国家利益），就不得不保住"大得不能让它失败"的企业（资本利益）。

32. 1958 年的畅销书《丑陋的美国人》批评美国人不尊重别人的文化、风俗，背景是美国在东南亚的外交政策。艾森豪威尔借助这本书去重整他的外援政策，肯尼迪送每位参议员一本。有趣的是，书中的丑陋之人是个好人，而圆滑的外交人员才是真的丑陋。

第二篇

资本文明

全球资本追求"秩序"——资本支配下的秩序：蔑视劳动价值、漠视弱者求存、忽视实体经济、敌视国家意识。功利、务实的美国文化的确适合做全球资本的尖兵，但也付出了代价。为满足全球资本，美国国内失序（尤其是身份政治）、国外树敌（尤其是伊斯兰世界）。到美国精血干枯之时，全球资本就会另觅新欢。

第五章　全球资本

工业革命的内涵是生产标准化，标准化生产衍生出资本密集型生产模式，形成资本独尊。同时，资本密集型生产带来规模生产，从而引发资金需求，需要融资，形成金融独尊。全球资本是指实体经济被资本支配、资本被金融支配，而金融逐渐脱离实体经济的全球性现象，由一批散布全球、有"世界公民"意识的精英把持，以具有美国住址为他们的标签。

西方文明的未来主要是英语文明的未来，英语文明的未来主要是美国文明的未来。

现代美国文明与全球资本息息相关，互相牵动。先说全球资本，再谈全球资本与美国文明的互相牵动。

西方经济学没有明确的"经世济民"意识。它是这样定义"经济"的：分配和使用有限的生产要素去满足人类无限的物质追求。"经济学"探索的是最高效率的分配和使用。为此，经济的重点是生产与消费的效率。

生产要素是生产的投入，有三类：劳动力（体力与脑力）、资本

（工具、机器、厂房等）和自然资源（包括土地）。最显浅的演绎是人（劳动）、工具（资本）和材料（自然资源）。

分配（allocation）[1]是指每一件产品和它的生产过程中所投入的劳动力、资本和自然资源的比重。同一件产品可以用不同比重的劳动力、资本和自然资源制造出来。在经济学上，这些不同的比重叫生产技术：劳动力比重较高的叫劳动密集型生产，资本比重较高的叫资本密集型生产，自然资源比重较高的叫资源密集型生产。生产技术的选择支配着生产模式与消费模式。

何谓最高效率？生产效率[2]以生产成本衡量：成本越低代表效率越高，而生产的成本是以生产所用的劳动力、资本和自然资源的数量和单价来决定。

资本经济就是资本密集型生产的经济，也就是独尊资本的经济。为此，资本主义有两个政治意义：经济支配社会，资本支配经济。也就是在政治上，资本效益先于社会效益，在生产要素中，资本功用先于劳动力和自然资源的功用。为此，资本拥有者的权益会先于劳动力拥有者和自然资源拥有者的权益。但资本是如何变得一枝独秀的？

英国带头的工业革命的表面现象是生产方式的改变，也就是生产技术的改变。技术的改变有两个元素：发明和采用。人类会不断地发明[3]，但只有某些发明被选用，然后被广泛采用。被广泛采用的理由有很多：战争的新武器、宗教的新建筑、消费的新产品等。但在当时的英国，农业革命和人口增加保证了消费能力（市场），发明与创新的动力来自降低生产成本（参看上卷第四篇有关工业革命的讨论），阿克赖特的工厂制度、瓦特的蒸汽机都如是。可以说，降低生产成本是发明和选用特定生产技术的决定性因素。在当时的环境中，采用什么生产技术才会降低生产成本？分工与集中。这就是亚当·斯密的理论（分工）和阿克赖特（集中生产）的实践。但要有一个先决条件——标准化。标准的产品和标准的生产过程才可以分工和集中生产。工业革命的基本属性就是标准化。

前面说了，生产要素有劳动力（人）、资本（工具）和自然资源（材料）。劳动力来自人的体力和脑力，脑力很难标准化，体力会有些可能，因此，标准化的生产会聚焦于机械式的劳动力——简单和重复的体力工作。自然资源，包括土地，是天赋的，没有标准不标准。但资本（工具）就完全可以标准化。因此，标准化生产就自然而然地走上了一种依赖机器和机械式劳动力的生产模式。当然，机械式的劳动力也代表劳动力会越来越可以用机器取代。结果，机器支配生产模式，也即是机器拥有者（资本拥有者）支配生产模式。资本拥有者，自然想在产品和生产过程中把资本的比重（特别是相对于劳动力）提到最高，以取得最大的回报，这就是使用资本密集型的生产技术。可见，标准化衍生出资本密集型生产。资本密集型生产有两个逻辑：（1）先把劳动力机械化，继以机器取代之；（2）通过资本的累积（机器不断增加），资本拥有者的回报可以无限增加（只要产品的需求不断）。因此，资本拥有者有掠夺倾向和掠夺能力。可以说，英国工业革命的内涵就是通过生产标准化去降低成本，产生出资本独尊的局面。那么，这个经济模式是怎样成为全球模式的？

维多利亚女王时代（Victorian Era，在位期1837—1901）是大英帝国的巅峰期[4]。从击败拿破仑（1815年滑铁卢一役）到普法战争结束（1870年，普胜，法败）的半个世纪中，英国收获了率先工业革命的果实，成为世界唯一的现代化工业国家，成为"世界工厂"（workshop of the world）。与其他国家相比，它的工业制成品质是最好的，量是最多的，价钱也是最便宜的，因此最受欢迎。法、德（前普）和美国的国内市场中，英国货占了一半。

但经济的内涵也开始改变。工业革命的第一阶段是工业家取代商人，这是18世纪末到19世纪上半期的事情。到了19世纪下半期，金融家支配工业家，金融资本主义取代工业资本主义，工业的资产落入不直接从事生产的金融家手里。这现象也是英国带头，美国紧随。为什么会出现这个现象？我们回头看看工业革命的基本属性——标准化。

标准化非但是分工与集中生产的先决条件，也是规模生产的推动力，因为规模效应会更进一步降低成本。但是规模生产需要更大的厂房、更多的机器，也就是更大的资本。资本哪里来？融资。融资是找钱（资金），然后用钱去买或造厂房、机器（资本）。而资金的数量、条件、期限等肯定会支配生产的运作，也就是资金利益支配实体资本的效率。

融资的渠道有两个：借债和招股。借债的发债券，招股的发股票，然后通过中介去找人购买。发债券、发股票叫集资；买债券、买股票叫投资。15世纪开始的"大发现时代"，欧洲人往亚、非、美洲扩展，大大提升全球性的商业活动。商业的借贷越来越成熟，出现"中介"。初期是为商人之间结账、转账，慢慢开始做融资业务，也就是作为借方与贷方、招股与入股的中间人。

融资者就是筹措（融）资金（资），引发出资本市场（capital market），这一"资金供应者"与"资金需求者"做买卖的地方。他们买卖的不是实体资本（机器、工具、厂房），而是资金（债券、股票等一切与金钱有关的证券）。投资者（资金供应者）把资金的"钱"投资于生产者（资金需求者）的运作而赚钱。他们之间的中介就是融资者（银行、财务公司、投资公司），他筹措别人的钱去供生产者使用，从而赚取服务费、佣金。

债券与股票其实是种凭据：某人答应在某时按若干利息去赎回债券；某人答应按时给股票持有人发若干红利。买了债券或股票之后，一般人会有两个考虑：这张债券或股票的风险有没有改变？自己有没有用钱的需要（包括用来买别的债券和股票）？为此，会出现转卖债券与股票的情况，转卖的价钱要看其他人对该债券与股票的评价。所以，债券与股票都叫有价证券。它有永不变化的票面值和不断变化的市场价。也是通过中介在证券市场上交易。这是金融业的基本功能。

金融怎样主宰了经济？第一次工业革命是1780—1820年以煤为能源、蒸汽机为动力的生产方式革命；19世纪下半期开始以石油为能源、以内燃机为动力；跟着是电力与化工。在这些新能源与新科技的领域中，英国的第一优势没了，德国、美国开始超越它。在竞争的压力下，英国要创新。它把筹码押在资本的组织上。为了消灭竞争对手、掠夺市场，英国推出企业合并和联营。这当然涉及发行和交换债券、股票，大大促进了金融业的发展。这些资本组织的创新增加了实体经济的产量、降低了成本（美国稍后会青出于蓝），但产量增加也逐渐超过了国内和海外贸易势力范围区内的需求。19世纪中叶，经济开始不稳定。长时期的低价薄利开始把资本家的视线从国内生产转移至海外投资。金融业渐成经济主导。

这里要谈谈债券、股票买卖的逻辑。关键是风险。任何的债券、股票都有风险[5]。发债券、股票是为了融资，融资是为了生产，生产是为了赚钱，赚了钱才可以按时还债或多发红利。无论是工业或商业，一个企业的风险与赚钱永远是正比。风险越高，赚钱可能性越高，反之亦然。买债券的，也就是投资者，也是这样计算的：高风险企业的证券，回报也高，反之亦然。当然他也要考虑企业的风险也是在不断变。投资其实就是处理风险与回报的平衡。不同的投资者追求不同的风险与回报平衡点，对风险也会有不同的评估。一个典型的处理方法是"中介"会把不同的证券缚在一起去创造证券组合，代表不同风险程度（高、中、低等）和风险特征（科技风险、政治风险等），好让投资者按其不同的风险与回报平衡点去选择买或卖。这些都叫金融产品，也可以通过中介在证券市场交易。

当然，有价证券不单是债券、股票，金融产品也不只是形形色色的债券和股票组合。债券、股票是企业用来融资的，但投资者感兴趣的不单是企业，凡是有回报的他都会考虑。农产品、矿产品（commodity）的价格，期货（futures contract）的价格，货币的兑换率（exchange rate），证券市场的指数（index）等都可以作为投机买卖的对象。买卖的合同也是种证券，这些合同也可以缚成证券组合，也叫金融产品。整个金融体制在17、18世纪成形，这个体制后面是商业社会的逐利意识和借贷行为，这点从未改变。于是，凡金融产品都可以不断整合、分割、缚捆，在证券市场交易。到此时，金融产品里面包藏着企业的资产与风险已无法追踪。通过不断的买卖，金融产品好像有了自己的生命。金融的运作与融资的功能好像越来越脱节了[6]。

在理念上，工业革命通过标准化生产使资本（机器）独尊，资本遂支配了生产。扩充生产就必须扩充资本；扩充资本就需要融资（资金），于是资金（钱）支配了资本（机器），继而支配了生产。在道德上，以钱（资金）赚钱（从别人的生产而拿取资金的回报）从被鄙视到被接受，再到被膜拜。在形式上，金钱从交易媒介和储值媒介变成一种具有自身价值的货品（资金），出现买卖的市场，叫金钱市场（money market，也译作货币市场）。在这市场里，买卖的货品是金钱及其代用品、衍生品[7]。金钱的价格也按金钱的供求逻辑而涨落。

再回过头来看历史。从1870年代开始，金融业对经济和政治产生了史无前例的支配力。英国政府越来越关注英国资本家的海外投资，特别是购买外国政府的国债，也就是借钱给外国政府作发展资金（发展铁路是当时最大的资金方向）。商业全球化开始转型为金融全球化。

当初，英国对殖民地的态度是很宽松的，有点既来之则安之的心理。当然仍是以商业利益为主，但并没有"帝国"的野心。但随着实体经济的下滑，英国资本家的海外投资不断扩大，而投资地区又不安定（例如埃及与苏伊士运河），越来越需要政府用武力去保护。再加上1871年统一后的德国野心渐显，英国遂走上强势帝国之路。欧洲其他国家正在追赶英国，怎能让它独霸天下？第一次世界大战终于爆发，由殖民帝国主义带头的全球化结束。"一战"与"二战"之间的二十多年是"一战"后遗症的疗伤期。之后是美国带头的全球化。美国与英国同是资本主义国家，但青出于蓝，或可以说变本加厉。

南北战争结束后，美国的工业化才算是真正的起步。那一时期被马克·吐温（Mark Twain，1835—1910）称为"镀金时代"：一方面是前所未有的自由竞争，发挥了前所未见的经济活力；一方面是前所未有的弱肉强食，制造了前所未见的投机（尤其是土地开发）、政治腐败、商业失德。到了1880年，美国开始超越英国，这是美国爆炸性发展时期。

19世纪末、20世纪初的美国工业产量和人均收入仅次于英国。空前的移民潮⁸大大增加了美国的经济活力。这是个经济抢掠的时代，出现了所谓"强盗资本家"，洛克菲勒、摩根等是代表人物。这些大企业家、大财阀代表着"美国精神"⁹：不断的竞争，无止境的追求，而且往往是只顾目的，绝不考虑别的人和别的事。当时的商业道德观念松弛得很，暴力、贿赂、欺诈，比比皆是。但当时的美国人对这批人却崇拜得很，因为在这个移民的国家里，这代表人人都有机会发大财。这批人物财雄势大，支配着政府。在阶级流动比较慢的欧洲，知识分子一般看不起商人，但在阶级流动性强的美国，大部分人都拥护赚钱，认同商业风险和刺激，赞许商业成功带来的名利和生活享受。

19世纪末到"一战"结束是美国的"进步时代"（Progressive Era）。这是个颇复杂的时代：对内整顿经济秩序，对外扩充美国疆土。在国内"进步"，但在国外却走上"帝国"之路。首先是美西之战（1898年），抢夺西班牙的殖民地，包括巴西、波多黎各和菲律宾。继是在1900年国会通过"门户开放政策"（Open Door Policy）向中国施压，要求自由贸易。这是美国霸业的奠基时期。强盗资本家时代为美国创造了强大的国力。

美国介入"一战"，投入大量物资，是盟国战胜的关键。¹⁰ "一战"之后，美国进入自闭阶段（Isolationism，又称孤立主义）¹¹。但同时，美国经济与军事力量却不断增长。对外关税，对内减税，每年以巨额盈余大幅度偿还国债。1920—1929年是"咆哮20年代"，特别是汽车业的发展，刺激了石油、玻璃、筑路等工业，并带动以小汽车为主导的旅游和购物。大小城镇高速发展，建筑业蓬勃兴旺，除了农业外，一片好景，直到股市崩溃。

1929年10月9日，股市大跌，美国乃至全世界都进入大萧条。

1933年罗斯福登场，扭转颓势，打出"新政"：增加政府投资（包括赤字投资），发动大量基础建设。基础建设为日后美国的经济腾飞创造了条件。

当初"一战"开始时，英国仍是大的债权国，伦敦仍是世界金融中心。但到了"一战"结束，英国经济衰退，1929年的大萧条开始，英国被迫放弃黄金本位的货币，又放弃自由贸易，采取保护政策（这也是当时各国的政策），经济从此一蹶不振。1939年，纳粹德国攻入波兰，"二战"开始。英国实行外汇管制，又决定花掉其黄金和美元储备向美国购入军火、物资和工业机器。到1940年中期，英国的出口比1935年低三分之一还多，国库濒临枯竭，就要破产。美国于1941年初通过《租借法案》（Lend-Lease Act）供应英国物质，战后归还。

美国在战时已开始注意战后发展，决定要打开从前没有自己份儿的市场，尤其是英镑贸易区（Sterling Bloc）。《大西洋公约》（Atlantic Charter）在1941年签订，布雷顿森林体系于1944年成立。在这些国际机构中，美国占的股份和发言权最大，渐渐取代了英国的霸权。

"二战"刚结束，美国马上终结《租借法案》并要英国还钱，这一招使英国措手不及——英国原以为美国会把法案维持到其经济开始复苏。那时，英国财政紧张，物资短缺，实行配给制，非但没有能力赔债，还希望能向美国多借一些，来重建"二战"破坏的基础设施。跟美国谈判借款的效果极差，附加条件特别苛刻：英国要在一年内解散英镑贸易区，开放给美国进入，两年内完成英镑的自由兑换。从此，英国国势日缩，美元成为最有力和最安全的世界货币。

美国称霸，其实是资本主义称霸。资本主义的动力是资本的增加与积累，这带出一个怪异的经济模式。经济的实体是人类的衣、食、住、行。在这个实体经济（物质经济）里，要增加和累积资本就要增加消费。因此，资本主义的生产和延续需要一种强调消费的经济。如何加速和扩大消费？产品日新月异，转眼过时；少数人的奢侈品马上变成人人的必需品；产品损坏不能修整，必须更换；产品用旧不能翻新……这些都是消费经济的特色。消费经济带来消费文化：追求时尚、喜新厌旧、用后即弃、崇尚奢华。消费文化产出消费文明，消费力成为个人价值的衡量——有钱就是有社会地位，不管钱是怎样得来的；价钱成为货品质量的衡量——贵的东西一定好，不管合用不合用。结果出来了个笑贫不笑娼的功利世界，一个骄奢淫逸的浅薄社会。自古以来，人的经济地位来自生产，如今，来自消费。

如今，资本家不再是从前的财阀，而是职业的"资本管理者"。财阀们会受个人的好恶左右，不一定按资本主义的逻辑行事，但资本管理者就只是打工，他们在打工中忠于抽象的资本主义意识形态。全球几千个最高层的资本管理者，其世界观和伦理观比他们同文同种的同胞更加一致。他们不自觉地定义着全球人类的生命意义，支配着全球人类的生活素质。

这是实体经济的情况，金融经济更甚。怎样去增加和累积？答案跟实体经济一样——增加消费。增加金融产品（金钱、信贷、金融衍生品）的消费自然会增加金融产品的生产（增加金钱供应、扩大信贷范围、创造金融衍生品），生产与操作金融产品所带来的利润就会累积起来。

在实体经济中，金融中介的经济职能是融资，是市场促进者（market facilitator），促进的是实体经济的市场。但在金融经济中，中介是市场创造者（market maker），创造的是金融经济的市场。金融市场中很多产品几近无中生有：首先是在有价证券如股票、债券、借据中东拉西扯，把风险大小不同、资产厚薄不一的混在一起，组成一件件的产品。然后把产品与产品再度组合、分割，去衍生新产品。谁都不知道这些不断衍生的产品究竟风险多大、资产多少。

当然，这些创造市场的中介会请专家评估风险、评估资产（有时候中介自任评估），去证明产品可靠。从金融产品消费者的角度去看，这些中介与评估都是有头有脸之辈，定然可靠。而且，产品一出台就好像有升无降，于是什么风险都放在脑后，唯恐失去跟风机会，于是一片热潮（当然，一旦下跌也是人心惶惶，唯恐逃得慢）。金融中介不做买卖（起码理论如此），而是从金融产品买卖中赚佣金、收服务费。因此，从他的角度去看，金融市场就像一个取之不尽的聚宝盆，因而他们会不断推出新产品、开拓新市场。金融经济渐渐成为整个经济的支柱。当然，一旦供过于求，市场一定下滑；但中介们都是名人巨子，而金融业又是经济支柱，政府唯有救市。结果损失的还是纳税人。个别中介或会有损失，但作为一个经济阶层，金融中介可以安枕无忧。这样的生意怎会不吸引人？

人类早有求财之心，在西方只是因传统与宗教约束才隐伏千年，宗教改革后开始释放。但还是等到工业革命之后，实体经济飞速发展，融资中介逐渐发达，才发现了这条新财路。如何加速和扩大金融产品的消费只是近百年的事，到近几十年才成洪流。这是怎样发生的？全赖金融产品的大众化、普及化。通过产品价格零售化，谁都可以玩得起，参加的人自然多了。通过产品式样简单化，谁都可以明白（虽然绝大多数人不是真懂），参加的人自然信心十足。产品的吸引力强，本少利大，而且赢钱的机会不断，一玩儿自然上瘾了。一下子，金融产品的消费上升了千万倍,中介们怎能不赚得盆满钵满!但是金融经济的消费与实体经济的消费有一个关键分别。实体经济的消费是衣、食、住、行用品,是物质性的,消费形式和数量与人类生存或多或少有直接关系[12]。金融经济则不然,它消费的是金融产品,是以钱赚钱的产品。消费些什么、消费多少,差不多完全是由心理推动。

消费者大多数都知道在长期范围内是输多赢少。但是,在短期内,甚至在片刻里,那种赢钱的满足、等待揭晓的亢奋、好胜逞强的爽意都给人难以形容的快感,令人上瘾、迷恋。资本主义的金融市场确是西方自由主义的俏女儿,在它的拥抱中你觉得自由极了。而且,奇妙得很,金融市场的反复无常是它最大的吸引力,倾倒众生。输掉的马上忘却,翻身之念马上涌起,对赢的憧憬永不消失。难怪这么多人拜倒在其石榴裙下。

做一下小结。在实体经济中,资本累积引发消费经济,带来消费文化和消费文明。消费文明不能持续,因为生产资源的开发终会追不上消耗。结果有两个可能:消费放缓(也就是累积放缓)或生产力枯竭(也就是资源短缺)。这是物质上的干枯。在金融经济中,资本积累(以钱赚钱)仍有赖消费,但消费的是金融产品。扩大金融产品消费就是把复杂、隐晦的金融产品大众化,利用贪婪、亢奋和逞强的心理来推动市场,但这些心理也导致市场的无常。[13]反复不定、行险侥幸的心态遍及整个社会。这是心理上的疯狂。物质干枯加上心态疯狂,就是人类沉迷资本主义的代价。

再谈谈全球化。全球化主要是经济全球化,经济全球化主要是资本全球化,资本全球化主要是金融全球化。

全球是个空间理念。全球化是指经济关系、社会关系、政治关系、生态关系的空间组织在延伸、加密、加速、加大。作为一个现象，就是世界越来越小、距离越来越短、事物的移动越来越近、事物的互动和互相影响越来越易。

西方学者们认为全球化自古已有。公元前的苏美尔文明和印度文明已有贸易往来，跟着是以希腊文化为轴的商贸从西班牙延伸到印度、非洲，再有丝绸之路贯通了中国、印度、波斯、阿拉伯和欧洲。除了商业以外，各地亦有文化交流，包括宗教、言语、艺术、科技。19世纪的"大分流"（The Great Divergence）[14]，西欧开始超前（起码在经济方面），海洋帝国兴起，葡萄牙、西班牙在先，英格兰、荷兰在后，都有浓厚的扩张色彩（典型是英国和荷兰的印度公司）。

到了19世纪，生产标准化的工业革命带来规模效应，人口急增创造需求，运输革命开启大规模的国际贸易，帝国主义塑造全球化新模式。"一战"中断了好几个帝国[15]的全球霸主梦；大萧条是全球经济与政治调整期。"二战"结束，全球霸权落在美国手中（虽然与苏联分庭抗议）。这是现代全球化的起点。

1970年代开始，廉价空运、货柜海运大大提高了国际竞争。中国的改革开放从农村开始，但很快就转向出口，带动"供给链带"革命性的全球化，延伸出全球资金流动加速。1980—1990年代，跨国的经济活动激增，尤其是生产链条的全球化；1989年开始的苏联解体增加了国际间的接触范围和频率；1990年代的电脑和低价互联网削减了信息和通信成本，大大推动了全球化。

"二战"之前，国家仍能支配（控制）资本，"二战"后是反过来，资本支配国家，而且越来越严重[16]。信息发达（互联网、24×7的市场），加上不断的放宽约束（从里根到克林顿），金融衍生品终于泛滥全球[17]。美国成为全球化的唯一警察，并毫无保留地推销全球资本。

全球化可分几个领域，但归根结底是经济；而经济的底下（或上面）是钱。

1.经济。国与国之间的经济（消费、生产、金融）整合增加，引发出一个全球的市场（也有称之为"单一的世界市场"，one single world market），也就是竞争、科技、企业、工业都是全球性的。特别值得注意的是发达国家和发展中国家的整合（包括直接投资、降低贸易壁垒、改革经济体制、外包生产链条、生产与消费标准的国际化、移民等）。

2.文化。通过互联网、影艺传媒和国际旅行，文化和文化消费走上全球化。虽然在理论上，文化交流是双向行车，在现实中也会有来有往，但总的来说，西方国家，尤其是美国，是文化出口国。有人甚至说，文化全球化其实是美国化。美式文化的特色是"身份"的定位（identification）和创造（formation of identity），反映美式的"身份政治"和"表现型个人主义"（expressive individualism）。

3.政治。"国家"意识和重要性削减。全球性、地区性（几个国家）、多层次（包括国内与国际）的政体出现，还加上形形色色的非政府机构（Non-Governmental Organizations，NGO，可以是有关环保、人权、慈善、慈善与商业的结合，如盖茨基金会）。在这些现象之下是"全球公民"（global citizen，与"世界公民"［world citizen］同义）的理念[18]和"全球政府"的方向[19]。先是经济扩张和发展，继是民主的全球化，最后是建设全球性的政治架构。

全球化的拥护者希望通过一个"世界公民"认可的社会公约去处理人类互依、互动的权利与责任，也就是超越（甚至废止）过去依地缘政治（geopolitical）划分出来的不同国籍的公民身份。这个泛世

（cosmopolitan）社会的关键特征是包容：来自不同位置（地理区位、经济等级、社会地位等）的人虽然有不同信念（政治、宗教、道德等），但在互相尊重的基础上建立起一个包容性的道德观、一套普遍性的经济关系和一个包罗不同国家的政治架构。他们指出，"冷战"以后的美、俄安全合作是个惊喜[20]。环境保护、气候变化、省源节能、防疫病扩散等的合作都是走向全球化。在他们心目中，这个全球化以英语世界（以美国为主）的经济、社会、文化和政治意识为导向。

从1960年代的传媒大师马歇尔·麦克卢汉（Marshall McLuhan, 1911—1980）到差点成为美国第一位女总统的希拉里，都用了一个非常传统和充满人气的词——"地球村"（Global Village）[21]，但讽刺的是，这些进步人士却把传统的"村"批判为狭窄、桎梏和偏见。在这个进步和包容的"地球村"里没有道德标准，只有资本逻辑。又或者说，资本逻辑（自由逐利）就是道德标准（包容一切）。

在理念上，国家资本与全球资本是一致的——无约束地逐利。但在运作上截然不同。国家资本不能容忍国内地区与地区之间的界线（追求资本全国化），全球资本不能忍受地球上国与国之间的界线（追求资本全球化）。国内资本成熟后一定会走向全球，这是资本运作的不变逻辑。

在全球化的社会里，政治会聚焦于全球资本精英关注的事情。但他们的意识形态又与普罗大众关注的事情脱节。结果是普罗大众的事情或会有激烈的辩论，但不会有任何解决。资本精英是特殊的群体，不受普罗大众的问题干扰，如工业衰退、失业增加、中产衰落、穷人增加、犯罪增加、贩毒增加、城市危机等。因此，全球化引发了强烈的反应，主要聚焦于：（1）反公司主义和消费主义[22]，（2）全球性的不义和不公[23],(3)环保问题[24]。反对者攻击的对象主要是世界银行、国际货币基金组织、世界贸易组织、经济合作与发展组织,最大规模的示威是1999年的"西雅图之战"[25]和2011年的"占领华尔街"运动。

全球资本引发的全球性两极分化是个复合性的复杂现象,最惨的是发展中国家的劳工。这要用一条从发展中国家的劳工到发达国家的劳工,到发达国家的资本精英,到发展中国家的资本精英,再回到发展中国家的劳工的链条来演绎。(1)发展中国家劳工的低薪工人间接补贴了发达国家的低薪工人,使他们能够买到较廉价的消费品,也就是使他们可以忍受低薪。消费文化使发达国家的低薪工人对资本精英的奢华羡慕和向往;自由经济宣传的机会均等神话使他们对资本剥削虽有反感,但没有反抗。(2)发达国家的低薪工人为资本精英创造财富,但他们应得的份儿则被资本精英在廉价消费品的掩护下抽取了。(3)发达国家的资本精英吸引发展中国家的资本精英去学习他们的赚钱方法,效法他们的消费模式。(4)发展中国家的资本精英崇拜发达国家资本精英在全球资本精英俱乐部的高级会员地位,拼命模仿和高攀。他们吸纳了发达国家资本精英的文化,但没有发达国家资本精英的传统约束(包括宗教意识、社会架构和道德标准,尤其是有关劳资关系),于是就毫无约束地剥削自己国家的劳工,去为自己发财,早日登上全球资本精英俱乐部的顶层。这就是全球资本体制下劳资之间的"生态链带"。这能持续吗?

经济、文化、政治的全球化归根结底可追踪到资本全球化,而资本全球化早已演变为资金全球化,也就是钱的全球化。实体资本早化成一张张的证券,甚至是"云端"上的电子,在全球无障碍流转(相对于劳动力的有约束、有限度的流转），资本精英对劳工的剥削（无论是在发展或发达国家）就更升级，两极分化就更加速。随着资本（资金）的无障碍流转，发达国家与发展中国家的资本精英越来越"同化"——服务资本、追求效率。美国资本精英与中国资本精英之间的文化共识大于他们各自与自己同胞的文化共识。他们追求的是个人或个体的经济回报，而不是"经世济民"。爱国资本家或有，爱国资本绝无。

资本文化的"成功"不是资本精英的阴谋。工业革命以来，人类追求物质，舍弃精神，甚至不认为有精神追求这回事，一切以物质挂帅。从这个角度去看，新教伦理成功了。韦伯恐惧的"冰极寒夜"[26]终于来了。在五光十色的花花世界里其实是冷漠的个人主义，但人类还以为这个虚幻的世界才是文明的最高峰。从发达国家的资本精英到发展中国家的低薪工人，好像都迷上了这个人尽可夫的全球资本。它答应发达国家的资本精英，如果他们放弃狭隘的国家观念去做它的裙下之臣，就可以囊括全球的财富；答应发展中国家的经济精英，如果他们接受发达国家的资本文化就可以做它的面首，早日成为全球资本精英俱乐部的高级会员；答应发达国家的低薪工人，如果他们乖乖服从资本的逻辑就或可以得到它的青睐，在它把持的逐利社会里，有能力、肯努力的都会有出头机会；答应处身苦境的发展中国家的低薪工人，他们虽然是它的奴隶但它保证他们有饭吃，而且水涨船高，精英赚大钱奴隶也会多点油水，不做奴隶就恐怕连饭都没得吃。所以不要无谓抱怨、喊冤，更不要搞革命，不然它绝不留情。

现在为全球资本做个定义：它是个实体经济被资本支配、资本被金融支配，而金融逐渐脱离实体经济的全球性现象，由一批散布全球、有"世界公民"意识的精英把持,以具有美国住址为他们的标签(起码今天如是)。除了经济精英的身体力行外,还有文化与学术精英为它辩护、宣传和镀金,而政治与社会精英则护卫、推动和拓展它。作为一种文明现象,全球资本是有序的自私,也就是有序的掠夺,在某种意义上表现为一个全球性自私(逐利)苟合的"营私社会"。但这种文明需要并产生一个全球性的权力架构去支撑和维持它,表现在一个全球性逞强(谋权)苟合的"朋党社会"。

全球资本不是个"谁",而是个"什么"。用个隐喻:它像病毒。病毒是一个依靠宿主的细胞来繁殖的类生物体,以多种方式传播,一般是通过体液或接触。在感染宿主的细胞之后,病毒就会迫使宿主细胞以很快速度去制造、装配大量与它相同的拷贝,但不像大多数的生物体,病毒不会有细胞分裂。新的病毒是在主体细胞内生产、组装的。病毒有基因使其具有变异和进化的能力。同样地,资本意识感染人类社会,不断地繁殖,并通过变异和进化去适应不同的民族和文化。其终极走向是全球性的朋党营私。

注:

1. 西方经济学的术语,是有关生产要素的部署和使用(聚焦于效率),而不是有关利益与财富的摊分(聚焦于公平)。

2. 这里我们聚焦于生产。但除了生产效率之外还有"消费效率"和"消费选择"。"消费效率"是以一定的消费能力能买得的物质满足去衡量:满足越大,效率越高。这是由消费者按他的消费能力在消费类和消费量上面的取舍(也就是消费模式)而决定的。"消费选择"是以选择的多寡去衡量:产品种类与消费模式越多,效率越高。"消费选择"是生产效率与消费效率达到最高水平后的生产与消费创新所引发的。

3. 包括硬的发明如工具、器材和软的发明如组织、制度。

4. 英国在亚洲、非洲拥有庞大的殖民地和势力圈。印度是大英帝国"皇冠之宝珠"(Jewel of the Crown),直到19世纪中期都是由东印度公司(商业组织)统治,1857年的印度兵叛乱后才由英国政府直接管理。1877年,维多利亚更增添了"印度女皇"称号。1882年,英国进攻苏伊士运河,埃及成为帝国附庸;19世纪末期,又占领了非洲大部分。在亚洲,它拿下了缅甸和新加坡,但势力却覆盖整个东南亚。在这个黄金时期虽然差不多每年都有战事,但大多是小规模的殖民地战事。较大规模的只有对俄的克里米亚战争(Crimean War,1833—1856)和南非的布尔战争(Boer War,1899—1902)。

5. 包括治理(governance)、科技(例如创新的科技)、政治(例如政局的不稳)、管理(例如企业管理层的变动)、合规(legal compliance)、战略(strategic)、运营(operational)、声誉(reputational)、财务(financial)、市场(market)、国家(country)、自然(nature)等风险。

6. 当然,19世纪的金融产品与21世纪的大大不同,但道理仍是风险的买卖,而买卖的投机性(短期考虑)则越来越高、投资性(长期考虑)越来越低,卒变成"赌场",这是后话。

7. 金钱当然包括货币、银行里的活期存款、发行支票等显而易见的"钱",但更有那些庞大千万倍的货币市场基金(money market funds)之类的金融衍生品。以资本主义龙头大哥美国为例,金钱供应包括:(1)M1是银行钱库之外的货币、旅行支票、活期存款,以及中央银行的流动货币;(2)M2是M1加上银行和金融公司客户的储蓄存款、低额定期存款、退休金存款;(3)M3是M2加上高额定期存款、欧元存款、美国银行海外分行的美元存款,以及货币市场基金。M3是个巨无霸,尤其是那些形形色色的"货币市场基金",包括商业票据(commercial papers,银行或大企业为偿还当前债务或应付短期开支,以银行或企业的信誉保证的借钱证书，保证定期内本利清还）、回购协议（repurchase agreement，借方以资产，也就是有价证券或其他资产，作为抵押品去借钱，协议期满之日以议定的价钱赎回抵押品，这是由典当交易演变出来的理念）、短期债券（short-term bond，通常不超过一年的短期抵押贷款和资产担保证券）、货币基金（money-funds，投资大户，特别是退休基金、公积金之类的组织集合多种货币市场证券而成之基金，是最大笔的"金钱"）。

8. 估计1875—1920年，来自东欧和南欧移民达2100万人。

9. 摩根（J.P.Morgan，1837—1915）是典型。他的私生活和做生意方式都令人触目。他豪赌、奢侈，但同时又是主教制教会（英国国教高教会在美国的流派，有贵族气味）的热心教友，也是世界知名的艺术品收藏者。相对的有洛克菲勒（John D.Rockefeller，1839—1937）和福特（Henry Ford，1863—1947）。他俩则完全是清教徒本色，虽是富可敌国，但仍有小镇居民的价值观和生活方式：上教堂，做善事，相信事业成就与个人道德有关。他们的后人建立了美国最大的私人慈善机构。

10. 欧洲战事的残酷、政治的愚昧（相对于美国资本主义的务实）、诸国之间的历史和民族怨恨、社会制度的保守，都是美国人难明和难忍的。要牺牲美国利益和美国人生命去处理欧洲"理还乱"的国际关系，美国既没有兴趣也没有能力。

11. 国会甚至拒绝加入由美国总统威尔逊亲自倡议的国联（League of Nations）。

12. 到了物质比较充裕时，消费就带上心理上的需求，衣、食、住、行都变成了享受，自己的喜好、与人的比较等逐渐成为消费类别和消费数量的考量，但仍不能完全脱离人类生存的实质需要。

13. 实体经济里，衣、食、住、行的消费含有一定分量的生存所需、生理要求，因此供求的循环还有一点蛛丝马迹。在金融经济里，每个人都有不同的心理状态和心理需求，而且这些状态和要求也在不断随时变化。再加上不同人对市场又有不同的认识，因此金融产品的供求和价格根本没有恒律。表面看来还有所谓蓝筹、热门，但瞬间会因为某些"消息""流言"而大涨大落。

14. 芝加哥大学历史学教授肯尼斯·彭慕兰（Kenneth Pomeranz，1958— ）在2000年出版《大分流》一书来解释西欧与北美超越中国、印度和伊斯兰世界。一般学者把源头追踪到18世纪英国开始的工业革命，也有追踪到更早的文艺复兴、发现新大陆、商业扩张、科学革命和启蒙思想。大分离的最高点是"一战"时期到1970年代，接着是20年左右的高高低低，然后就是"大聚合"（The Great Convergence），第三世界国家的经济水平追近第一世界国家。

15. 德意志、俄罗斯、奥斯曼、奥匈等帝国。

16. 在全球资本下,国家(政府)的存在有两种演绎。(1)国家根本没有存在的意义。国家的存在是为保证"国泰民安"。但如果国泰和民安都是以资本利益(全球资本利益)来定义和衡量的话,全球资本的利益就变成这个国家的利益。美国通用汽车公司的总裁查尔斯·欧文·威尔逊(Charles Erwin Wilson, 1890—1961)在1953年说过一个名句:"对国家好就是对通用汽车公司好,反之亦然。是没有分别的。"这是典型资本支配国家,推而广之,"对全球资本好就是对国家好"。国家还有什么意义?充其量是全球资本中的一个利益主体而已。但这里要澄清一下:这句话是公司总裁被艾森豪威尔提名为国防部长时,在参议院作供说的。他的原文是"多年来我以为对国家的好就是对通用汽车公司的好,反之亦然。我们的公司实在太大,它与国家的福祉息息相关"。(2)国家是全球资本的阻力。有史以来国家就是如此。国家界线肯定不利于资本流动而资本自由流动是全球资本的基础逻辑,全球资本的发展过程其实就是资本(资金)全球流动加速、加密。为此,国家界线是最大敌人。

17. 金融业赚钱不在金融产品市场价格的升降,而是在交易频率带来的佣金。为此,金融业不遗余力地去扩充产品类型。

18. 一个超越国家、寡头企业、有政治意识的非政府机构、政客的圈子和黑社会的全球民主理念。

19. 一个团结各国、反映全球的政治与经济平衡,而不逾越国家政府的权威的全球性政治架构。

20. 如:《战略性武器削减条约》(Strategic Arms Reduction Treaty, START Ⅰ, Ⅱ, Ⅲ 与 New START);北约的《和平伙伴》(Partnership for Peace);G-8的《全球伙伴》(Global Partnership);大规模杀伤性武器(Weapons of Mass Destruction, WMD)的扩散;美、俄的反恐协议;等等。

21. 克里斯托弗·拉什(Christopher Lasch, 1932—1994,美国历史学家和社会评论家,属保守分子)认为全球化创造了新精英(在美国是指收入最高的20%)。由于全球化下资金完全自由流动,这些新精英与其他人不是生活在同一个社会里。他们不想做19、20世纪的老资产阶级,因为这些老资产阶层仍然摆脱不了空间上的根和对所属社团的责任;他们要在自己的国家内像"游客"。无国界的商业使他们自视为"全球公民",不愿意接受一个国家政治体制内的公民责任。他们的国际性文化(包括对工作、闲暇、信息方面的意识和行为)使他们对一个国家(包括自己的国家)的衰落毫不关心。他们不会把钱放在公共服务或国家财政上,而是放在改善自身的环境里,例如住在封闭式的社区、送子女上私立学校、组私家的警察队伍等。他们撤出"共同生活",也不想做社会的主人,因为主人要承担责任。由于他们是全球资本和信息流动的控制者、慈善机构和高等教育的供给者、文化产业（如传媒、艺术、娱乐）的管理者，因此他们控制政治议程，虽然不一定控制政治决定（因为仍有一个民主形式从中作梗）。

22. 公司主义（corporatism）代表一种迁就企业利益而非人的利益的经济模式。反企业主义的焦点是大企业对消费者的待遇。消费主义（consumerism）鼓励个人聚积货品和服务，从而推动全球化。反消费主义是个社会运动，反对以购买力和消费量去衡量人的幸福，认为物质主义与全球性的消费扩张是相连的，与战争、贪婪、无聊、犯罪、环境恶化以及整个社会的弊病也是相连的。

23. 反对者认为全球性的经济整合是全球性不义和不公的祸首。他们不承认是反全球化。他们支持通信的全球化，但反对企业势力全球扩散。他们认为虽然国与国之间的 GDP 和 GINI 系数的差距在缩小，但在个人层面上，收入的不均持续增加（就连传统上比较公平的德国、丹麦和瑞典也如此）。最高收入的 10% 的人的收入持续增长，最低收入的 10% 的人的收入持续减少。

24. 反对者认为跨国界的空气污染、海洋污染、生态破坏、社会不安都是由于在全球化下穷国的资源系统性地转移到富国手里，富国的污染系统性地转移到穷国。

25. 1999 年 11 月 30 日，世界贸易组织在美国华盛顿和西雅图召开部长级会议，启动新的贸易谈判。超过 4 万人示威抗议，是美国境内抗议经济全球化的最大规模示威，以工会、学生组织、宗教团体为主力，另外还有少数无政府分子。警察没法控制局面，会议开幕式被迫取消。第二天国民警卫队介入，与示威群众发生冲突。500 多人被捕。该事件被视为反全球化运动的开端。

26. 马克斯·韦伯在《新教伦理与资本主义精神》中形容一个以经济效率去衡量一切的社会就像一个"铁笼"（iron cage），黑暗得像极地的冰夜（polar night of icy darkness）。

第六章　美国与全球资本

美国民族的功利、务实性格非常适合当全球资本的尖兵。但资本成功也牵动美国民族性格中的自疚、姑息。社会凝聚力会不断萎缩，经济生命力会不断衰退。失序、干枯的美国不利于全球资本的"可持续发展"。由世纪一代支配的美国不会放弃全球资本，但全球资本或许会放弃美国。

美国是个怪异的文化组合，它本身没有古老的文化，但从古老的大英文化中承继了一半（务实），抗拒了另一半（妥协）。它是个由委员会设计出来的国家（像加拿大、澳大利亚），但这是个叛逆造反的委员会（大陆议会）。它经过血的洗礼，有凝聚力极强的国家神话。它是个功利的文化，但也是有血性的文化。因此，在理性层面它与全球资本结合是完全可以理解的，但在感性层面上，它能否与全球资本白头偕老就复杂多了。

美国没有英式的传统阶层，但有英式的务实性格，最符合全球资本从成长到成熟的需求。但是，在全球资本的眼中，这套美国文化也有负面：容易自疚（因为高尚道德总在美国人谋权逐利背后啰啰嗦嗦)、容易敏感(因为高贵身份使美国人不能忍受任何批评)、容易恐惧(因为美国人有强烈的少数求存意识)、容易失措(因为行动型性格使美国人不能不动，但自疚、敏感与恐惧往往使他因计算错误而乱动)。为此，美国肯定是全球资本的尖兵，但难成终身伴侣。

全球化是不是就是美国化[1]？有人会答：全球化不是美国化；美国文化与全球各文化(通过交流、移民)互相影响，全球化并未使"全球一致化"，各处仍保留地方特征。那为什么全球的文化这么像美国，而不是像法国、德国？法国最反全球美国化，在 2000 年 5 月的《全球外交》(*Le Monde Diplomatique*)刊物上有这样的说法："美国的寡头霸权也包括文化和意识形态，它的支配力延伸到象征的层面(symbolic level)，延伸到韦伯所说的'有魅力的支配'(charismatic domination)。美国文化通过信息和科技加之于被支配而又愿意被支配的顺民身上，打造出一个看上去是'和蔼可亲的压迫'(affable oppression)或'使人愉快的独裁'(delightful despotism)。它特别成功，因为它控制了文化产业，借此主宰了我们的想象力……美帝国是位制造象征和诱惑力的大师，通过给人无限的闲暇和无尽的娱乐(distraction，可译为'分散注意力')，使它那催眠性的魅力进入我们的脑袋，安装一些不是来自我们的主意。美国再不需用暴力欺压我们，只要不断地催眠我们；不需恐吓我们，只要我们不断地渴求享乐。"

其实美国化有两个层面：对内，是这个移民国家的凝聚力——同化多元；对外，是这个霸权国家的扩张性——支配世界。矛盾的地方是美国文化中强烈的自立意识使它经常徘徊于孤立(内向)与逞强(外向)之间。

"二战"之后的全球化过程中，美国是全球霸权。全球化的经济模式、文化风格和政治方向如果不是来自美国自身，起码是美国认可的。经济全球化是基本，文化全球化为经济全球化打江山，政治全球化为经济全球化保江山[2]。

1. 美国与全球资本的故事

一切回归到1944年7月在美国新罕布什尔州布雷顿森林开的一个会议，联合国货币金融会议（United Nations Monetary and Financial Conference），一般简称为"布雷顿森林会议"（Bretton Woods Conference）。那时"二战"进入尾声，盟方胜券在握，大家开始关注战后的重建。44个国家的代表，人人脑海里仍有1932年大萧条的余悸，整个1930年代，各国都在焦虑地、惶恐地竭力维持以黄金为本位的货币。代表们都认为大幅度的汇率升降和极端的货币保护政策是大萧条延续十多年的主要原因[3]。

为保证国际间汇率和资金市场稳定，布雷顿森林体系创立了两个国际性金融机构，成为"二战"后多边合作的典范。（1）国际货币基金组织（International Monetary Fund，IMF）在1947年开始运作，通过国际间的合作去维持会员国的货币稳定，并以紧急贷款去支持有惯性收支失衡的会员国。会员国按照它们在世界毛生产总额占的比例拨款给基金作为紧急贷款之用，但只可用作应付短期所需。（2）重建与发展国际银行（International Bank for Reconstruction and Development，IBRD，日后改为"世界银行"）在1946年开始运营，作为引导全球资金投入长期投资和战后重建的中介[4]。1947年，23个国家在日内瓦达成《关税与贸易总协定》（General Agreement on Tariffs and Trade，GATT[5]），强调互相对等贸易去对付"保护主义"的再抬头，包括两个原则:每个会员国不能给予另一个会员国优惠关税而不给予所有其他会员国同等待遇,这叫"最惠国条款"[6];禁止非农产品的补贴[7]。

布雷顿森林体系维持了全球经济二十多年的相对稳定(在这系统运行的期间内,没有大金融风波),但到了1973年还是崩溃了。讽刺的是,这个以维持全球金融稳定去推进全球经济发展的制度,是被经济发展引发的金融不稳定推倒的。其中,"热钱"投机的兴波作浪是罪魁。布雷顿森林体系过后,全球金融风波一浪跟着一浪[8]。

这个制度的设计有一个漏洞——固定美元对黄金的汇率,也即是变相限制了美元的发行量。到了1950年代末期和整个1960年代,国际贸易激增,引发各国中央银行需要增加货币流量,于是就出问题了。由于货币相对美元的汇率是固定的,所以货币发行量要看手上的美元储备;要增加货币量就要增加美元储备,也就是买入美元;贸易增加就需要更多货币,也就是买入更多美元。全球如此,就是要美国多印钞票;为此,美元与美国的黄金储备的比率就越来越大,也就是每块美元后面的黄金量就越来越少,因此美元的黄金价值也就低了,也即黄金的"真正值"比官价的35美金要高了,换句话来说,美元的"真正值"也就相对低了(变相贬值)。

1968年,法国开始呼吁恢复"金本位"(以取代贬了值的美元)。同时,由于美国大印钞票去应付越战军费,出现19世纪以来首次的政府收支不平衡。大量美元涌入金钱市场,投机商抢美国黄金储备(也就是把35美元一盎司的金价炒高)[9]。1971年8月,尼克松总统突然停止了美元黄金兑换。

马上,美国问题变成国际问题。停止美元兑换黄金就是美元正式贬值;投机商就卖出美元,去买入其他货币;其他国家可以多发钞票（但会引发通胀）、管制资金流动（越来越困难的事）或让自己的货币的兑汇率浮动。1971年12月，10个国家签署《史密森协定》（Smithsonian Agreement），把每盎司黄金价升为38美元，并同时允许各国货币在固定汇率下有2.25%的浮动空间（布雷顿森林体系只容1%）。这些治标不治本（货币需求量增加）的做法只能把布雷顿森林体系的寿命延长两年。

1973年10月，阿拉伯产油国禁运[10]，油价急升，两个月内升了4倍。虽然在1974年3月解禁，但油价未下降。产油国手上拿到大笔美元，但国内没有投资出路，就变成了热钱，货币投机成为热潮。美元终于完全自由浮动[11]，布雷顿森林体系完全崩溃。

1976年1月，国际货币基金组织的成员国签署《牙买加协定》（Jamaica Agreement），正式终止布雷顿森林体系（包括上述《史密森协定》）[12]，正式接受浮动汇率。可以想象，在浮动汇率下，外币交易市场变得越不稳定。国际货币基金组织仍然帮助收支平衡有困难的国家，但开始强加条件，例如要求受益国采取减赤字的政策，如减开支、加税收、消除贸易障碍、收紧货币供应。这也是发展中国家对国际货币基金组织和对被认为是国际货币基金组织所代表的金融全球化反感的主要原因之一。

1978年，国际货币基金组织的协议再度修改，要求会员国以宏观经济政策（主要是就业）去支持货币汇率稳定。会员国有选择汇率的主权，但国际货币基金组织开始介入监督会员国与会员国之间的"合作"去维持货币稳定。这个角色叫"监视"（surveillance），是国际货币基金组织演化过程中关键的转变。监视的范围除了收支平衡之外，还包括一个国家的经济政策的内部和外部张力（在某种程度上就是干涉内政了)。欧盟(European Union)也有相似的动作,在1979年出台了"欧洲货币单位"(European Currency Unit,ECU,以各国货币的平均值为基础)和"欧洲汇率机制"(Exchange Rate Mechanism,ERM),意图稳定汇率[13]。

1981年,里根登场,在他的减税收和增军费双重压力下,美国赤字增加,为了降低赤字就用增加利息来吸引国外资金。加息就自然推高美元。1985年2月,美元市场价与美国息口同达高峰。1985年9月,五个最发达工业国家在纽约广场酒店(Plaza Hotel)开峰会考虑对策,同意美元应以贬值去解决赤字问题[14],即《广场协议》(Plaza Accord)。但美元贬值好像失了控。其他国家恐惧美元跌得太多太快,增加汇率的不稳,在1987年,七个工业国家在巴黎开会,同意协调汇率和经济政策,称《罗浮宫协议》(Louvre Accord):各国中央银行联手干预汇率,到1990年代,汇率才恢复相对稳定。

整个1980年代是里根执政,行的是放任经济。跟着是老布什,萧规曹随。他俩都是共和党,倾向于放任经济是可以理解的。意外的是克林顿这位以民主党进步分子为幌子的仁兄要做资本家的宠儿。他功不可没地造就了全球资本,罪无可恕地破坏了美国经济,在1999年11月签了《金融服务现代化法案》(Financial Services Modernization Act,也叫Gramm-Leach-Bliley Act,GLBA,该简称是美国人对这个法案的最常用称呼),被很多经济学家视为2008年金融风暴的罪魁。

在资本(金融)经济成长过程中,GLBA是个大事情,推翻了美国奉行六十多年的源自罗斯福"新政"的《1933年银行法》(也称Glass-Steagall Act)。事关重大,从头说起。

1929年大萧条爆发,到1937年,4000多家银行倒闭,存户损失巨大。罗斯福上任后，马上下令银行停业4天，重整银行管制。其实在此之前，共和党控制的参议院已开始（在1932年3月）调查1929年的华尔街股市大崩溃（大萧条的开始）的原因。当时在野的民主党批评参议院是做小动作去平息民愤。参议院聘请有名的铁面无私的纽约助理检察官费迪南德·皮科拉（Ferdinand Pecora，1882—1971）写最后的报告书（这个调查以他定名，叫《皮科拉大调查》）。但他认为调查仍不够彻底，要求延期一个月再写最后报告。他传召纽约股票市场主席、投资银行巨子（包括摩根）和期货大炒家等作供，揭发他们在1931年和1932年都没有缴税，舆论哗然。此时，民主党夺回参议院，罗斯福也当选总统，鼓励皮科拉放手去查。他揭发出大量的不良行为，主要是利益冲突和欺诈，包括银行担保高风险的证券并用这些证券去偿债、银行之间秘密联手去抬高银行的股价等[15]。国会决定大整顿，推出《1933年银行法》，主要作用是分开商业银行（储蓄与借贷）和投资银行（买卖证券）：禁止投资银行和证券公司收取存款，禁止商业银行代客买卖非政府证券和用自身资本去买卖投机性的证券，禁止商业银行保证和发售非政府证券和跟做这些业务的公司结盟（包括雇用同一职员）。接着就是1933年的《证券法案》（Securities Act，1933）和1934年的《证券交易法案》（Securities Exchange Act，1934），成立证券交易监管局（Securities Exchange Commission，SEC）。金融市场遂稳定下来。到1956年，国会决定以类似原则分开银行业务与保险业务，出台《银行控股法案》（Bank Holding Act，1956），规定银行可以卖保险，但不能担保保险[16]。

但是，从1960年代早期开始，联邦政府对这个法案越来越宽松[17]，允许商业银行，特别是商业银行附属的财务公司去经营证券业务，而且这些证券的种类与数量也在不断扩大。到1980年代（也就是里根搞放任经济的时代），国会已不断辩论应否废止《1933年银行法》（起码是废止某些约束性比较强的条款）。1998年，花旗银行（Citicorp，一家商业银行的控股公司）与旅行家集团（Travelers Group，保险公司）合并，成为花旗集团（Citigroup），业务包括银行、证券、保险。这其实是触犯《1933年银行法》和1956年的《银行控股法案》的。但联邦储备局还是发给花旗集团一个临时许可证[18]。不到一年，克林顿与国会就通过GLBA，把这类的合并合法化[19]，同时废止《1933年银行法》中有关利益冲突的约束（证券公司的董事、行政人员或员工不能同时是任何银行的董事、行政人员或员工）。从此，商业银行、证券公司、保险公司可以随时合并，而任何一个公司都可以同时做商业银行、投资银行和保险公司的业务。还有，证券交易监管局和任何其他的金融管制机构也不再有权力管制大投资银行的控股公司。GLBA的几个推动者都大大获利[20]。

一般的分析是，取消《1933年银行法》与2008年的金融危机的关联有三：（1）诱导商业银行走进一个它们不懂的风险环境；（2）创造一个增加感染扩散的银行业务网络；（3）连接起商业银行和投资银行之间性格不同的业务（保险性和冒险性）。日后果然应验，过程如下。

1999年，一边是欧洲推出货币一统，另一边是美国出台GLBA，加上实体经济的生产链条全球化（其中中国更是全球链条的中坚），使新兴国家（emerging countries）与发达国家的经济与金融联系越来越紧密。与此同时，银行之间的资金流动、金融产品和衍生品的买卖激增。全球贸易的资金流从2002年的3兆美元升到2007年的11兆美元，主要是短期的金钱市场证券（short-term money market instruments）[21]。发达国家开始吸纳发展中国家的资金，当然部分是用作实体经济投资之用，但绝大部分成为金融产品和衍生品炒卖的筹码。发达国家的资本入超在 2001 年占它们 GDP 的 3%，到 2007 年升了一倍，占 6%。

2007—2008 年的金融危机与 1980 年代中期到 1990 年代的金融危机如出一辙：大量资金（热钱，特别来自新兴国家）涌入，但金融管制脆弱和货币政策宽松引发一窝蜂的投资泡沫，一旦资产价格崩溃，惊慌的套现和收紧银根引起金融市场风暴。问题先在美国出现，然后迅速蔓延全球。房地产泡沫是美国制造的，但它的氧气是全球各国的资金。泡沫一破，连锁地、立时地感染全球[22]。金融风暴引发大衰退（Great Recession），全球贸易总量在 2008—2009 年一年间下滑 10%，对新兴国家影响尤重。有经济学家开始谈论某些国家应否和如何从这个全球金融的整合中脱身[23]。

大部分人认为金融风暴是房地产次贷泡沫（subprime mortgage bubble）引发的。什么是次贷？是贷款给次一等的借款人（因失业、离婚、患病等原因而有困难按期还款的人），贷款者以高利率、苛条件去平衡贷款风险。支持者认为这一做法使一般未有借钱条件的人得到贷款（例如年轻人、被歧视的群体和银行存款不足首付的人）。一般专家认为泡沫的成因是低利率增加抵押贷款和促进抵押贷款证券化。财务公司把常规的贷款合约和次贷的贷款合约挪在一起创造出形形色色以住房抵押为后盾的证券，并以低风险证券的形式在市场出售。低风险有两个保证：（1）这些证券买了信用违约交换保险（credit default swap insurance），也就是如果这些证券中的贷款合约出问题（例如借钱的还不起），保险公司会赔偿；（2）专业评估公司裁定这些证券为低风险[24]，买家可以放心入货。这样一来，买卖就活跃起来。贷款者也愿意多贷、易贷，于是房地产大热。加上对私下的贷款管制松，出现掠夺性贷款（predatory lending）[25]。联邦政府更在2004年推翻了好几个州政府的反掠夺性贷款措施，在房地产大热中，火上浇油[26]。

很多包有次贷的证券（实质是高风险但包装为低风险）经市场交易辗转落入半官方的"联邦国民抵押贷款协会"[27]和"联邦住房抵押贷款公司"[28]手里。这两个机构属"国家企业"，它们持有次贷的证券就含着联邦担保的意思，制造出一种道德风险（moral hazard，意谓引人犯罪），使次贷的贷款者和借款者都有一种虚假的安全感，好像联邦政府是后台大老板，承担一切风险，于是出现大量的高风险贷款。贷款公司不停地批准抵押贷款，引来大批的买房者，从而抬高房价。房价增值使大批的房产拥有者（无论是以次贷抵押的还是按常规抵押的）以为天降横财，就用房产再抵押去借钱供玩耍、购物、买车，甚至炒房，连实体经济也出现大热的虚像。几年间，累积了大量的次贷抵押和高风险的金融产品与衍生品，当某些次贷抵押到期还不了钱，就引出排山倒海的连锁反应。

2006年8月开始，越来越多的人不能按抵押合同期限还钱，那些以住房抵押为后盾的证券和衍生品价钱急降。这些资产的价值不断下滑，买家迅速蒸发。把大量资金押在这些资产上的银行的现金流马上出现困难，干涸了。做担保的联邦国民抵押贷款协会和联邦住房抵押贷款公司首当其冲，在2008年9月7日由联邦政府接收。金融界四面楚歌。9月15日，美国第四大投资银行雷曼兄弟公司在联邦政府拒绝援助下，宣布倒闭[29]。其他的银行与保险公司岌岌可危。为防止酿成不可收拾的局面，联邦政府在第二天宣布以850亿美元托住美国国际集团（American International Group, AIG）[30]，之后是几兆美元的救市。

借钱变得难极,有钱的(个人和企业)都不想花,买房的绝无仅有,房价直跌。实体经济的企业运作也有困难。通用电气公司的总裁向财政部投诉做不了生意,最惹人注目的是美国政府接管了(通过注入资金)通用汽车公司和克莱斯勒汽车公司。

大部分人认为 GLBA 是 2007 年的次贷危机的祸首。未上任就接到这个烫手山芋的奥巴马指出 GLBA 削弱金融管制,制造出庞大的金融超市(financial supermarket)。它们拥有自己的投资银行、商业银行和保险公司,制造出一些"大得不能让它失败"的公司。也就是,就算这些公司经营不善也不能让它们破产,因为连锁作用会拖垮整个经济,政府被迫救市,处于被动,被绑架了。

但也有人指出,在 GLBA 之前,投资银行已经可以买卖各种各类的金融衍生产品,所以放宽合并和管制并不是 2008 年金融风暴的原因。更有人说 GLBA 不是真问题,真问题是金融衍生品的泛滥。诚然,法案在 1999 年出台之前,《1933 年银行法》的执行度已经非常松懈,但若是如此,就应该收紧《1933 年银行法》,而不是废止它[31]。除非真正的用意是否定《1933 年银行法》的基本价值——保护存户,保护投资。更有人说,2008 年的金融风暴以及随后的大衰退与取消《1933 年银行法》关系不大。他们指出,崩溃的纯是投资银行,如摩根士丹利投资公司、贝尔斯登公司、雷曼兄弟和那些从来没有管制的保险公司,如美国国际集团,它们的投资(投机)跟它们与商业银行合并或不合并没有关系。克林顿事后还说,GLBA 非但无过,反而有功!他的解释是控股公司(母公司)下面的投资银行与商业银行是互相附属于对方,母公司可以把有困难的投资银行转化为商业银行,那就可以解决或减轻金融危机。这当然是遁词。在金融大海啸中商业银行(在法律上它们不是投资的）也有很大责任，它们买卖以住房抵押为基础的证券（特别是"信用违约交换"）以及其他具爆炸性的衍生品。如果没有把《1933年银行法》放宽以至废止，它们是不能做这些业务的，而金融衍生品的市场也不会如此疯狂，政府也不会被迫救市。

毫无疑问的是，GLBA助长了合并和投机文化[32]。有人更指出，就是因为有《1933年银行法》、证券交易监管局以及联邦政府对银行存款的保险机制，美国才可以五十多年没有金融危机。奥巴马在竞选总统时（2008年3月，金融海啸已有风雨欲来之势）是这样说的："1930年代的银行管制法规是要修改的。用了3亿多元的游说费与疏通费终于废止了《1933年银行法》，但带来的是推动了合并而不是改善的管制……我们并没有建立起一个21世纪的管理制度，只不过是拆散了一个旧制度……制造了一个什么都可以做、胜者为王的环境，促使我们的经济走向毁灭性的混乱。"

金融风暴过后，国会尝试恢复《1933年银行法》的几个关键条款，其他国家也想采用《1933年银行法》的原则，特别是约束商业银行的业务范围。当时的欧洲也极不稳定，尤其是2009年希腊新政府发现上任政府伪造数据：假赤字是GDP的3.7%，真赤字是12.7%，远远超出欧元区的上限（3%）。金融市场震动，大量抛售希腊国债证券。但由于希腊已加入欧元系统，它的中央银行不能用贬值去解决问题。危机迅速感染葡萄牙、意大利和西班牙（四个国家的首字母串起来就是英语的"猪群"，PIGS）。信贷评估公司把这几个国家的信用调低，它们更难在国际市场借到钱。危机感染整个欧洲，最终国际货币基金组织与欧盟各会员国筹得7500亿欧元救助希腊和其他受影响国家。这次危机反映出金融整合而政体不一的危险性。未来方向是政治主权跟着全球金融走,直至一体,还是全球金融与政治主权分开走,各走各路?当时的德国财政部长建议把这几个国家逐出欧元区。2009年后的欧洲政治与金融应否结合、如何结合,还是在纠缠[33]。

2008年雷曼兄弟公司宣布倒闭的那一天,我刚好在北京做培训,谈到这件大事时我说金融市场(不是实体经济)会在12—18个月内平稳下来。那时候大多数人认为起码要好几年,而且会反复。果然,一年左右股市指数重返危机前的高位。我是从文化的角度,把这场风暴解释为全球资本的成长过程,就像小孩子会无缘无故地发一两天高烧,又长高了一两厘米。广东人叫"发关节",指身体肌肤适应骨骼增长带来的张力。不是"危",是个"机"。在全球追求以钱赚钱的资本(资金)全球化环境下,这种"适应"是无可避免的。在资本竞争中,这种去芜存菁是健康的。当然,如果你(个人、企业、国家)是适应过程中被去掉的"芜"就另当别论。你的安慰是你为全球资本的成长做了贡献,这是拥抱全球资本的代价。但人、企业、国家都会有一种侥幸得逞的冒险心态。赌场总会有人赢钱,为什么我不会是赢家?虽然事实告诉我们,输家一定比赢家多得多,但是总有"机"会赢。也许这就是全球资本的诱人和害人之处。

再回到美国。为解燃眉之急,小布什在2008年10月3日(快要卸任)签署7000亿美元用于《救援有困难资产项目》(Troubled Asset Relief Program,TARP);12月6日(奥巴马已当选,但未上任),美联储减息到0;12月9日,紧急援助通用汽车和克莱斯勒汽车公司。2009年,奥巴马一上任,首先强制凡接受政府援助的企业的高层人员年薪不能超过50万美元(2月4日下达的总统令),接着就是出台《美国复苏与再投资法案》(American Recovery and Reinvestment Act,2

月 17 日）以挽救和创造就业岗位。

在金融改革上，最大的事情是 2010 年 7 月 2 日的《华尔街改革和消费者保护法案》（Wall Street Reformation and Consumer Protection Act，也称 Dodd-Frank Act），但有点亡羊补牢的意思，晚了。更可惜的是，这是一个长篇大论（2300 页）的纸老虎法案[34]。它的目的在于防止 2008—2009 年的危机重现，并保护消费者不会因企业的劣行而受损[35]。有人指出，这法案定下复杂烦琐的法例（共 225 条新例）、成立众多的新机构（11 个），是劳民伤财，结果只会损害国家的经济增长：失业会多、工资会低、财富累积会慢下来、生活水平会上不去。当然，这些都是典型的自由经济论。

特朗普一上任就要废止它。2018 年 5 月，共和党控制的众议院以大多票数把它叫停[36]。特朗普本人就是全球资本的产物，但他却打出对抗全球资本的旗号。全球资本的全球性制造出两极分化，在美国当然也不例外，因为全球资本是不属于任何人、任何国家的，但又支配所有人、所有国家。明里，美国的蓝领底层吃了大亏。来自全球最廉价地区的产品确实提升了他们的购买力，但代价是工资涨不上去，甚至失业，可以说是得不偿失。暗里，美国的经济精英却凭借全球资本赚了大钱，赚了其他国家人民的钱，也赚了美国百姓的钱。虽然全球资本的捧场客（包括自由经济学家们）都高唱"水涨船高"，说全球资本是为美国好，但"人民的眼睛是雪亮的"。2017 年有人算过，全球最有钱的 87 个人的收入等于全球后一半 35 亿人的总和，这哪能使人服气？特朗普就是拿着这点，摇身一变，从一个全球资本的受益者变成一个为被全球资本欺骗和欺侮的劳动人民讨回公道的维权人，从一个好色开赌的无赖变成一个为被身份政治和自由道德气得要死的保守分子出一口气的代言人。就这样,他打败了被自己的宣传蒙蔽了眼睛、看不见地球在动、以全球资本代言人和自由道德维护者自居的希拉里。

资本社会里的经济、政治、文化精英们做梦也想不到有这么多"不聪明"的保守分子支持特朗普。全球资本精英真心地认为全球资本是人间天堂,看不见在强者的逐利下的牺牲品,他们接受了人类幸福一切从经济开始,而国家观念、民族意识之类的过时东西是障碍,他们要以经济理性去暴露这些愚昧,以物质主义去打动这些愚昧的人,必要时,以暴力去打压这些冥顽不灵之徒。但这些非资本的理性会消失吗?血性会消失吗?爱国是愚昧吗?国家穷就不值得爱吗?

国家观念、民族意识其实来自一种人类最深层次的情怀。人类把他最强烈、最铭心的情怀寄托于他认为是最高贵的对象身上:敬,只有神面前才会屈膝;忠,只有对国家才可以尽忠;爱,只有母亲才值得无条件地去爱。你可以侮辱人,但不可以侮辱他的神、他的国、他的母亲,因为他把神、国、母亲看得比自己还重要。神、国、母亲不是他的底线,是他底线下的底线。侮辱他的神,你会失掉这个朋友;侮辱他的国,你要准备跟他打架;侮辱他的母亲,你的鼻子要挨他的拳头。这些人类用来定义自己的东西,怎会被物质利益完全取代?资本主义认为每个人都有价钱,甚至灵魂也有价钱,都可以交易。但这是资本的逻辑。国家、民族不是逻辑的,起码不完全逻辑,更加不是完全资本的逻辑。这也将会是资本无限膨胀面临的死门。贫血、冷漠的资本逻辑怎能取代同根同生、福祸与共的吾国吾民?全球逐利是全球资本的理想,是"皇帝的新衣"。资本精英、才智之士好像看得到这件若隐若现的彩衣。(你看物质享受不是在资本之下不断放彩吗?)他们财迷心窍，既得利益使精英们一厢情愿地要别人也为皇帝的新衣喝彩。只有一些下层人士和日渐下沉的中层阶级才有点警觉，才会像个无知小孩，敢说："皇帝没有穿衣服啊！"

2. 美国的未来

现在可以从全球资本的逻辑去看美国的未来。美国是带动全球资本（特别是金融）的尖兵，但全球资本也在支配美国。全球资本的方向是清楚的，逻辑是不变的。全球资本与美国的蜜月期已过，美国能不能继续满足全球资本的欲壑，全球资本会不会移情别恋，将是美国文明未来的决定因素。美国能不能满足全球资本的欲壑，要看美国有多少精力、有多少意愿。客观条件是美国的经济资源与社会资源，主观因素是美国的民族性格与时代心态。当然，还要看看有没有第三者来夺宠。

先谈民族性格与时代心态。

战后一代是已经过去的一代，世纪一代（Y一代）才是未来，他们会不会重蹈战后一代的覆辙？

战后一代有的是一种纯情、浪漫的反叛，经过经济不景气的洗礼才变得冷漠、犬儒。相对来说，世纪一代从小就有特权心态，是被宠坏的一群。经济不好对他们会有很大的冲击，但他们早就感染上冷漠、犬儒。从2008年金融风暴之后的表现来看，他们有怨言，但不会想革命。2011年的"占领华尔街"运动也只是昙花一现，更实际的是晚婚、不生孩子、三四十岁仍住在父母家里面。

今天，战后一代中，较早出生的一群（1946—1955）年纪老迈，但自我依然。他们要求的福利，特别是医疗、养老，将会是国家最大的包袱;他们引发的姑息与纵容已成为道德的主流。他们之中,不少人积蓄了财富(包括养老金和自住房),到了逍遥的时刻了。大量的老年人消费品应运而生。较晚出生的一群(1956—1964)在未来二十年陆续踏入退休之年,但2008年的金融危机和随后的大衰退把他们的养老金和福利大打折扣,产生出一种"经济代沟"[37]。世纪一代对负担战后一代的养老开始感到压力,并对主要为战后一代而设计的社会福利感到厌烦[38]。这会是未来二三十年(战后一代死光之前)美国内政的焦点。

今天,世纪一代较早出生的一群(1981—1988)已经是三四十岁,踏入壮年了。非但没有桎梏的社会去让他们反抗,更有纵容的社会去鼓励他们享乐、姑息的社会去使他们觉得无需努力耕耘。道德上,他们没有偏见,凡事"相对",认为身份政治是理所当然。但是,年轻时他们碰上"9·11"的大恐惧和大愤怒,过不到几年又遇到2008年的金融危机和经济大衰退。温室的成长使他们变得更自恋而贪婪,甚至不讳承认自我。他们是失望的一代,但又没有反叛的冲动。世纪一代较晚出生的一群(1989—1996)的际遇略有不同。他们未成年前仍是幸福和被宠坏的一群,但他们的醒觉来得早些。"9·11"和大衰退都是在他们的青少年时期发生的,所以中学时代他们就已经非常务实。他们不会为自由、平等的大理想而捐躯,但会为身份政治、占领华尔街、气候变化的小理想出钱或游行。

奥巴马是世纪一代推上去的。但他们对奥巴马的过高期望却使特朗普有机可乘。他们并不支持特朗普,而是不喜欢希拉里,反过来去支持大谈免费大学、增加底薪的民主党内的希拉里的对头伯尼·桑德斯(Bernie Sanders,1941—)。希拉里不是被特朗普打败,而是被自己人拖倒。

世纪一代的美国与不断扩大、不断加深的全球资本如何相处？特朗普的贸易战不是蓄意针对任何国家，而是保护国内就业。虽然美国的失业率是历年来的低点[39]，但短期工、低薪工的比例不断增加，被全球资本遗弃的美国工人越来越多[40]。

特朗普的贸易战是要为美国工人争口气，但真正的内涵是美国对全球资本"侵略"美国的反应，因为全球资本是通过美国贸易战的对手去"占美国的便宜"。但在全球资本的大局面里，这是一种反动（假设特朗普是真心的，而且知道自己在干什么），终会失败。除非美国脱离全球资本，但这差不多是绝无可能的事。

未来全球资本会不断扩大（直到全世界接受它的支配）和加深（直到全世界都拥抱它的文化）。但同时，美国内部的反应也会不断加剧[41]，经济政治精英与被全球资本边缘化的中下层会不断地争权，争着统治一个开始褪色的经济帝国。美国的国力会不断被消耗——为安抚贫苦的生计，福利开支会不断增加；为舒缓精英的自疚，身份政治会不断扩张。

谋权、逐利把美国性格与资本逻辑连起来。但美国性格的自疚是资本逻辑接受不了的[42]。美国性格不会变，资本逻辑也不会变。但两者的不协调，会随着资本全球化的成熟和美国世纪一代的成长，产生越来越多的矛盾、越来越大的张力。虽然过去大半个世纪全球资本与美式文明相辅相成，但全球资本文明是独立于美国的兴衰的。也就是说，它对美国的兴衰是漠不关心的，除非它的生存受到影响。甚至可以说，它利用美国做它的尖兵去攻占全球、做它的后台去坐拥全球。它成熟了，而美国则开始干枯。它一定会另寻寄托。它需要滋养，但它也懂得侍候。谁可给它滋养、谁会想被它侍候？

这种权和利的互相利用（可以叫苟合，也可以叫配合）有时会产生非常奇怪的现象，一切从"利"字看。让我们对比一下黑人的"民权"和同性恋的"人权"。

民权运动可以说是身份政治的鼻祖。南北战争不能说是身份政治，因为主要是白人与白人之间的事情，但是1950年代开始的民权运动是黑人（现在叫非洲裔美国人）自觉、自动的平权运动，并有大量的白人同情者、支持者要为黑人"讨回公道"。运动的道德基础是鲜明的、健全的。大半个世纪后的今天，美国有了个黑人总统，但黑人的经济条件、教育水平、家庭结构、刑事罪案非但未追近白人，反有越来越差之势。诚然，除了有个黑人总统，还有很多黑人球星、歌星、影星，甚至工、商、政界高层，使人瞩目。可以说，黑人精英在资本社会中闯出了名堂，或是被资本社会成功地吸纳，但作为一个群体，黑人在资本社会里拿不到什么公道。几十年来的奋斗，成果有限，为什么？因为资本经济永远有贫富之分。当然，如果两极分化过大，社会会不安，就不利于资本逐利，所以资本社会既要有贫富之别而且要尽量扩大（资本逻辑），也不能太大（资本安宁）。美国黑人，作为一个相当大的群体，从来就是贫，虽然也曾是资本在美国发展的主要历史条件。从资本的角度去看，不断涌入的移民成功地取代了黑人劳动力，黑人对资本的作用（除了是消费者之外）不断下降。但是也不能太贫，不然就会造反。于是通过福利（收入的重新分配）去提供起码的生计，久而久之养成一种"依靠福利"的文化，"讨回公道"的战意也随着消沉。可以说，黑人民权运动（将来或会加上拉丁美洲和别的族裔）会延续下去，间或会爆发暴力，但也只会是短暂的。"黑人问题"会继续支撑一个庞大的民运产业，但问题是不会解决的。为民请命的精英们也不想解决它，但黑人精英倒会越来越像"黑黄蜂"。

转过来再看看同性恋的身份政治，蓬勃多了。这里节录一本2018年出版的书，对这事有颇具启发性的分析[43]：

> 教会、大学和文化产业的进步分子们[44]是同性恋正常化和同性婚姻合法化的先锋[45]。私营企业也加入了该行列。进步分子甚至替响应同性婚姻合法化的企业送上道德光环，称之为"有阳光的贪婪"（the Sunny Side of Greed），认为它们比政府，特别是比较保守的州级政府更民主。这很不可思议——为了同性婚姻的性公平，左派精英竟然可以放弃他们基本的、初心的经济公平，甚至改变调子，把他们从来不屑的资本贪婪改称为"有阳光的贪婪"[46]。
>
> 同性婚姻象征个人主义、自由主义的理想[47]。为此，精英们很快就把同性婚姻从一种例外的、需要被容忍[48]的社会关系推为一种理想的社会关系[49]。同性婚姻合法化的斗争不是阶级或阶层的斗争，是谁决定"什么才是社会真相的象征、什么才是社会阶层的类型"的斗争[50]。这场斗争中胜利的精英在美国文化机制——大学、传媒、娱乐、企业——中有不可抗拒的势力。各种不同的性取向（除了男、女外至少有20多种）都成为多样化的最高象征。一般对他们的形容是"都市化、冲击道德底线、时尚、成功"和"世界性"（cosmopolitan，这点被特别强调）。他们代表原创、独特、创新、真实，一种自我的表现和对自己的真诚。在精英们的眼中，同性恋是一个多样化和世界性社会的最纯粹的象征[51]。

精英中最积极推行这个以同性恋为标榜的多样化是"新经济"企业。多样化是身份平等的基柱,因为在多样化的概念下每"样"都有其自身的价值、自主的权利。而"样"又开始走向"象征""表性",逐渐离开实质和物质。如果某个"样"变成多样化社会的主流,这个"样"的"象征""表性"就越来越有商业价值[52]。

以自我创造(self-creation),特别是以性的自主权作为象征的进步价值观,与鼓励个人消费无约束地在全球任何地方和所有地方进行交易、交换的全球资本价值观是极为配合的。你看,没有终生承诺,以个人自主、自我创造出来的生活模式正是最值钱的消费者。在2014年,《美国社会学的神圣使命》(*The Sacred Project of American Sociology*)一书的作者这样形容"进步"的使命:"解放和肯定所有人都是平等的独立存在,自作主宰的个人。通过建立自己的身份,选择进入和退出与别人的关系,享受物质、经验和肉体的快乐,去过自己想过的生活。"全球性的大企业不遗余力地去栽培这些有强消费能力(因为不用顾家)、弱道德约束(都离经叛道)的消费者,因为这些以"性身份"定义的消费者其实是以欲念定义身份,而欲念是完全可以通过宣传和科技去改变的。所以这些"性身份"的消费者是全球资本最理想的消费者,因为"性身份"多样化就是突破人性的最后一关——男女之间的互补——就能够创造出无限的自由和无尽的利润。

由里根开先河、克林顿为后继的权力之间、利益之间,以至权力与利益之间的互相利用和苟合,为全球资本创造出前所未有的扩展空间,成熟了。美国精英随着全球资本的成熟也晋升为典范的全球精英、世界公民。但美国作为一个国家，美国人作为国民，就要付出代价了。苟合而生的自疚带来姑息与纵容：无休止的身份政治，到最后是个是非颠倒的社会；无了结的社会福利，到最后是个资源内耗的社会。从全球资本的角度看，这些都是不能接受的[53]，因为颠倒的社会代表失序，内耗的社会代表失效。美国在全球逐利（当然包括在国内）越成功，它的自疚会越重，衰败与疲惫也会越大。不是这个死结勒死它，就是全球资本抛弃它。

但是，不要小窥美国（以至西方）的经济与社会资源。对的，总会有一天被榨干、耗尽，但这会是相当长远的事，而且还要假设美国不改（不觉悟）。

美国经济资源丰厚是无可置疑的。单看两个数字：人均 GDP（衡量经济活力）、贸易与 GDP 的比例（衡量自足程度），虽然不是全球最高（有比它高的如新加坡），但跟可与它较量的大国相比，如俄罗斯、印度和中国，它就站在很高的上方[54]。但是，从全球资本的角度去看，关键不在美国变穷，而在美国不再是最富。全球资本精英只会聚于全球最富的地方，因为那里是逐利最精彩、最亢奋的地方。《财富》500 强的总部所在[55]最能反映谁最受全球资本的青睐。

社会资源主要是社会的凝聚力和生命力。托克维尔（Alexis de Tocqueville，1805—1859）以两本书传世，一本是精准解释法国大革命的《旧制度与大革命》（*The Old Regime and the Revolution*，1856），另一本是观察美国的政治与社会的《论美国的民主》（*Democracy in America*，1835，1840），是他在 1831 年游历美国所见所闻的分析，独具慧眼。他把美国的生命力和凝聚力都归功于美国的"公民社会"（civil society，当然他未有用这个词），他是这样写的：

不同年龄、不同环境、不同思想的美国人，不断地联合（unite，也含有"团结"的意思），他们所有人非但在工、商业上结社，还有一千种其他的会社：宗教的、道德的、严肃的、没有意思的、一般性质的和特殊性质的、庞大的和小型的；美国人用会社去办庆典、去成立神学院、去盖旅馆、去建教堂、去发行书刊、去派遣传教士；他们用这个形式去创立医院、监狱、学校。最后，如果他们要发扬某个真理或提倡某种主张，他们也结社。如有什么新的建设，在法国是政府带头，在英国是某某权贵带领，在美国肯定是某个会社。在美国，我见过各种各样的会社，我得承认我不知道它们是干什么的。我很欣赏美国人有种美妙的艺术把许多人联合起来，自愿地为一个共同目标而努力……

贵族社会无须联合。每个有钱或有权的人就好像是一个永久和特定的会社的首领，社员就是那些要依靠他的人，要为他的目标工作的人。

民主社会就相反。每个成员都是独立的，但也因此势孤力弱，不能干什么事，又不能驱使其他成员与他合作。如果他们不懂自发地互相帮助，他们会变成全体的无能……如果民主国家的国民缺乏权力或意愿去在政治目标下联合，他们的独立就有大危险。

……（有人会说，由于民主社会中）国民越是独立，他们个体的力量会越弱，因此需要政府更主动、更干练地去执行个别国民无法执行的社会性工作。但政府哪有足够的力量去满足无数的国民每一天通过他们无数的小会社去做无数的小事情？在美国，如果有几个人有一个想法或意见，他们会找有同一想法或意见的人，一旦找到，他们就会联合。在这一刻开始，他们不再是孤立的，而是一种力量。

托克维尔最欣赏这些源自清教"镇议会"式的自发性政治会社，认为它是美国人自立、自治的基础。我谈了这么多的利益苟合、身份政治，但只要你睁开眼睛，就可以看见美国仍是个托克维尔式的政体。就算政客竞选也大搞"镇大会"（townhall），这就是模仿清教的小镇民主。美国仍是个相当稳固的社会[56]。

但是，从全球资本的角度去看，关键不在美国社会没有凝聚力，而在凝聚力已松懈，逐渐走向失序。全球资本精英只会聚于最有秩序的地方[57]，因为秩序是逐利的保障。全球犹太富人的去留[58]，最能反映谁受全球资本的青睐。

全球资本利用美国文化的全球化去推销道德自由、人人自主、事事可变，成功打开了全球的多样消费（因为道德自由）、多多消费（因为人人自主）、不断消费（因为事事可变）的大门，使全球资本能大放异彩。但同时，从全球资本的角度去看，美国文化内部又有不利于全球资本"可持续发展"的因素。

其实，回顾美国文明的轨迹（第四章，图4），可以想象美国也可以走得跟全球资本一致，也就是全球性的朋党社会和营私社会。但是，美国人的少数意识（包括对内、对外）和自疚性格是大阻力。自里根与克林顿以来，美国文明的主线就是在分立社会（自立－苟合）与昏乱社会（极端苟合）之间打滚儿（图2），辅线则在小圈社会（自足－苟合）与昏乱社会（极端苟合）之间打滚儿（图3）。小布什时代有走向压人社会（极端逞强）的趋势。奥巴马时代则有倾向安稳社会（自立－团结）、富强社会（自足－团结）的罗斯福理想，但时代心态、历

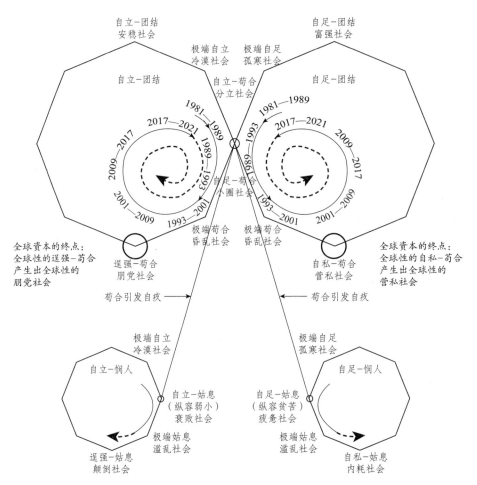

图 6 全球资本与美国文明的缠斗：美国无法走到全球资本的终点

西方文明的未来（下卷：美国与全球资本）

史背景与关键人事没有提供足够的牵动力，到特朗普时代又走回分立社会（自立 - 苟合）和小圈社会（自足 - 苟合）。与此同时，自疚的性格使美国人走上姑息（纵容弱小、纵容贫苦），出现越来越颠倒和内耗的社会。看来，美国文明的轨迹会很难走到全无自疚、全球性的朋党社会（逞强 - 苟合）和营私社会（自私 - 苟合）。但这两种社会乃是全球资本的终结。可以说，美国非常适宜做全球资本的尖兵，为它卖命，但成熟了的全球资本不会忠于美国，会另觅新欢（图6）。

注：

1. 参见"Globalization as Americanization? Beyond the Conspiracy Theory", *Journal of Applied Physics*。

2. 经济学者（代表人物如哈佛的杰佛瑞·萨克斯［Jeffrey Sachs, 1954—　］、联合国顾问贾迪什·巴沃蒂［Jagdish Bhagwati, 1934—　］）的共识是自由经济是好事，为社会带来庞大的清晰可见的好处：提升生产效率，增加消费选择。虽然优胜劣汰的竞争和破坏性的创新会有代价（就业反复、资源废弃等），但长远来说，经济增长中胜方负方都是赢家。他们更指出，亚洲在拥抱自由经济后超速发展，发展中国家比发达国家发展得更快，国际的贫富差距收缩，生产链条、服务链条从劳动价格高的地方外包出去，为竞争力强（低工资、低福利）的地区创造了发展机会（中国特别有代表性）。虽然有不少人唱反调，甚至暴力抗议，但经济全球化没有放缓。

3. 在此之前，国际间的货币讨论都是聚焦于固定汇率还是浮动汇率。布雷顿森林体系的代表们走上"挂钩汇率系统"（pegged exchange rates），认为弹性较好。在这个系统下，各国把货币汇率与美元挂钩（汇率升降幅度不超过1%），而美元则固定于35元换一盎司黄金。各国中央银行通过用美元在市场上买卖自己的货币去维持稳定兑率。如果某国有长期的贸易赤字，而财政政策都未能改善情况，就允许修改挂钩汇率（也就是货币升值或贬值）。因为汇率既固定又有一定弹性，就大大助长了国际贸易和跨国投资，是战后经济繁荣的主要原因。布雷顿森林体系后20多年，国际间的资金流动有一定的约束，因为各国政府都要控制资金流动去保证货币汇换不超出挂钩的上、下限（1%）。

4. 1960年又成立国际发展协会（International Development Association, IDA）。重建与发展国际银行和国际发展协会组合成"世界银行"。前者贷款给中等收入的发展中国家，后者发放优惠贷款并拨款给最穷的国家。

5. 原意是个临时协议，直到建成一个"国际贸易组织"（International Trade Organization, ITO，但这个组织未达成）。

6. 原则虽如此，但各国关税并没有大幅削减（美国只减了三分之一，其他国家更少）。关贸总协定并不包括金融，因为那时的资金流动仍有很大的约束。

7. 规定如果发现有补贴，其他会员国可以征收反补贴关税去平衡出口国的补贴，这是日后发展中国家和发达国家的最大争端。

8. 详见附录1：1980—1990年代的主要经济（金融）危机。

9. 其实，1969年IMF已修改协议，加上"特别提款权"（Special Drawing Right, SDR），会

员国的中央银行可以在国与国的中央银行之间、中央银行与 IMF 之间使用"提款权"，目的在于抵消货币投机，维持市场稳定。1970 年开始运作，由 16 个出口额超过全球总出口额 1% 的国家，提供定额货币组成一个"篮子"（这个"篮子"的组合因时而易，现在的组合是美元、欧元、日元、人民币、英镑）。提款权是种储备，但它最大的用处是在货币汇率自由浮动的情况下，有困难的国家可以利用提款权去维持它的货币稳定。这个国家可以从"篮子"里提款去支撑自己的货币。由于"篮子"是各贸易大国的货币组成，而这些货币同升同降的可能性不大，因此它们之间的升与降会相互抵消，带来稳定。

10. 1973 年 10 月，由埃及和叙利亚带头的阿拉伯国家与以色列开战，意图收复在 1967 年"六日战争"中叙利亚失去的戈兰高地和埃及失去的加沙地带，结果是以胜阿败，阿拉伯国家认为是大大的耻辱，石油出口结盟（当时的 5 个国家是伊朗、伊拉克、科威特、沙特阿拉伯和委内瑞拉，现在有 15 个国家）。

11. 其实美元在 1973 年 2 月时宣布贬值 10%，已开始走上浮动汇率。随后日本与欧洲诸国也让它们的货币浮动。约十年光景，所有工业国家的货币汇率都是浮动的，也就是由市场决定。

12. IMF 库存的黄金归还会员国，或把黄金出售得到的钱去援助贫穷国家。

13. 早在 1971 年《史密森协定》之后，欧洲经济共同体（European Economic Community）的成员国则打造了一个类似的但规模较小的汇率系统，叫"隧道蛇"（snake in the tunnel），把汇率的浮动局限于 1.125% 上下限。但欧洲经济共同体内各国的经济政策是没有协调的，还是未能控制外汇的乱局。于是 1979 年欧洲出台汇率机制：如果两个国家之间的货币兑换升降超过 2.25%，两国要共同干预外汇市场，通过买入或卖出两国的货币去维持稳定。实质上，这代表欧盟成员国作为一个整体，可以强迫汇率不稳定的国家去控制资金或采取其他的货币行动。这跟 IMF 的权力有点像。

14. 也就是用贬了值的美元去偿还赤字带来的债务，即又吃又拿，借了人家的钱，花光了，就用面额依旧、但实际价值大减的钞票去还债。当然，只有美元才可以这样做，因为它是全世界的储备货币。最惨是日本。首先，1983 年，在美国压力下日本开放日元的国际买卖。那时，美国与日本贸易大额逆差，美国国内保护主义声音震天响。美国政府举行五国谈判，达成美元有序贬值的协议，是为《广场协议》。1985—1987 年，美元兑日元比值下降 51%。由于日元猛升，引发出前所未见的投机，尤其地产泡沫（当然日本的高遗产税和住客保护法都有关系）。1992 年泡沫破后，政府通过增加公共开支刺激经济，带来大量赤字和经济停滞，在日本叫"失去的 10 年"（Lost Decade，1990—2000）。但由于 10 年后仍未有大好转，现在有人叫"失去的 20 年"（Lost Score，1990—2007）。从 1995 年到 2007 年，GDP 从 5.33 兆美元下降到 4.36 兆美元（都是以当时币值算），而工资则实降 5%。

15. 皮科拉日后出版回忆录《华尔街供词》(*Wall Street Under Oath*)是这样写的："华尔街痛恨这些法规……如果当年的法律规定要全部公布（他们的）种种行径，他们不可能在公众的严峻注视下和批评下生存。玩弄法律和深不可测的黑暗是银行家最得力的盟友。"

16. 这也被 GBLA 取消，导致 AIG 保险公司可以从银行引进它发行的"有毒贷款金融衍生品"(toxic credit derivatives)作为保险合同出售，弄得在 2008 年的金融危机中几乎破产。

17. 首先，《1933 年银行法》是联邦法案，只管制属于美联储的银行（也就有联邦储备做后盾的银行），并不包括"储蓄与贷款公司"(savings and loans company，美国有大量这样的小公司，而且在 1980 年代发生过大风潮）和州注册的银行。《1933 年银行法》出台的时候曾要求联邦系统的银行要用一年来自行决定是商业银行还是投资银行。商业银行可以收存款但不能超过 10% 的收入来自证券生意，虽然仍可以做保证国债的生意；投资银行就不能收存款。法案中有几个关键条款（第 16、21 和 32 条）出现漏洞。第 21 条款禁止投资银行做储蓄存款生意，但未禁止投资银行拥有可以做储蓄业务的公司，例如储蓄信贷公司和州注册的银行。1960 年代，投资银行与储蓄信贷公司分别利用这个漏洞，通过附属公司和金融产品创新去套取商业银行的存户和存款，大做投资（投机）生意。第 16 条款定义附属公司的主要业务不能是证券投资。但到 1970 年代末期，政府的官方演绎允许商业银行与附属公司做更多的证券投资，法庭也不太干预，因为那时的金融产品已分不清什么属银行业务、什么属证券业务了。到了 1987 年（里根总统任内），美联储（也就是这法案的执行者）对附属公司再次演绎，甚至包括证券投资公司。他们的理由是，到了 1987 年，证券的性质与 1933 年的债券、股票大不相同，包括了形形种种的衍生品。但当然，这个理由可以用来削弱《1933 年银行法》，也可以用来加强《1933 年银行法》。其实，从 1980 年代开始国会已不断辩论是否取消这些约束的条款。

18. 这次合并完全违反《1933 年银行法》（虽然多年来美联储和其他管制机构已大大放宽执行法案的条款）。当时美联储的主席是艾伦·格林斯潘，他说服局内其他董事，准许商业银行控股公司拥有投资银行作为"附属"，而这些附属投资银行的证券保险业务可高达他们总业务的 25%（之前是 10%）。此时，克林顿的财政部长罗伯特·鲁宾（Robert Rubin，曾经是投资银行的银行家）支持更大规模、更多样化的银行，认为这会提升美国的全球竞争力。花旗集团和旅行者集团的老板与格林斯潘、鲁宾和克林顿先通了电话，然后公布这个美国有史以来的最大合并，创出最大的财务公司。有一段很短的日子，政府要这个新集团卖掉保险业务。老板们决定发动另一个鼓吹废止《1933 年银行法》的政治运动去拖延时间。经过一年的运动，几亿元的说项费和选举捐款，终得 GLBA。

19. 很有趣的是合并成功后花旗集团竟然把旅行者集团的资产和财产与伤亡保险"卖给"股东们，之后又把人寿保险卖给另外一家公司。2008 年的金融风暴中，花旗集团损失 277 亿美元、要政府保护才未破产。

20. GLBA 的 G 是菲尔·格拉姆（Phil Gramm, 1942— ），他是当年参议院银行委员会的主席，2002 年退休后转往银行业，在一家从商业性转到投资性的瑞士银行任高职。当时力促允许花旗集团合并的财政部长罗伯特·鲁宾，卸任后成为花旗集团董事局的主席。当时声音最响的劳伦斯·萨默斯（Lawrence Summers, 1954— ）继罗伯特·鲁宾任财长，之后到哈佛当校长。克林顿更是财经界的宠儿，卸任后大发其财。

21. 见《西方文明的文化基因》454—455 页注 26，有关 M3 以及金融衍生品如信用违约交换（credit default swaps）等。

22. 当美国废止《1933 年银行法》、出台 GLBA，打开大合并与大投机的方便之门之际，国际上已感到金融对经济的影响已出现尾大不掉的倾向，如果不好好管制，将会出现大问题。1999 年，10 个最发达国家同意设立"金融稳定论坛"，2004 年又达成《巴塞尔协议二》（Basel II Accord），强调银行的储备金是系统性风险的重要保障，强调要有全球性一致的银行法规去保证各国银行在国际竞争上的公平（这个表面是约束全球金融的动作，在更深层的意义上其实就是部署金融全球化）。这次协议真正关心的是各国银行的风险透明度不足，管制机制的监督也不足。有了协议并不代表大家积极执行。那时金融投机大热、合并大盛，各国都想让自己的银行赚钱，各怀鬼胎，哪会加强透明度、加强监督力度。一直拖到 2007—2008 年的金融大海啸。

23. Sven W. Arndt; Patrick M. Crowley; David G. Mayes, 2009, "The Implication of Integration for Globalization". *North American Journal of Economics and Finance*, 20（2）: 83-90. R.Z Lawrence, M.Drzeniek, S.Doherty, 2012, "The Global Enabling Trade Report, 2012, Reducing Supply Chain Barriers", World Economic Forum。

24. 次贷证券的风险评估很具戏剧性，对全球经济有莫大影响，可追踪到一个中国人。李祥林在南开大学念经济，1987 年到加拿大魁北克拿了一个商管硕士学位，转入滑铁卢大学（University of Waterloo），先取得一个精算学硕士，然后是统计学博士。这是 1995 年的事。他先在加拿大一家银行工作，到 2000 年加入了美国最大投资银行，摩根大通的风险指标部（Risk Matrix Unit）。那年，他发表了一篇改变金融世界的论文，叫《违约系数：一个联项函数的方法》（On Default Correlation: A Copula Function Approach），从此扶摇直上，2003 年转花旗集团，主管信贷衍生品（credit derivatives）的研究，2004 年往英国 Barclay 银行，管信贷量化分析。2008 年，也就是次贷危机爆发后，他回国在中国国际金融股份有限公司（中金公司）工作，主管风险管理部。李祥林的工作是金融界最神秘的工作：估算市场"无形之手"的一举一动。我在《西方文明的文化基因》说过，市场动态是经济学棘手的一环。学者专家想用自然世界的恒律去预测"无形之手"的旨意。"量化"成为魔棒，也就是想通过量化市场上众多的因素（从已知、可知到未知，甚至不可知的因素）去增加揣摩未来的信心，于是出现大量的量化分析、模拟。金融衍生品的基础是形形色色有不同风险的资产。但经过衍生、衍生、再衍生，这些资产的风险已经无从追踪（就算假设基础资产的价值未做假和未曾变动）。于是风险评估难上加难。一般的解决办法是尽量把构成风险的因素细分，务求精准，然后再整合所有风险的可能性。这需要大量的风险因素资料。这些因素往往既复杂又难追踪，而且因素本身在变动，因素与因素之间在互动。更尴尬的是得出来的预测往往事后证明不准确。李祥林的处理方式是"快刀斩乱麻"，把千条万绪的分析归纳为一个系数、一个指标。他选用"信用违约交换"（credit default swap，CDS），这些是投资者之间交换信贷违约风险（借钱者不能依约还钱）的合同（每个合同里会有成千上万的借钱者）。当一个合同的价格上升就表示投资者认为信贷违约的风险高，反之亦然。李祥林的"违约系数"（default correlation）是计算任何两个信贷违约交换合同底下的信贷同时出现违约的可能性（风险）。他的突破是舍弃传统的追踪风险因素，代之以合同的市价（他的假设是市场升降反映风险高低）。这个理念一面世立即引起震动，因为这系数简单、好用。更关键的是，用李祥林方程式算出来的系数，显示任何的信贷违约交换合同，以至任何的金融衍生品的风险都不高。评估公司（包括穆迪［Moody's］、标准普尔［Standard & Poor's］和巴克莱银行［Barclay's］）都用了这个系数，把任何的金融衍生品都评上 AAA。市场变得疯狂。"信贷违约交换"（CDS）的交易量从 2001 年的 9200 亿元升至 2007 年（也就是次贷泡沫爆破前夕）的 62 兆元；由任何债券、抵押、贷款包装出来的"担保债务证券"（collateralized debt obligation，CDO）的交易量从 2000 年的 2750 亿元升到 2006 年的 4.7 兆元。当时绝大部分投资者、专家都未看出，或指正李祥林用的信贷违约交换合同市价是近几年的市价（之前并未有"信贷违约交换"这玩意儿），而那几年都是市场一片好景、次贷大量上市的时光，房地产价格有升无降，违约绝无仅有，连锁性的违约更不存在。因此，以"违约系数"方程式算出来的风险当然极低。金融界的高层好像不知，或不问。一方面是他们对量化的崇拜，对这些黑箱的数据未用常识去检验；另一方面是技术人员虽然或有醒觉，但他们不是当权决策者，他们只看数据，忘记了数据后面的事实。他们以几年的数据去模拟千万年不遇的概率，然后投资者用这些模拟出来的概率去下注。次贷泡沫一破，违约系数狂升，连锁反应造成金融风暴，带来近十年未退的大衰退。前几年，李祥林在滑铁卢大学的导师为他续签加拿大护照，并为他辩护："他被放在桌上了……你无需是个科学家也应该知道当时在美国'常识'是没有用的，制造这些金融产品的人漠视真相，结果就是妄用了这些模拟。"当然科学的发明和技术的创新不是抽象的，而是社会的产品，怎样的社会就会有怎样的科技，逐利的社会只可能有为逐利服务的科技，当逐利冲昏了头脑的时候，逐利科技也会用上昏了头脑的假设、昏了头脑的算法。

25. 一般指贷款者采用不公平、欺诈或瞒骗的手段，例如骗借款人去同意一些不公平或苛刻的条件；或贷款人在签约后有意的在不违法的掩护下违约；或收取过高的贷款利率或服务费。更有诱导借款人使他低估真正的利息或高估还钱的能力。在房地产热的时期，贷款者甚至会迫或骗借款者放弃抵押的住房（其中一个做法是在贷款合约巧立和隐藏各种格式的费用，强迫借款人交付，交付不起就算违约，要放弃抵押的住房），然后由贷款者接收，再重新出售去谋大利。掠夺性贷款的受害者往往是低收入、低教育的群体，尤其是次贷者。

26. 还有一个做梦也想不到的环节。早在1977年出台的《社区再投资法案》（Community Reinvestment Act），原意是要鼓励商业银行和储蓄与信贷公司辅助中、低收入社区的居民借钱买房，但商业银行兴趣不大。到GLBA出台，允许投资银行与商业银行合并，引发大量资金要找赚钱机会，这些社区的房地产投资就特别吸引这些投机分子，尤其是通过次贷制造出来的金融证券可带来暴利，于是房地产的热度又多升几度。

27. Federal National Mortgage Association，也叫房利美（Fannie Mae），是在1938年"新政"时代创立，主要是鼓励银行或金融公司多贷款给中低收入家庭买房。是这样运作的：银行贷款给买房者，然后把合同（抵押）卖给协会，协会把这些合同捆绑，拿去金融市场变卖，成为投资产品，叫"第二抵押市场"（secondary mortgage market）。这一来就增加了银行多贷款的能力和积极性。到1968年约翰逊总统时代，"越战"战争带来大量的政府财政赤字，就把协会上市，也就是私有化，以减轻政府赤字，但仍保持对它的"照顾"，包括免缴税和免监管。

28. Federal Home Loan Mortgage Corporation，也叫房贷美或房地美（Freddie Mac），是在1970年创立，也是个上市公司，主要是表示政府鼓励竞争，不让"国民抵押协会"垄断市场。但事实上两家"公司"却占领了"第二抵押市场"的90%。今天，它们加起来的资产比美国最大银行的资产还要高出45%。

29. 这事很有故事性。贝尔斯登公司（Bear Stearns）是全球性的投资银行，在次贷房地产大热的几年发行大量以房地产抵押贷款为后盾的证券。到2006—2007年，贷款还不起（违约）的越来越多，但公司并未停手，而且更增加发行证券量。2008年3月14日，联邦储备局的纽约分局提供一笔紧急援助，以免公司突然倒闭，但无济于事。到3月16日，贝尔斯登公司被迫以贱价（2元一股，相对高位时的133元，但到了3月24日因股东抗议才把价钱提高到10元一股）卖给摩根大通公司（美国最大投资银行）。3月20日，证券交易监管局的主席还说贝尔斯登的崩溃不是资金问题，是信心问题。很讽刺的是，摩根大通收购贝尔斯登用的是美联储的钱（联邦出290亿，摩根大通只出10亿）。但在美国资本主义社会，就算国家出钱也只能用第三手（也就是贷款给一家由摩根大通挂名的公司，然后以该公司的名义去收购贝尔斯登）。当时美联储主席本·伯南克（Ben Shalom Bernanke）的辩词是"紧急援助是为了使实体经济不被金融市场的失序调整（chaotic unwinding）影响"。前主席保罗·沃尔克（Paul Adolph Volcker Jr.，1927—　）

（1999年曾反对废止《1933年银行法》）指出这个援助的行为已经走到美联储干预市场的法律极限（也就是在资本主义下政府权力的极限）。贝尔斯登险极过关，炒家们就把目标一转，对准雷曼兄弟，抛售它们的股票。公司总裁改组行政高层，以安抚股东，并向韩国投资者招手。在谈判期间总裁认为韩方出价太低（价低是因为对方认为房地产证券是"有毒"的），谈不来。国家财政部长亨利·保尔森（Henry Paulson，1946—　）明确表态政府不会补贴（如补贴摩根大通收购贝尔斯登）。原本有点意思的美国银行（Bank of American，美国第三大投资银行）见此，就举步不前。保尔森与蒂莫西·盖特纳（Timothy Geithner，那时是纽约联邦储备银行主席，稍后继保尔森成为财政部长；保尔森是共和党小布什的财政部长，而盖特纳则是民主党奥巴马的财政部长，但在2008年9月时，所有人都知道危机来临，虽然属不同党派也要共同应付）召集所有最大银行的领导人（包括高盛、摩根大通、摩根士丹利投资公司），想说服他们共同做担保人，好使美国银行同意收购雷曼兄弟。谈累了，稍歇。就在这个空当，第三大投资银行美林证券（Merrill Lynch）去找美国银行，想美国银行收购它（因为它也面临次贷危机）。保尔森首肯。于是美国银行再不跟进收购雷曼兄弟。到此刻，唯一的买家是英国的巴克莱银行，但英国的银行管制阻挠。雷曼不能再等，只有关门。这是9月15日的事。第二天，巴克莱竟然公布收购这个破产公司的北美业务（20日，美国破产法庭批准）。一周后，日本的野村证券（Nomura）控股公司也收购雷曼的亚洲与澳洲业务。保尔森日后说，"英国佬玩了我们（The British screwed us）"。

30. AIG 以保险业务为主，顾客包括《财富》杂志世界500家最大企业的87%。美政府紧急援助的最后总额为1800亿。AIG卖出巨量的信用违约交换保险，但没有足够的储备去应付受保的客户因违约而索偿。紧急援助是政府买入公司的股份，也就是成为大股东（在形式上就是收归国有）。到2012年政府才把股份卖出。

31. *New Rules Project* 的结论是1999年应该是国会的一个好机会去抗拒持续25年来对《1933年银行法》的削弱管制，"应面对改变中的金融系统去重申以高效的、结构性的工具，去保护金融系统的重要性，例如《1933年银行法》的防火墙和市场比率的上限、银行规模的上限、把'影子银行'纳入管制范围；并应建立新规条去控制金融衍生品和其他创新的金融产品的内在风险"。

32. 约瑟夫·斯蒂格利茨（Joseph Stiglitz，1943—　）这样说："废止《1933年银行法》就是把投资银行和商业银行合在一起，投资银行的文化胜出了。……商业银行模仿华尔街高风险的投机赌博。"从前比较保守的银行开始干风险大的投资去提高回报。经济学家保罗·克鲁格曼也认为废止《1933年银行法》是个错误。

33. 紧急援助希腊是在2010年开始，2018年8月结束，共3600亿美元，是有史以来的最大一笔。希腊人也不好过：减福利、国有企业私有化、加税。当初失业率是28%，到2018

年仍是 20%（年轻人达 40%）。援助条件很苛刻：希腊要保持财政盈余超 3.5%，直到 2022 年，保证平均盈余 2.2%，直到 2060 年。2012—2013 年，塞浦路斯也出现金融危机。

34.《华尔街法案》的关键条款是约束银行的投资范围，限制投机交易和禁止用银行本身的资产作为投资（proprietary trading），实际上是走《1933 年银行法》的方向——分开商业银行与投资银行，并且禁止银行连上对冲基金和私人基金公司，理由是风险过大。此外，还管制金融衍生品，特别是"信用违约交换"，理由是它们的买卖往往不通过正规的交易市场（像期货交易所或股票交易所），因此无法控制它们的成交量和对整个经济的风险（特别是大财务公司的大规模投机）。为此，《华尔街法案》设立集中的交易所去防止私下交易并提高这些交易的透明度（风险评估、利益冲突等），又成立金融稳定监督委员会（Financial Stability Oversight Council，2010 年 7 月 21 日签署）去监督大银行的稳定情况，因为如果这些"大得不能让它失败"的银行不稳，对整个经济都有负面影响。委员会有权拆散大银行以避免系统性的风险，也有权去强制它们增加储备。同时成立的联邦保险办公室（Federal Insurance Office）也有类似权力，但对象是"大得不能让它失败"的保险公司。此外，有序清盘局（Orderly Liquidation Authority）可以运用"有序清盘基金"（Orderly Liquidation Fund）去协助要清盘或破产的银行作有序的解散，以避免政府需要使用公帑去支持他们。还成立消费者财务保护局（Consumer Financial Protection Bureau）去防止掠夺性的抵押贷款（predatory mortgage lending，也就是以不合理的低条件，如低利率、低首付去引诱购房），因为当时的共识是整个次贷危机是由此而生的。保护局的任务是要使消费者有更透明和准确的信息，并同时防止抵押经纪人欺骗消费者去承担较高的贷款利率或贷款手续费，从而增加经纪人的收入。除了住房抵押外，保护局还管制信用卡和贷款卡的透明度，又设立信贷评估办公室（Office of Credit Rating）去监管评估公司对金融产品评估的透明和公开，因为那时的共识是金融风暴成灾的原因之一是评估公司把金融产品的风险评估过低（也就是安全度评得太高）。还有，《华尔街法案》补充了另一个有关的《企业告密法案》（Sarbanes-Oxley Act, SOX），成立一项奖金计划："告密者"（whistleblower）可以在法律判决某企业违法的赔款中拿取 10%—30% 的奖励；立例保护告密者不会被雇主迫害；延长告密期，从发现违法事情后的 90 天延到 180 天。

35. 反对者指责限制企业冒险会降低企业的利润并削弱美国金融公司在国际竞争的能力，尤其是繁杂的法律只是惩罚了那些与 2008—2009 年危机无关的、规模小的、地方性的银行和财务公司。也有人说这法案削减资金流畅（因为买卖会慢下来）和资金流量（因为法案要银行增加储备，不能用来投资），因此对市场不大（买家、卖家都不多）的国债（包括联邦、州和地方）买卖有负面影响。这批反对者都是大财务公司，而大公司是垄断了国债市场。他们就是买家、卖家，永远都是不会多的。他们的反对是完全从自己的利益出发。

36. 特朗普提出《经济增长、管制放宽和消费者保护法案》（Economic Growth, Regulatory

Relief and Consumer Protection Act）；地区性和规模小的银行被豁免若干监管规范，托管式的金融业务（代客看管资产，而不做贷款业务的）可以降低储备比例；储蓄互助社和小规模的贷款公司（资产低于 100 亿）等也可获豁免若干条款。

37. 将来，国家的最大负担可能是养老。低收入的老年人固然需要国家的生活津贴，但除了极富有的之外，所有老年人的一切所需会增加国家的经济压力。从最琐碎的公交车上下车设施，到老年人的休闲场所、到医院"老年病"患者的床位、到养老院，林林总总。今天，战后一代（1946—1964 年出生）已踏入老年。他们的诉求和心态是关键。这个自我一代一切以自己为中心，追求即时的享受。2008 年的金融风暴和紧接的大衰退使很多开始接近退休年龄的战后一代恐慌。他们习惯了丰裕和享受，但退休积蓄（包括退休金）却被大衰退削了一半。下半生（而这下半生会因医疗发达变得越来越长）怎么办？从整个社会的角度来看，供养他们的是世纪一代（1981—1995 年出生）。这一代的反应可分为两方面：对照顾数量庞大的战后一代寒心（尤其是他们本身的经济未来也不稳定），对照顾自我、自恋的战后一代反感（尤其是看见过去由战后一代把持的政府对战后一代的迁就）。值得注意的是，战后一代固然是自我一代，但世纪一代更是"自我、自我、自我一代"。他们对供养自我的战后一代已有反感。想象一下，要供养这个自我、自我、自我一代的又会有什么感受？未来 40 年的美国政治会是由世纪一代把持，会为世纪一代服务。一方面，这一代人肯定会要求多多，甚至比战后一代要求的要多，但美国的经济可能会力不从心。另一方面，到他们进入退休阶段（假设仍是 65 岁左右），要负责供养他们的会是他们的子女一代（也就是在 2015 年之后出生的），会更吃力，而且会更反感。

按美国人口调查署（Census Bureau）的报告可以算出以下：

年份 年龄	2000	2010	2020	2030	2060
18—44（壮年）	39.8%	36.5%	35.9%	35.2%	32.7%
45—64（中年）	22.6%	26.4%	25.1%	22.9%	24.0%
≥65（老年）	12.4%	13.0%	16.9%	20.6%	23.6%

到 2030 年，当战后一代都到达或超过 65 岁时，供养他们的世纪一代大部分在壮年（18—44 岁，平均 34 岁），小部分在中年（45—64 岁，平均 49 岁）。到 2060 年，当世纪一代都到达或超过 65 岁时，供养他们的差不多全部是壮年人（25—45 岁）。如果看看多少工作年龄人口（壮年与中年）供养多少退休人口（老年）就不容乐观。2020 年是 61.8% 人口（工作年龄，18—64 岁）供养 12.4% 人口，2030 年是 58.1% 供养 20.6%；2060 年是 56.7% 供养 23.6%。非但是供养的人越来越少、被养的人越来越多，而且被养的人的要求和期待是越来越高，而供养的人的热忱和能力却是越来越低。

38. 这里要提一下战后一代与世纪一代的另一种经济关系。除了一部分没有积蓄或积蓄被

2008年后的大衰退抹掉的之外,战后一代都是比较富裕的(最低限度有房子)。他们将会有大笔财富留给世纪一代。但是相对因循和懒惰的世纪一代恐怕就没有太多留给他们的子女了。

39. 2018年9月,全国失业率是3.7%,是1969年以来最低。

40. 全球资本需要的是廉价劳力。廉价是相对的,无论任何工种,发展中国家的工资永远低于美国(西方)。低技术工人当然如是,高技术工人也如是。发展中国家干人工智能、生化科技的工资肯定低于在美国或发达国家的同类工人。这也是印度与中国的高科技工人慢慢取代美国(西方)高科技工人的背后逻辑,也是全球资本(通过美国与其他发达国家)力争或力保知识产权的背后逻辑,因为有了全球性知识产权,全球资本就可以在全球选用工资最低的知识工人。知识产权是个怪异的理念。首先,历史已有很多证据显示,专利并不是英国工业革命成功的因素,甚至可能拖慢了当时的工业革命(见上卷之附录)。更关键的是,知识不是种正常的"产"。正常的"产"会因为转让给别人而减少(你有两个面包,给人一个,你就少了一个)。你把知识传给别人,你没有损失知识,你可能只是损失了利用知识赚钱的机会。如果知识的生产只是为了赚钱,一定有人来偷,保护不了的,因为它是没有实体的。保护知识产权的真正受益者是律师和间谍。知识产权还构成对知识生产的一种低效应,因为它禁止(最低限度不鼓励)别人发明同样的知识。举例来说,几个研究所都在研究同样的东西,但一个研究所抢先拿到专利,其他研究所的投入就白费了。当然,典型的西方经济理论是竞争带来进步。但经竞争来发明,浪费极大(自然界大鱼吃小鱼,绝不浪费;人类经济竞争,绝对浪费)。况且,如果是为钱而发明,那么发明出来的也只会是"赚钱"的东西(如果知识是为了赚钱,就只会有"赚钱的知识"),穷人、弱势就无望了,他们拿的是精英们对他们的可怜和施舍,希望水涨令船高一点。这样的科技对人类的贡献,也只可能加深两极分化。其实知识公开,对人类整体的利益会更好。"发明"是人类的自然冲动,公开知识会更能累积和组合知识。有人指出,一个药品的发明与上市是花很大成本的,如临床实验和设厂开工。这是支撑专利产权的理由。但正如房地产的开发,建房的成本是容易算出的,开发商赚的不是造房的价钱,是开发的价值,也就是拿到政府的"许可",完全是种寻租的行为。同样,知识产权的保护也是种寻租的行为,是政府保护知识产权而带出来的重利(租)。人类最伟大的发明都不是由专利引发的,但人类最赚钱的发明就往往是"专利的产品"。

41. 全球资本是全球性的谋权逐利,产生出一套全球性的权与利的苟合,也就是一套全球性的朋党政治和营私圈子。这与美国内部的权与利的分配绝不可能一致,因而会导致全球资本精英与美国资本精英(当然里面不少也是全球资本精英)的权与利的冲突,并构成对美国百姓生计的威胁。

42. 乔治·索罗斯(George Soros,1930—),可算是全球资本精英中的精英。他怎样看自疚？此君生在匈牙利布达佩斯一个富有犹太人家。家里宗教气氛淡薄，父亲以"世界公民"自居，倡世界语（Esperanto）。当时欧洲仇犹，索罗斯称他家是仇犹的犹太人（Jewish anti-Semitic），对自己犹太人的身份暧昧，甚至把姓氏从犹太的"施瓦茨"（Schwartz）改为不像是犹太名字的"索罗斯"，去混进主流社会。十三岁那年（1944），纳粹德国占领匈牙利。他父亲安排一个为纳粹工作的匈牙利基督徒作为索罗斯的教父（godfather，像父亲般去教导一个受洗者过其基督生活），好让他以基督徒的身份作掩护和躲藏（该人的妻子是犹太人）。此人的工作是"抄富有犹太人的家"，通常还带着索罗斯一起去。索罗斯一家在匈牙利度过纳粹年代，战后移居西方，在1954年入银行界，越做越大，成为龙头大哥级的人物。但他的赚钱方法颇招人诟病。经济学家保罗·克鲁格曼（Paul Krugman, 1953—   ）批评他在金融市场兴风作浪，是这样说的："近几年留意金融杂志的不会不知道在这些日子里投资者非但按他们预测的危机去移动资金，更是通过移动资金去引发危机，这些人还没有一个正式称呼，我建议叫他们作'索罗斯者'。"但索罗斯毫不自疚，甚至为纳粹工作也不自疚。1998年12月20日，他接受《60分钟》电视节目访问，谈到他少年时代帮手从被逮捕和解往死亡集中营的匈牙利犹太人家里把值钱的东西运走。

问：你去，其实就是等于充公犹太人的财产。

答：是，对的，是。

问：我的意思是，这样的经历听来好像会使很多人，很多、很多年躺在心理医生的卧椅上（接受心理治疗）。是不是很难受？

答：一点也不，一点也不。可能因为你是个孩童，所以看不到有甚关联性，但一点问题也没有出现过。

问：没有自疚的感觉？

答：没有。

问：举个例，"我是犹太人，我就在这里，看着这些人被带走，我绝对可以就是这些人，我应该是这些人"。没有这样想象过？

答：这样的话，我当然可以是另外一方，或者我可以说是自己财物被拿掉的那一个，但是，我不是不在场，因为即使……这样说吧，实在是很有意思，正好像在市场，如果我不在场，我就没有做，但总会有其他人去拿（这些财物），不管我在场不在场，我只是个旁观者，这些财物是被拿走。在拿走财物这事情上我没有做什么，所以我没有自疚的感觉。

他把自己叫作"旁观者"。他不可能不知道纳粹的凶残，因为他那时已十多岁，而且改名换姓，假扮基督徒。他不可能不知道自己是犹太人，不知道纳粹对犹太人要赶尽杀绝。虽然当时可能只知道一点点，但日后一定会全知晓，但他对当年的行为绝无半点自疚。同样，1997年的亚洲经济危机使他赚了大钱，但也大大危害了东南亚地区的民生。

危机是他引发的，但他说总有人在货币投机买卖赚到钱的，所以他也绝不自疚。他是个典型的"生存主义者"。他是纳粹仇犹下苟且的生还者，但又为纳粹工作（不管是自愿还是不完全自愿），而且当面对被纳粹杀害的犹太人（同胞），他没有自疚，因为他认为就算他不跟纳粹合作，仍会有其他犹太人跟纳粹合作，所以他与纳粹合作无可厚非。他是资本逐利的获益者，当面对在他逐利下被牺牲的人，他也没有自疚，因为他认为就算不是他引发经济危机，经济危机总会爆发。可以说，他不趁机赚钱只是不拿白不拿而已。他成功地把会使正常人产生自疚的行为正常化了，索罗斯最成功地代表了资本主义最成功的地方。

43. 《从容忍到平等：精英们如何把美国带上同性婚姻》(*From Tolerance to Equality: How Elites Brought America to Same-sex Marriage*, Darel E. Paul)。

44. 今天的"进步分子"包括两类：左派的"进步自由分子"(progressive liberals，主要是道德自由加一点经济公平) 和右派的"进步保守分子"(progressive conservatives，主要是经济自由加一点道德公平)。

45. 在这些精英的心目中，进步与自由是共通的，进步就是追求自由。他们以罗斯福的进步与自由为标榜。但是罗斯福高举的自由是什么？"言论自由，宗教自由，无匮乏自由，无恐惧之自由。"他的"进步"就是追求"无匮乏自由"，也就是经济公平。如今，进步分子就截然不同，虽然不能说是"挂羊头卖狗肉"，但他们卖羊肉，也同时卖狗肉。他所卖的狗肉是"性自由"，是"同性恋自由"。"无匮乏之自由"改写为"无歧视之自由"，"经济公平"改写为"性公平"，也就是同性婚姻与异性婚姻的平等。

46. 精英们甚至扬言，不用多久这些进步的大企业就会统治全球（big corporations will rule the earth），指的是这些大企业在这几年来大力推动同性婚姻，包括以企业力量去威胁政府让步。亚利桑那州、阿肯色州、印第安纳州的州长们因为企业抵制在州做生意、不赞助州球队、不在州搞大型活动等手段，迫使他们撤销保护宗教人士可以用宗教理由反对同性婚姻。

47. 同性婚姻没有生儿育女的承诺，所以就消灭了传统家庭的权力与责任架构，象征着个人自主、实现自主、表达自己。

48. 精英们把"容忍"定义为包容和保护那些被认为是违背道德或其他法规的人和行为，这意味容忍的对象是有缺陷、错误或不妥，也就是负面的东西。"平等"就是否决"容忍"，否决对这些人和行为的负面判断，以国家权力去公开认可这些人和行为，把对这些人和行为的负面判断划入私人观感的范围之内并加以严厉约束。就算近在十年前，美国精英对同性恋仍只是"容忍"态度。但十年之间发生剧变，尤其是在同性婚姻上，从不接受变成接受，甚至歌颂。精英中有异议的被逐出精英群，曾经反对过同性婚姻的政治精英如奥巴马、希拉里都作180度的急转。部分原因是精英们的"婚姻文化"与同性婚姻的

第六章　美国与全球资本

文化越来越相似。25 年左右的时间，在教育界和企业界精英的带领下，同性婚姻运动从社会边缘登上社会道德高峰，成为当代精英理想的基石。今天，精英以他们对同性恋的姿态去展示他们的社会声望，借此去提升他们的文化权威和政治势力。

49. 在社会学研究中有这些发现。(1) 生育率成为预测对同性婚姻支持的最准确指标。越少孩子的妇女越支持同性婚姻，也就是越把性与生育分开的越支持同性恋的正常化。(2) 支持同性婚姻就是变相否决一个家庭需要有父亲。越反对已婚妇女用丈夫的姓氏的人越支持同性恋。婚姻不再与生育有关，成为一种纯粹感情关系，一种"平等"的感情关系。

50. 在某种程度上，现代精英与清教（新教中的进步分子）是一脉相承，尤其是有关"个人经验的权威性"（清教强调人与神的关系是直接的，无须教会为中介）、多元化（清教中不同派系的共存）、包容（清教主张"容忍"）、性取向平等（清教是男女平等）和对社会的批判（清教对英国传统社会的批判）。

51. 精英们支持经济多样化（diversity），因为多样化与"社会管理主义"（managerialism）有密切关系。社会管理主义把成功的社会看作一个由很多组织组成的管理体制，去协调多样的人和他们多样的行为，通过企业管理的理念和工具去把他们的生产力和经济效率最大化，进而提升为个人的自我实现。多样化理念原先是用来处理种族之间的不同，把含有负面的"不同"化为正面的"多样"。同性恋从来就被视为不正常（非常负面的不同）。为此，如果同性恋也可以被接受为正常（从非常负面的不同变成完全正常的不同），岂不就是最成功的多样化社会了？

52. 城市学家理查德·佛罗里达（Richard Florida，1957— ）在十多年前提出"同性恋者是活力城市和创意城市的最佳体现，也就是如果一个城市要成为活力城市、创意城市就必须欢迎和吸引同性恋者"。他建议城市政府定下"同性恋者的人口指标"，一举使他成为学界、政界的宠儿。

53. 但这些也往往是全球资本带给美国的。一方面是全球资本增加了美国社会的贫富差距和身份诉求，另一方面是全球资本鼓励了美国精英谋权逐利的苟合，引发出更重的自疚，制造更多的姑息与纵容。

54. 2018 年的人均 GDP（美元），资料来自 en.wikipedia.org/wiki/List_pf_countries_by_(GDP)_(PPP)_per_capita：

美国	62,606
俄罗斯	29,276
中国	18,110
印度	7,874

2017 年的贸易与 GDP 的百分比（%），资料来自 en.wikipedia.org/wiki/List_of_countries_by_trade_to_GDP_ratio：

	出口	入口	出口加入口
美国	11.9	14.7	26.6
俄罗斯	26.0	20.7	46.7
中国	19.8	18.0	39.8
印度	18.9	21.8	40.7

当然，贸易与 GDP 的百分比低不一定代表自足。或者，低百分比只代表低水平的自足，例如尼日利亚（出口是 9.2%、入口 11.5%，总计 20.7%）和苏丹（出口 9.7%、入口 13.8%，总计 23.5%）。又或者，低百分比代表"靠人救济"，入大于出，例如也门（出口 3.6%、入口 30.0%，总计 33.6%）和埃塞俄比亚（出口 7.7%、入口 23.7%，总计 31.4%）。数据来自《国际货币基金》。

55. 不一定是注册的地方，因为注册往往是为了避税，而是它们真正活动的地方。

56. 要注意，小镇民主（来自清教时代公理制的教政和民政治理模式）与身份政治是绝对的两回事，可以说是背道而驰。在表面上看，两者都是"结社"。但托克维尔式的结社是为自立、自足，是种求诸己。身份政治式的结社是为权益分配（讨回公道），是种求诸人。同是结社，前者是团结做事，后者是结党谋权。巧辩者会说，团结与结党不就是一样的东西，但我们可以从它们的"果"看出分别。前者产出小政府，因为国民自立；后者需要大政府，因为国民依赖。诚然，身份政治强调个人、自我和道德自由，有助消费、有助资本，但身份政治也制造一种普遍性的怨气、戾气，冲击美国社会的凝聚力。

57. 且看全球资本对新加坡的情有独钟。它追求的是有序的逐利，可惜新加坡太小了。

58. 当然，犹太商人最有"世界公民"意识，到处逐利，但仍想以对他们最包容、最欢迎的地方为家。有时，一个社会的凝聚力也包含排外的意识。所以犹太商人最想的是既有秩序、又会包容的栖身之所。这也是全球资本精英的理想：秩序是逐利的保障，但逐利精神（自私、逞强）又往往被视为离经叛道，需要包容。

第七章　全球资本的未来、西方的未来与中国

　　资本逻辑蔑视劳动价值，也就是蔑视人类生存的意义；漠视弱者求存，也就是漠视人类生态的逻辑；忽视实体经济，也就是忽视人类生存的所需；敌视国家意识，也就是敌视人类天然的结社冲动。因此，必生乱。全球资本不会是"历史的终结"，只会带来"文明的冲突"。美国与伊斯兰世界必争。

表面看来，资本社会人人逐利、弱肉强食，是"失序"的，其实，资本主义是追求秩序的，全球资本更是追求全球性秩序。在这点上，资本主义从"乱"到"治"的方向是清楚的，逻辑是绝对的，有四方面。

1. 资本与劳动力

　　资本拥有者（资本家）和劳动力拥有者（劳动人民）在争。双方都想在产品上和生产过程中占大比重。但在标准化的生产模式中[1]，资本占尽优势的情况下，资本一定打赢。打的过程就惨绝人寰了。劳动力越来越被边缘化，低技能的被淘汰[2]，高技能的被招安，成为"人力

资本"（human capital），接受了资本调动，为资本服务。

当然，人不只是经济动物，还是社会动物、政治动物和有灵性的动物，明白经济的重要性，也接受经济条件的约束。但自古以来他从未甘心居于被动，他积极地、不断地通过改善经济条件去提升社会地位、政治权利和灵性满足。因为他完全明白经济只是个手段——保温饱，目的是求幸福。如果要为五斗米折腰，五斗米可能保温饱，但折了腰怎能享幸福？

就算在经济领域内（生产与消费），人也不想被资本支配。但是在资本主义经济里，生产技术、消费模式不断在变，美其名曰创新，实情是废旧，人怎追得上、怎站得稳、怎知可保温饱？工业革命以来，劳动者就与资本斗争不断，结果是劳动力被资本成功取代，劳动的尊严锐减。如今劳动者就像商品一样被资本买和卖。自古以来，人的经济价值是生产者，但在今天的资本社会里，人的最实际价值是消费者。从工人运动到革命，资本好像总是打赢，但斗争并未平息。其实这是资本的工具逻辑与人的生存意义之争。资本应是为人服务的，但它要做主人，人类怎能接受、怎会甘心？直到恢复正常的主仆关系。怎能不乱？乱的代价也只会越来越大。

2. 大资本与小资本

通常讲，自由竞争永远是强者胜。关键在"强"的定义是什么。从进化论的角度去看，"强者"就是"适者"。但"适者生存"是个套套逻辑。谁是适者？生存的就是。谁会生存？适者才会生存。从资本主义的逻辑去看可不一样。现代资本主义附生于生产标准化，很自然地用生产规模定义强弱。规模大的强，规模小的弱。

借着规模效应成长的现代资本经济,把规模看成万能灵丹,忘记了规模效应只是标准化生产的衍生品而已。有一天不再是标准化生产,规模就失效了[3]。今天,对规模效应的着迷,产生出一个"越大越好"的条件反射。谁听过大企业想变小?所有小的都想变大,大的想变更大[4]。小的、不能变大的总被歧视,而且随时可能被大的吃掉。所以小的非但位低,而且势危。

当资本经济拼命往大资本方向走之际,生态学给了我们启示。每一个生态系统都有它的安全上限和下限,离开上下限就会毁灭(如猎物与捕食者的相对和绝对数量一定要维持在一定的平衡的上下限之内,不然,猎物与捕食者都会毁灭)。演绎到人类行为上就是:如果我们完全知道安全上下限在哪里,我们应往中间走,因为此处距离上下限同样远,最安全;如果我们不完全知道上下限,也不完全知道自己身处何处,最明智的是原地不动,因为起码这一处和这一刻还是安全的;但如果我们对上下限完全不知,对自己的处境也不知,那么我们应该假设总会有可能掉在上下限之外,明智的做法是保留一点选择余地。人类经济也是种"生态系统",如果拥有所有信息、具有无限能力,当然可作"万全之策",包括不断把资本扩大。但如果不是全知、全能,最好还是定下"万一之策",有大也要有小。这也是生态学提倡生物多样化的原因。但是,恐怕在资本全球化、大资本全球化的热潮下,我们被弄昏了,到小鱼被吃光时,可能大鱼也要死光。

3. 金融经济与实体经济

金融经济的逻辑扭曲实体经济的运作,逻辑如下:(1)产品畅销,消费者愿意付款消费,包括贷款消费。金融中介自然乐意多借,间接夸大了需求。（2）产品畅销，生产者想融资增产。金融中介见世道好，自然乐意多借，甚至投资入股，间接助长了供给。（3）消费饱和，消费者踌躇不前，生产者降价吸引消费。金融中介降息吸引消费贷款，隐瞒了市场供求的真相，延长了好市的虚象。（4）稍后，市道不好，产品积压。金融中介担心生产者无力还款，一方面收紧尚未借出的钱，一方面催还已借出去的钱，于是加剧了生产者的困难，也加速了他们的崩溃。（5）生产者破产。金融中介按合同接收产品。但金融中介并不是做生产的，得物无用，贱价变卖，于是加深了市场不景气和社会不稳定，并浪费了投入的生产资源。

可见，供不应求时，金融中介追求回报的行为使供和求都超高，并延长了好市的虚象；供过于求时，金融中介保护自己投资的行为加速了生产的崩溃，延长了市场的不景气。金融中介的投机性强，是制造经济泡沫的能手和刺破经济泡沫的杀手。无论是有意还是无意，金融中介扭曲了消费与生产之间的供求信息沟通。它推波助澜，加速了供求周期的频率、加大了供求升降的幅度。

开始时，金融是为生产服务。生产者为降低成本发明了分工；分工引发标准化；标准化带出规模效应；要取得规模就要扩大生产；要扩大生产就要融资，遂出现融资行业（前身是借贷）。以金融（借贷）逐利的逻辑，影响了以生产逐利的能力与条件。作为一个经济的主要部分，金融行业的旺淡影响了整个经济的气候。前面说了，金融经济走向投机赌博，那就更加喜怒无常。整个实体经济，无论是生产或消费，都会因金融市场的反复变得被动。很多金融产品的价格与实体经济根本没有关系。但金融产品价值的升降就完全支配了实体经济。实体经济与金融经济之间的关系是主辅颠倒。金融经济根本漠视实体经济，但实体经济又不得不依赖无从捉摸的金融经济，能不失措？失措必乱。

4. 资本与国家

从一开始，资本好像就走向无国界[5]。就算对理论不感兴趣的生意人也都知道要跟成本最低的产地、利润最高的市场交易。其中，最大的阻力来自国界、族界。

有史以来，国家的界线都是限制性的：限制进来，限制出去，都是自由经济的大敌。当然，这是从"强者"的角度去看，因为强者（有能力的）才认为他应该可以进占人家的市场或掠夺人家的资源，弱者才需要有国界保护。但是国界是怎样出现的？凡国界都有排他性，不让不同种族、语言、信仰、文化的人进来。当然，这些都是非经济理性的东西。但是，人类从部落时代开始就为这些非经济理性的东西流血，从未中断，将来也会如此。当然，有人会用经济去演绎国与国、族与族之间的争和战——抢资源、抢土地、抢女人、抢奴隶，不就是为了"经济"？如果国家的基本属性是"经济"，经济强者早就自成一国了，人类也不会按种族、语言、信仰、文化这些非经济理性的因素而聚结了。同样地，总不见经济强者排挤与他同文同种的经济弱者于国外（在国内欺压倒是司空见惯）。因此，经济不可能是结邦、建国的基础。

全球资本就是引导人类走上没有国界的世界，因为国界约束资本的自由流动，劳动力的自由流动，科技、知识、文化的自由流动。如果没有国界就会世界"大同"——但是，在资本旗帜下的"大同"：当初是国际性的组织，现在是全球性的组织，它们的权力越来越大、管理的领域越来越多，从世贸组织到世界银行、从联合国到世界卫生组织，还加上千百的非政府组织，都是往这方向走。谁能说这些组织不好？但代价是要人放弃他的"国""团体""家族"。全球资本并没有发明"世界公民"，但它肯定这个意识。全球化经济精英之间的共同文化（逐利、效率和与其平行共生的自由、人权）比他们与自己国家的同胞之间的文化共性还要强。作为一个阶级，全球化精英认为国界会限制他们发挥、限制人类发挥。从世界公民的角度去看，国界生于人类的无知，是个历史的错误。当初或者还有一些经济作用，但现在已经过时了。今天，国界约束经济发展，有违自由意识。资本是"理性"的，国家是"非理性"的[6]，必争。

如果世界只有资本逻辑，会出现以下现象。资本与劳动力相争一定会走向资本独尊，因为资本才是真主人；大资本与小资本相争一定走向大资本垄断，因为有规模才有效率；金融与实体经济相争一定会走向金融支配，因为实体经济已向金融投降；资本与国家相争一定会走向全球资本，因为国家界限源自不理性的部落意识。在人纯是自私的、资源是有限的、追求是无限的假设下，在生产标准化、经济规模化的前提下，终极胜利的资本世界将会是一个全球性、大金融支配下的消费经济。这是资本文明的终向。

这将会是一个秩序性极强的资本世界：劳动力拥有者服从资本拥有者（管理者）的安排；财富不断集中到少数精英的手里；实体经济在金融经济支配下鼓吹消费；国家如果还未消失，就是为资本服务。这个世界的物质会高度繁荣。虽然贫富悬殊，但连最低层也不虞冻馁[7]；在大资本垄断下，在消费经济推动下，创新不断，但都是声色之娱，都是为大资本赚钱；爱国、爱家是过时的东西、狭隘的思想；自利与公益是一而二、二而一，并无矛盾。当然，生态破坏是很可惜的，所以剩下来的要强力保护，科技会有办法；资源短缺是危机，但也是机遇，新资源（包括外星开发）还会带来新财路[8]；人性颠倒需要我们适应，但当全人类（起码大部分人）都接受了全球资本时，岂不就是大同社会；国家式微是难免的，这是历史的新陈代谢，世界公民比楚河汉界的宗教、民族、文化之争好多了。这些就是全球资本的"理想国"。

可惜这个如意算盘是打不响的。(1)人性太顽固了。他既要自存也想与人共存。资本主义要人完全自私，太"理想化"了。虽然资本制度不断地重塑人性，但总未能成功使人类完全自私（完全的资本理性），而且资本压力越大，人性抗拒好像越强。资本不会真正独尊，大资本更不会独尊，除非人性灭绝。(2)历史太沉重了。家、族、国的凝聚力是天然的，来自千万年的进化，也来自人类求共存的本能。要人类抛弃家、族、国，代之以个人、自由，除非改写历史。(3)生态太脆弱了。我们未察觉到的还不算，单是我们认识到的生态问题就已经令人寒心了。很多生态资源问题是科技引发的[9]。全球资本的终向永不能达，但它对这个终向的追求也永不会改，所以它会不断地扭曲人性、否定历史、破坏生态，这才是真的悲剧。

但多少人会警惕到：温柔乡也是英雄冢？一旦被它拥抱，多少人能自拔？国家也如是。全球资本必须寄生于一个主体，它的生命力来自主体的精血，它的丰盈引发主体的干枯。"二战"以来，它缠在美国身上，软硬兼施，勾引着美国去实现全球化、大金融支配下的消费经济。这就是西方文明的现在。这也会是西方文明的未来吗？

5. 西方文明的未来

有关西方文明的未来，两本最有分量的著作应该是弗朗西斯·福山在1992年出版的《历史的终结与最后的人》和亨廷顿在1996年出版的《文明的冲突与世界秩序的重建》。这两本书都是从历史的角度出发，而它们的历史主要从启蒙开始。

福山以法国大革命前几十年的启蒙作为历史的起点，进而得出历史的终点，或许有待商榷。但是，如果用来作为美国文明的起点，去看美国文明的终点，也许能看出一点东西。

亨廷顿与福山应属师徒关系，同在哈佛。1992年，福山出版《历史的终结与最后的人》(*The End of History and the Last Man*)[10]。一般的书评聚焦于"自由民主与资本主义组合"（liberal democracy combined with capitalism）的最后胜利。但我认为同样重要的，甚至更重要的，是福山对"最后的人"中的这个"人"的演绎。

首先，福山认为这个组合的胜利不是偶然的，而有其哲学根源。他认为，以经济发展去证实自由民主的功效是不符合历史事实的。任何可以长久维持的政治制度必须依赖被统治者对这个制度的长期认同，这才是政权长期合法性的基础。黑格尔对柏拉图的"认许"（thymos）理念是这样演绎的："人是有道德观的动物，他追求同类对他的赞许。"但是，追求认许的冲动也是人类纷争的根源，而且，当它与极端相连时就是一种极权的倾向。一般情况下，人类追求别人将他视为同等。为此，奴隶与主人的关系是种双方都不能满足的关系——奴隶不满足，因为他怕死、怕罚才服从主人，主人不满足，因为奴隶对他的服从不能代表与他同等的人对他的认许。西方的基督宗教是第一个清楚指明在神面前所有人都有自由意志和自由选择因此所有人都有个人尊严的宗教。这就是说，所有人应互相认许对方的尊严，而没有一个人应拥有绝对的权力。因此，黑格尔认为法国大革命其实就是基督宗教的实践。

因为人类有追求认许的冲动，所以"民主程序"的重要性不在程序产生的后果而在程序本身，因为这个程序允许每个人有道德自主权。这是连贯自由经济与自由政治的关键环节：一个建立于"经济"与"认许"两条腿上的国家是唯一能够完全满足人类的社会制度。在这个自由民主（liberal democracy）的政制中"互相对等的认许"（reciprocal recognition）是指政府认许个人尊严（政府保护个人权利）、个人同意认许每一个人的尊严（每个人不侵犯别人的权利）、每个人同意认许政府的尊严（每个人遵守政府定下保护个人权利的法律）。因此福山指出，单是自由经济不足以解释美国的各种社会运动，例如给予黑人和妇女选举权不是种经济手段，而是民主本身的目的。

"认许"与"平等"之间是有张力的，因为各种不同的价值观都自视比别的价值观优越，都在追求全体对它的认许。一个国家里怎能够同时给予不同的价值观"平等"的"认许"？因此，在一个社会流动性强、追求经济利益多于遵守传统法规、职业技能比阶层级别更重要的社会中，资本主义会特别有效。

福山承认自由民主或任何其他制度都不能完全消灭人类对认许的冲动，但如果自由民主加上资本主义就能提供较安全和对社会有益的宣泄渠道，例如企业家精神和职业运动竞赛。从社会稳定的角度去看，让认许冲动强的人去从事商业活动比让他们参与政治和宗教运动安全得多了。

有人这样总结福山："自由民主与资本主义的组合是一个能够使每个人的野心都能得偿的政治与经济秩序。"当然，福山的书名有点"语不惊人死不休"的挑战味道，自然有不少人应战。

一个典型的反调就是2014年一篇叫《历史仍未终结》的文章[11]。

作者指出，福山强调自由民主会取胜是因为人类对和平与幸福的追求会使国家走向进步，不会回头[12]，但又同时指出福山写这本书的历史背景是柏林墙快倒、苏联正在解体、发了疯的自由经济正在推动大消费。那时，自由的资本主义的民主（liberal capitalist democracy）好像真的能够保证人类可以在这个全球化的世界里兴旺繁荣，而放任经济好像真的能够保证未来会是自由民主的国家，没有匮乏和压迫，生活于和平及满足之中。作者要我们注意，在这本书出版后不久，新冷战出现，伊斯兰世界走上国家主义，更关键的是，资本、民主、自由之间的相连性断开了[13]。还有，福山推崇自由民主的理由之一是"民主和平论"（democratic peace theory），指成熟的民主的政制会极少（甚至绝无）互相攻伐。这当然要看"成熟"和"攻伐"的定义。作为一个全球性现象，民主政制只是近代的事情，所以很难"一概而论"。民主国家之间也许没有攻伐，但民主国家对非民主国家的攻伐就经常发生。

后现代主义知名学者雅克·德里达（Jacques Derrida，1930—2004）从另一角度去批判，认为以福山为代表的西方太想"弄垮马克思"，因为马克思的历史进化理念指向另一种历史的终结——民主的胜利，带有直接民主形式的共产主义的胜利，这令西方资本主义国家感到焦虑，因此福山要为西方寡头政权传播"新福音"。德里达指出，我们不能无视在福山描述的自由民主成熟过程中，人类历史上从未有过这么多的男、女、孩子在这地球上受奴役、挨饿和被毁灭[14]。

很多评论家，特别是在《历史的终结与最后的人》出版后十多年的历史见证下，认为福山遗漏了一个关键因素——文化。他没有考虑到"种族的忠心"（ethnic loyalty）和宗教激进主义会成为自由民主扩散的最大阻力。1992年，本杰明·巴布尔（Benjamin Barber，1939—

2017）在《圣战对抗麦当劳世界》一书中[15]以"麦当劳"代表俗世、自由和亲企业，而"圣战"则代表部落主义和宗教激进主义。2001年，也就是"9·11"之后，左派的法里德·扎卡利亚（Fareed Zakaria, 1964—　）提出"历史终结的终结"，右派的乔治·威尔（George Will, 1941—　）也说，"历史放假结束，又回来了"（returned from vacation）。

其实福山也谈伊斯兰，但认为它没有理性和感性的意图在伊斯兰心脏地带以外扩充。他在2008年的《华盛顿邮报》上还是这样说："今天，在意识形态上，自由民主的真正竞争者是激进伊斯兰（radical Islam）。真的，今天世界上最危险的国家是由什叶派穆斯林管治的伊朗……激进的逊尼派在夺取政权上是非常无能的，因为它倾向于残杀自己的支持者。有些'失落'（被剥夺权利，disenfranchised）的穆斯林会被拉登或艾哈迈迪－内贾德（Ahmadi-Nejad, 1956—　）的狂言激励，但这种中世纪的伊斯兰主义的吸引力是极有限的。"他说，"民选的民主政府最大的问题不在意识形态，而在能不能提供人民他们想从政府得到的东西：为获取个人发展机会所需的人身安全、分享经济增长、基础公共服务……25年过后，最严重的威胁不是来自有些更高、更好的模式会有一天超过自由民主。一旦社会踏上工业化的电梯，它们的社会结构就会开始改变，要求更多的政治参与，如果政治精英接纳这些要求，我们就走到了民主自由"。[16]

福山以哲学和历史去演绎西方过去，推断西方未来，而他老师亨廷顿则以文化来演绎和推断。1996年，他出版《文明的冲突与世界秩序的重建》（*The Clash of Civilizations and the Remaking of the World Order*）一书，指出意识形态可能终结，但人类的冲突不会终结，未来的冲突将会来自文化与宗教，而不是意识形态与经济[17]。以下是他的思路（要特别留意，他所用史料是1993年前的）。

人类大历史就是文明的历史。不同文明有不同的"关系观"，包括天与人、个人与群体、国民与国家、父母与子女、丈夫与妻子等；每种关系内含的因素包括权利与义务、自由与权威、平等与等级等；因素与因素之间的比重和因素内部的权重，也会因不同文明而异。他说："一个文明是一个文化的载体（a civilization is a cultural entity）……阿拉伯人、中国人、西方人不是某一个较大的文明（文化体）的一部分，它们是不同的文明。文明是人类最高层的文化组合和最广义的文化身份，再高再广就是全体人类与其他动物的分别了。文化体的客观性定义可以是语言、历史、宗教、习惯、制度；主观性定义就是人的自我身份（self-identification）。人有不同的身份：一个罗马城的居民可以用不同强度去定义自己——罗马城人、意大利人、天主教徒、基督信徒、欧洲人、西方人。他所属的文明就是他以不同的强度去认同的各种身份。人可以重新为自己的身份定义，因此，文明的结构和界线是可以改变的。"文明可以包括很多人，如中国[18]；也可以是很少人，如英语体系的加勒比（Anglophone Caribbean）。

亨廷顿列举八大文明，大致分布在八个地理区位，所以他的文明的冲突有一个地缘政治的维度，分别为西方文明[19]、拉丁文明[20]、正教文明[21]、儒家文明[22]、印度文明[23]、日本文明、伊斯兰文明[24]、非洲撒哈拉文明[25]。此外还有几类特别情况，如"单独文明""断层文明"和"摇摆文明"[26]。我们要特别关注的，是他所指的"摇摆文明"，以土耳其和俄罗斯为例[27]，因为它们摇摆的方向会大大影响世局。

亨廷顿指的西方文明包括欧洲和北美。他认为文明之间的界线不一定清楚和分明，但是真实和实在的。他又指出，西方人倾向认为"国"是世界事务的主角，但这个理念只有几个世纪的历史。1648年的《威斯特伐利亚和约》（Peace of Westphalia）之后的一个半世纪，冲突是发生在王侯（princes）之间：皇帝、绝对君主、立宪君主，要扩展他们政府和军队的规模、保护主义下的经济力量，以及更重要的，他们统治的疆土，在这个过程中创造了"国家"。从法国大革命开始，"君主之战结束，民族之战开始"[28]。直到"一战"结束、俄国革命和随后的反应，国家之战转为意识形态之战。冷战期间，这个斗争是嵌在两个超级强国之争之内。但美国与苏联都不属传统欧洲国家的定义，它们的身份都是以意识形态来定义的。亨廷顿认为在此之前的战争是"西方的内战"。冷战结束之后，国际政治不再是西方的家务事，非西方的政府和人民不再是西方殖民主义的目标，他们联合西方去同写世界历史。

"二战"后，西方开始后退，殖民帝国消失，先有阿拉伯国家主义，继是伊斯兰激进组织现身。同时，西方变得极依赖波斯湾区的能源，产油的伊斯兰国家变得"有钱"，有钱之后是"有武器"。在这段时期（1950—1990年代）阿拉伯与以色列发生了多次战事；法国在阿尔及尔采取军事行动；英、法在1956年入侵埃及；美国在1958年进入黎巴嫩之后又重回，再攻利比亚，继而伊朗；阿拉伯和伊斯兰恐怖分子袭击欧美本土。1990年美国大军攻打伊拉克，而北约也越来越关注"南方"（Southern Tier）。西方与伊斯兰世界之争不会减，甚至会更暴力（亨廷顿作预测时还未曾发生"9·11"事件）。战事使阿拉伯人以伊拉克的萨达姆·侯赛因（Saddam Hussein，1937—2006）为傲（因为他攻打以色列、力抗西方），西方在波斯湾的耀武扬威也使很多穆斯林感到被羞辱和反感。

至于中美之争,亨廷顿认为主要是人权、贸易和武器扩散,而这些分歧很难降温。美国与日本也有争,主要在经济。两者的文化差异加剧了经济冲突。双方都认为对方有种族歧视:对于美国来说,对日本的歧视不在种族,而在文化,但两个社会的基本价值、态度、行为不能更改。美、欧之间的经济问题也不轻于美、日之间,但没有同样的张力,因为美、欧文化差异远小于美、日文化之间的差异。

亨廷顿认为文明冲突,特别明显的是伊斯兰文明与非伊斯兰文明的冲突,产生血腥边界。早在中古,伊斯兰就要挺入欧洲。基督文明与伊斯兰文明冲突的主要文化因素包括:(1)双方向对方传教;(2)对唯一真宗教的坚持,没有妥协;(3)双方都是目的论的宗教(teleological religions),也就是宗教信仰与价值观决定人生的目的;(4)把不信者和无信者视为敌人,甚至要暴力对待。近期的伊斯兰宗教热忱升级和人口爆炸,加上西方推销普遍价值观激怒了伊斯兰激进组织,将带来伊斯兰文明与西方文明的冲突(这是亨廷顿1993年的看法)。他又指出,若是西方成功地使阿拉伯地区政治放宽,受惠者将会是伊斯兰极端分子,因为在阿拉伯行西式民主只会加强反西方的政治力量。同时,他警告,穆斯林人口极速增长,尤其是在北非,如果这导致往西欧移民,就会加深欧洲(尤其是法、德)对阿拉伯和土耳其移民的歧视与暴力(亨廷顿在1993年就已看到了)。

不少人同意亨廷顿的看法。阿克巴(Mobashar Jawed Akbar,1951— ,印度政治家,2016—2018年为外交部长)说:"西方下一场的对抗肯定会来自伊斯兰世界。新世界秩序的竞争会在马格里布(Maghreb)到巴基斯坦的伊斯兰国家圈开始。"伯纳德·刘易斯

（Bernard Lewis，1916—2018，美籍犹太历史学家，以研究伊斯兰教史著名）也说："我们面临一种情绪和一个运动，这会是一种文明的冲突——可能是不理性的，但肯定是对我们'犹太－基督'的过去、我们'俗世'[29]（secular）的现代，和这两者向全球扩张带来的一种反应。"美国政治评论家大卫·格林韦（Hugh David Gneenway）把这个现象叫"血缘－国家情结"（kin-country syndrome）。在国际关系上，"血缘－国家情结"取代了政治意识形态和传统的势力平衡（balance of power）。在冷战后，这些冲突，无论在波斯湾、高加索、波斯尼亚，都不是大战，但都有"文明"的成分[30]，而且都是伊斯兰与非伊斯兰之争。

亨廷顿是这样解释文明的冲突的：（1）文明有基本的差异性：历史、言语、文化、传统和最重要的——宗教。这些差异很难消失。（2）世界变小，交往加频，加深了文明意识、文明之间的差异和文明之内的共性。（3）经济现代化和全球化瓦解了人类地域性的身份意识，宗教填充了这空档，给予人类一个超越狭窄国家界限约束的但又不受全球资本文明支配的"身份基础"（basis for identity）和"承诺基础"（basis for commitment）[31]。（4）文化性格的差异比政治和经济更难达成妥协。你可以是半个阿拉伯人和半个法国人，或双重国籍，但你很难做半个天主教徒和半个伊斯兰教徒。（5）地域经济的成功加强文明意识，因为经济的地域性只可能植根于共同文明之内（他以中国内地与香港、大陆与台湾为例，但他的书是写在香港回归之前）。

《文明的冲突与世界秩序的重建》所描述的是一个四面受敌的西方，也就是新加坡学者兼外交家马凯硕（Kishore Mahbubani，1948— ）发明的词："西方对抗各方"（the West versus the Rest）[32]。非西方国家怎么办?(1)可采孤立政策(isolation)去保存自身的价值和不被西方侵略,但代价高,只有少数国家可用;(2)可站队(bandwagoning),接受和加入西方;(3)通过现代化去"平衡西方力量",包括发展经济和军事力量、与其他非西方国家合作对抗西方,并同时保存自己的价值和制度。亨廷顿认为非西方国家的国际影响力会使西方开始认识其他文明的文化基础,并停止以为西方文明是普遍的,而各文明也可以学习共存,共同塑造未来世界。他预计"断裂带冲突"(fault-line conflict)会在国与国之间出现,或国内各文明之间出现;"核心国家冲突"(core state conflict)会在不同文明的大国间出现,或当不同文明大国被卷入断裂带冲突时出现。引发这些现象的成因包括影响力和权力(经济、军事)的调整、民族与文明的互相歧视、干预或保护同文同种。

亨廷顿特别提到儒家文明与伊斯兰文明的关联(the Confucian-Islamic connection)。首先,他认为其他文明要加入西方的难度,从浅到深是拉丁美洲、东欧,接着是正教(苏联),然后是伊斯兰、儒家、印度教、佛教。(日本是例外,在某方面它是西方,某方面则绝不是。)"这些国家因文化理由和本身实力理由,不愿或不能加入西方。它们会发展它们自身的经济、军事和政治力量去与西方竞争。为此,它们会提升它们内部的发展和与其他非西方国家的合作。最明显的合作是儒家-伊斯兰联结去挑战西方利益、文化和权力。伊斯兰世界与西方的冲突会聚焦于(但不限于)核、化、生武器,导弹系统,情报和电子能力。"印度国防部长评波斯湾战事时说:"不要跟美国打,除非你有核武器。"至于中国,他特别关注"中国军事力量的持续扩展和它创造军事力量的能力"。亨廷顿叹息:"旧式的军备竞赛是每方发展自己的武力去平衡或超越对方,但在这个新的军备竞赛里,一方在发展它的军力,另一方(他指美国)不是尝试去平衡,而是去约束和制止竞赛并同时削减自己的军事能力。"

他总结他的这本书对西方的意义:"文明的差异是真的、重要的;文明意识在上升;文明的冲突会取代意识形态和其他的冲突;国际关系(传统上是西方文明内部的事情)越来越脱离西方,除非西方文明转为主动而非被动;成功的国际性政治、安全和经济体制会来自文明之内而非文明之间;不同文明之间暴力冲突的可能性会比一个文明内部冲突的可能性高,并且会很危险,因为会升级为全球性的战争;最关键的世界政治轴心会是'西方与各方'(the West and the Rest)的关系;在某些撕裂的非西方国家中,会有精英引导国家向西方倾斜,但他们会面临很大的阻力;在可见的未来,冲突的中心焦点是西方与几个伊斯兰－儒家国家。"

他认为在短期内,这不是理想的事情。西方应"鼓励文明内部更大的合作和加强一致,特别是北美与欧洲,并把东欧和拉丁美洲吸纳进来;提升和维持对俄、日的合作,以防止地方性的文明冲突升级为大规模的文明战争;约束儒家和伊斯兰国家军事力量的扩展;放缓裁减西方军力并维持在东亚和西南亚的军事优势;离间儒家国家和伊斯兰国家,以及利用它们之间的冲突;支持其他与西方价值和利益相符的文明;加强能反映和使西方利益合法化的国际组织并鼓励非西方国家参与其事"。

他较长远的考虑是强调现代西方文明是包括"西方"和"现代"。"非西方国家会继续想获取财富、科技、技术、机器、武器,并想协调现代化和它们的传统文化和价值。同时,相对于西方,他们的经济与军事力量会增加。所以，西方要越来越容纳这些非西方国家。它们的力量会追近西方，但它们的价值和利益与西方的就大有分别[33]。这需要西方维持它的经济和军事力量去保护自身的利益（相对于这些其他文明），也需要西方去更深入地了解这些文明的基础宗教和哲学理念，以及这些文明之中的人如何看待他们的利益。这需要花力气去辨认西方文明与其他文明共通的元素。在可见的未来不会有普遍的（泛世的）文明，而是一个有不同文明的世界，每种文明要学习与人共存。"

细读《文明的冲突与世界秩序的重建》，可以感觉到亨廷顿虽然提出八大文明，但其中五个是陪衬。他的立足点仍是西方，真正批判的是伊斯兰文明，真正担心的是中国与伊斯兰世界联手[34]。

有一点要清楚：批评亨廷顿的都是学界精英。美国学界精英差不多都是进步分子——身份政治的倡导者和维护者。在"价值观相对"的意识形态下，谈文化（价值观）的冲突是大大的忌讳。就算谈民族性格也是禁忌。但20世纪的大半时间（"一战""二战"，以至冷战），民族性格的研究大盛[35]，因为要摸清楚敌、友的性格。可惜过去的几十年，在身份政治的桎梏下，美国学界精英变成鸵鸟。很讽刺的是，美国国防部反而关注这个问题，特别是关注伊斯兰文化，因为打仗要敌我分明，知己知彼，才能掌握胜算，才能赢得"心灵与思想"（hearts and minds）。

6. 全球资本与中国

在逻辑上，全球资本不会永远留在美国，或任何一个国家，因为全球资本不容国家存在。但在过渡期、在形式上，它会留在美国，但一定不会"供养"美国，而是要美国"供养"它。因此，全球资本会不会长留美国，就要看美国可否从衰败社会（纵容弱小）和疲惫社会（姑息贫苦）脱身出来。全球资本肯定不会背美国的包袱，但是，如果要美国放下这两个包袱就要美国摒弃自疚之心（不再姑息、纵容）。以卫道和高贵自居的美国人会不会、能不能？立国的黄蜂、扬基不会，因为这是美国文化的基因，寻"美国梦"而来的移民也不会，因为他们都被同化了。美国文化中，谋权逐利带来自疚是个解不开的死结。

当然，全球资本一定看得见了这个死结，迟早会抛弃美国。没有自疚的民族，或不会因争权、逐利而自疚，不会因自疚而纵容弱小或姑息贫苦的民族才是全球资本的真正传人。

在全球资本的眼中，我们也有两个大的瑕疵。虽然中国人没有宗教式的自疚（guilt），却有差不多是宗教式的羞耻之心（shame）[36]。这也是一种约束——社会性的互相约束（家的约束、街坊的约束、氏族的约束），这个约束也会拖慢全球资本。另一个瑕疵是我们的集体意识太浓，不合全球资本的自私要求。

全球资本视国家观念为落伍，视民族意识为无聊，但国家观念与民族意识也会使人觉得全球资本的效率逻辑太不近人情、太摧残人性。国家不是理性的产品（所以在资本逻辑中它是落伍和无聊的），起码传统的国家不是。传统国家是历史凝聚出来的，不是理性设计出来的。凝聚力量来自血缘、语言、宗教，是一种血性，一种原始的意志力，一种几近部落社会的民族意识，一种有时几近皂白不分的爱国情怀。这些都可能很危险，但是真事实。

这也解释了英国脱欧（Brexit）的冲动。的确，英国人 2016 年的公投完全出人意表，51.9% 赞成[37]。脱欧主力是教育水平较低的保守分子[38]。为什么？有说他们不聪明（如果教育水平低代表不聪明，那么支持脱欧的确实不聪明），有说他们是保守分子（如果凡不支持全球资本的都属保守，那么支持脱欧的确实保守）。但这些都没有解释他们为什么要脱欧。真相是他们认为欧洲支配了英国，也即不满英国失掉了国家主权；他们反对大量移民和难民涌入英国，也即害怕英国人失掉了民族特征。欧洲支配英国是全球资本成熟的大趋势；移民涌入英国是全球人力资源的大布局；难民涌入英国是全球剥削引发的大迁徙。"不聪明"和"保守"的英国底层看得清楚极了，全球资本精英，包括在英国的代言人瞒不过他们。公投结果一出，全国哗然，连赞成脱欧的都做梦也想不到脱欧成真。

中国是个古老的国家，历史、传统以至民族的神话深深烙入了中国人的灵魂。全球资本有足够的诱惑，使中国人忘记祖宗吗？水会浓于血吗？这将会是全球资本与中国文明拔河的决定因素。

还有一个现实的问题。如果全球资本要抛弃美国，美国的矛头很自然地会指向中国。不管全球资本是不是投向中国（也不管中国接收不接收全球资本），美国都会认为是中国把它抢走的。全球资本对中国垂青是有目共睹的；中国对全球资本的态度（从美国角度去看）会不会是从矜持（想要又不敢要）到积极（唯恐追求不力）？不管中国的反应怎样，美国都会感到被辱、受讥。如果中国真的想成为全球资本的新宠，这是代价，但也"值得"。如果中国不想被全球资本所缠，就要非常非常小心。

不管全球资本对中国是不是好事，拥抱全球资本或抗拒全球资本都会带来严重的中美张力——拥抱它会招美国之妒，抗拒它会招美国之怒。除非中国真正相信全球资本对中国是好事情，单为中美的未来关系着想就应在当下拥抱的力度低一点，好使将来它离弃美国时不会太招美国之妒,认定是中国把它抢走。当然,更基本的问题是,全球资本是不是对中国真正好,全球资本是不是中国唯一的选择?这需要我们有经济和政治想象力。这需要我们摆脱以西方主流的经济和政治范式作为我们唯一的参照。难道只有拥抱和抗拒两个选择?可不可以另起炉灶?但无论如何,我们需要在现今对全球资本保持点距离,不要被它完全缠住,好使日后要做出选择时有多点空间。

注：

1. 18—19世纪工业革命的历史是以降低生产成本为动力、以标准化生产为解决方案、以低技能分工为实践的。两百年后，经济动力从生产向消费转移，渐走上个性化消费，挑战标准化生产。在生产力的需求里，低技能分工渐过时，在劳动力素质上，中高技能的劳动力供给日增。这会是未来可持续经济的背景。

2. 这是西方"科技时代"最可怜的牺牲品，他们的尊严使他们不屑接受社会福利与救济，他们的年龄和教育使他们难于转行。而且，科技落伍的速度惊人，今天是门庭若市，明天是无人问津，没有什么工作岗位是稳定的。人类的进化过程中从未遇到过这样的整体性、结构性不安。

3. 有关标准化生产已走进尾声，代之而起的会是个性化消费、精准化生产，见第八章。

4. 生态学上有一个雷龙原则（Brontosaurus Principle）。雷龙是最大的恐龙。这原则是说：在一定的生态门槛下，越大越好；超过了门槛，越大越不好（不是适者）。

5. 与亚当·斯密差不多齐名的大卫·李嘉图（David Ricardo，1772—1823，集金融家、投机商和政治家于一身），提出比较优势（comparative advantage）的理念去支持自由贸易——哪里的生产效率最高就应在哪里生产；就算在所有产品上自己的生产效率都比别人高，买入别人的某些产品也是好事，因为这会使自己可以集中去生产自己最具优势的产品。

6. 其实，这也是洛克式政治和斯密式经济的自然后果（虽然不是必然后果）。从全球资本的角度去看，国家始终是个"部落"：在全球政治意识下是不理性的，在全球经济意识下是不效率的，在全球文化意识下是不文明的。"国家"终要落伍。在全球资本下，国家可能代表一个历史阶段，但肯定不代表"历史的终结"。

7. 有点罗马帝国后期的"面包与马戏"（bread and circus，意谓有吃有玩）。

8. "绿色经济"往往是个噱头去增加消费。生态与能源危机来自过度消费。增加消费，无论是"绿色"或任何颜色，都无法解决过度消费带来的问题。治本的唯一办法是减少消费，起码是适度消费。资本经济愿意吗？可以吗？

9. 都是过后才发现的。靠科技保护和恢复生态是没有保证的。过往记录使人不敢乐观。

10. 《历史的终结与最后的人》全书分为五章：第一章为"强国的缺陷和自由民主崛起成为唯一不倒的合法政体"；第二章为"普世历史"，探索了"历史终结"的可能方向，如基督宗教的神、康德的绝对命令、黑格尔的历史精神、马克思的阶级斗争、现代化理论等等。第三章为"追求'被认许'"；第四章为"国家与国家主义的萎缩"；第五章为"最后一人"。自由民主虽然比其他制度好，但它值不值得我们去选择？左派会认为自由只会引致强者越强,增加社会不公,"被认许"是很不均衡的。右派会认为民主只会引致凡事相对,什么都没有特别价值,因为什么都有同样价值,"被认许"是没有意义的。但自由民主与资本主义的结合会带来一些出路。(1)运动竞赛,尤其是危险度强和荣誉性高的运动(如第一个攀登无人上过的高峰,第一个不配备氧气去攀登高峰等)都是有点模仿人类历史的生死斗,可以宣泄和满足"被认许"的追求。(2)企业发展可以满足有权力欲和独裁倾向的人,不致走上破坏性的宗教和军事活动。(3)社团活动可以吸纳有理想的人,但以理想为凝聚力的社团则会有排他倾向,有违自由社会原则。现代的文化相对气候确实削弱了"被认许"的意义,但假以时日,当越来越多有不同历史和文化背景的国家都走向相同的发展模式时,文化相对的气候也会逐渐淡化,"被认许"的意义会越来越鲜明,自由民主满足"被认许"的能力也会越来越显著。

11. "It's Still not the End of History",Timothy Stanley,Alexander Lee,*The Atlantic*,2014.9.

12. 福山认为就算是共产主义国家,想要富强也要拥抱一点资本主义,因为国家有赖于保护私产,而"资本家的蠕动"(capitalist creep)一定会带出以法律保护个人权益的诉求。

13. 《历史仍未终结》的作者还指出,托马斯·皮凯蒂(Thomas Piketty,1971—)在《21世纪资本论》(*Capital in the Twenty-First Century*,2013)中分析得出的结论是:自由经济非但加大了贫富差距,并且削减了发展与发展中国家的平均收入。资本主义的"失败"使民主(通过民粹主义,populism)攻击自由(这里是指经济自由而非道德自由),致使经济自由主义理论破产。但自由主义者们的倨傲使他们对全世界这么多人抗拒他们感到意外(尤其是自由资本主义下市场崩溃、储蓄化水时,很多人摒弃他们的"忠告")。自由的基础是个人——一个有自主的价值判断和创造能力的人。自由主义的真谛是捍卫个人自由。但是,还有一个更深层次的基础:人有其作为人类一分子的内在尊严和基本需要。因此,如果捍卫自由的意义是维护每个人的自由和把每个人的自由最大化,那么平等(equity)和公共利益(common good)的原则就必须完全嵌入社会架构之内,而社会法律也一定要反映这些原则。于是,拥有自由就是按平等与公共利益的法律而生活,就算这些法律稍微离开了这些原则,它们就会变成自私自利和结党营私的工具,自由就丧失了。为此,自由主义有赖于公民的道德观。虽然法律可以用来搭建社会架构,但只有统治者与被统治者的意愿(will)才可以给予这个社会架构个性和力量。一旦对人类尊严的承诺被破坏,社会就变成丛林,自私自利,而法律也变得偏倚和独裁。所以自由的政治一定要是道德的政治:如果对自主权过分强调,自由主义就会失败;如果向物资主义和消费主义倾斜,自由主义也会失败。个人自由有赖于所有人都自由,这就是要秉持共有的人性、共有的尊严。为此,自由主义的前途不在经济,而在认识人类本身的价值(worthiness)。

14. 福山曾到法国留学,与德里达有同窗之谊,在2018年接受《高等教育纪事报》访问时,被问及对德里达的看法,他很不客气地批评德里达,说他一方面支持尼采式无好无坏的真理相对，另一方面大谈马克思的决定论，完全矛盾，是"bullshit"。福山自辩，法国大革命以来，自由民主与资本主义组合的政制越来越普遍，而且没有发生过倒退的事件。他甚至提出美国式的自由民主在某种程度上还比不上欧盟政制，因为欧盟跨越了国家主权和传统的国与国政治角力，走向一个跨国的法治（transnational rule of law），而美国仍是信赖"神、国家和军事力量"。

15. *Jihad vs McDonald*，1995 年出版。

16. 使他担心的倒是科技，他认为历史的终结会带来现代自然科学和科技的终结。他在《我们的后人类未来》（*Our Posthuman Future*）中这样写道："人类控制自己的进化会对自由民主有极大且可能极可怕的影响。"

17. 《文明的冲突与世界秩序的重建》1996 年出版，但亨廷顿在 1993 年发表了同名的文章，用的史实是 1993 年前发生过的，书中史料也如是。全书分十二章。简述如下。1. 冷战后，四个对世界政治的形容或解释都出问题。"文明"可否作为一个解释因素？2. 八大文明：西方、儒家、日本、伊斯兰、印度教、斯拉夫－东正教、拉丁美洲、非洲。16 世纪后，西方文明独尊，它的方向支配其他文明。但 20 世纪后，其他文明崛起，文明之间有张力和互动。3. 西方支配的普遍文明不能实现。西化与现代化不是同一东西。现代化之前西方早已定形。其他文明对西方有抗拒、抄袭、修改：各文明越来越现代也越来越少西化。4. 西方文明下滑（人口、经济、军力），其他文明崛起（特别是东亚）。它们的崛起不是抄袭西方模式，是坚持自身价值，但都是渐进式的。宗教重新成为重要的文明特征，因为现代化破坏了原有的身份源头（source of identity）和权力体系，人转向宗教去找归属。5. 东亚与伊斯兰文明对西方的挑战有别于其他文明。东亚经济成功加强了东亚人民对他们文化的信心，甚至推行东亚价值为泛世价值，并使东亚国家在对付西方时趋强硬和坚持。伊斯兰世界则越来越用宗教去定义身份。穆斯林增加，年轻化，但国家未能提供经济条件，加上独裁式统治，禁止政治活动。现今，激进主义和伊斯兰复兴运动抬头。6. 冷战后出现了"身份危机"，文明转型以血缘、语言、宗教和价值来定义。例如北约、欧盟的成员国都有同一文明，而且要是同一文明才能发挥作用。每个文明都有其核心国家、成员国家、劈裂国家（cleft）、撕裂国家（torn）。7. 伊斯兰文明缺乏核心国家。对伊斯兰文明的忠心在微观层次是指向家庭、家族、部落，在宏观层次指向文化和宗教，而很少是指向国家。这是伊斯兰文明的问题，因为文明需要有核心国家（一个或多个），而伊斯兰文明中民族国家（nation-state）的法理性不高。这也是伊斯兰世界中很多内、外冲突的原因。8. 文明冲突可以微观（如伊斯兰教对抗基督教正教、印度教）和宏观（如伊斯兰世界对抗西方、对抗儒家文明）。西方要推行一个能够支配全球政治的单一文化，但能力下降。它在维持军事优势和约束军事竞赛、推行西方价值观和制度（强迫其他社会尊重人权、实施民主）、保存它的种族和社会完整（限制从非西方国家的移民和难民进入）都有困难。9. 估计微观冲突会发生于有不同文明的相邻国家之间和一个国家内不同文明群组之间；宏观冲突会发生在不同文明的核心国家之间。美国势力向中国转移，会造成文明之间的冲突（要注意，这是1993年的想法）。伊斯兰国家与撕裂和劈裂国家的冲突会引发小型战争。西方和伊斯兰的冲突可分五类：（1）伊斯兰世界人口增加，有大量失业和不满青年会被激进组织吸纳；（2）伊斯兰复兴（Islamic Resurgence）运动的崛起；（3）西方一方面推行它的普遍价值和制度并维持军事优势，又同时干扰伊斯兰世界的内部冲突；（4）苏东剧变，双方再没有共同敌人；（5）双方文明接触加密，刺激新的身份意识出现。由于中国崛起，中西敌视会引出"跟风"（band wagoning）效应。中国周边的国家会与中国联结起来。中国与伊斯兰国家可能走上联结，尤其是通过联结中国文明与伊斯兰文明中间的"摇摆文明"（swing civilization）。10. 苏联与阿富汗之战和波斯湾战事是现代文明冲突的转折点。这两次战争其实都是典型的国与国之争，但开始被演绎为文明之争。今后，冲突会集中于不同文明国家的断裂带。首先是伊斯兰世界内部的战争。"伊斯兰世界有血腥的边界"（Islam has bloody borders）。近几十年伊斯兰国家之间不断爆发战争，有人口压力问题，但也有"剑的宗教"（religion of the sword）传统（无论是与其他文化的接触或伊斯兰世界内部的"消化不良"都会动武），但更关键的是，伊斯兰文明没有核心国家。11. 断裂带强化了文明的差异，使战争更激烈。"在战争里，身份的多样化会消失，导致与冲突原因最有关系的身份支配一切。这个身份差不多总是以宗教来定义。"断裂带的冲突会直接或间接地牵入其他国家。这需要有核心国家去处理：（1）一个与冲突和涉及的利益无关的国家去排难解纷；（2）一个有能力去使有关国家达成协议和能够以血缘感情引导有关国家去接受协议的主角。12. 文明的未来。每个强势的文明都倾向于认为它的文明是普世和不灭的。但历史证明每个文明都会没落。西方文明的独特处是它为世界带来"现代"。它要用这个独特之处去更新自己，战胜衰落。每个文明的核心国家不去干预其他文明影响力范围内的事情，才能维持世界和平。

18. 美国的著名中国专家白鲁恂（Lucian Pye，1921—2008）偏激地称中国为"一个假装是国家的文明"（"A civilization pretending to be a state"）。

19. 包括美、加、中欧、西欧和大洋洲。拉丁美洲和苏联卫星国加入与否，是未来文明冲突的重要考虑。西方文明主要是基督教文明（天主教与新教）。

20. 包括中美、南美（除了圭亚那、苏里南和法属圭亚那地区）、古巴、多米尼加、墨西哥，可视为西方的一部分。很多南半球的国家自视全属西方文明。

21. 包括苏联、南斯拉夫（除了克罗地亚和斯洛文尼亚）、保加利亚、塞浦路斯、希腊、罗马尼亚。非正教的苏联与南斯拉夫不归此类，如伊斯兰什叶派的阿塞拜疆、逊尼派的阿尔巴尼亚和大部分中亚国家、罗马天主教的斯洛文尼亚和克罗地亚，以及归于东正教（Oriental Orthodox）而非东方正教（Eastern Orthodox）的亚美尼亚。

22. 包括中国、韩国和朝鲜、新加坡、越南，以及东南亚的海外华人。以佛教为国教的有不丹、柬埔寨、老挝、蒙古、缅甸、斯里兰卡和泰国，但亨廷顿不相信这些国家会构成国际事务中的主要文明之一。

23. 主要在印度、不丹、尼泊尔和全球的印度人中。

24. 包括大中东（除了亚美尼亚、塞浦路斯、埃塞俄比亚、格鲁吉亚、以色列、马耳他和南苏丹）、非洲西北、阿尔巴尼亚、孟加拉国、文莱、科摩罗、印尼、马来西亚、巴基斯坦、马尔代夫。

25. 包括非洲南部、中非（除了埃塞俄比亚、科摩罗、毛里求斯、属斯瓦西里语系的肯尼亚和坦桑尼亚）、佛得角、加纳、科特迪瓦、利比里亚、塞拉利昂。

26.（1）单独文明（lone），例如以色列（虽然非常接近西方）和英语体系的加勒比地区（前英属地区）。（2）断层文明（cleft）：同一地区内不同人属不同文明，例如印度有印度教与伊斯兰教；乌克兰的西面是东方礼仪的天主教（Eastern Rite Catholic），东面是正教；法属圭亚那地区的文明是处于拉丁美洲与西方文明之间；贝宁、乍得、肯尼亚、尼日利亚、坦桑尼亚和刚果是处于伊斯兰文明和非洲次撒哈拉文明之间；菲律宾是中华与西方文明之间，而棉兰老岛也是伊斯兰与西方文明之间。（3）摇摆文明（swing），例如俄罗斯南面边界的车臣（Chechnya，这也是俄罗斯与伊朗合作的理由——避免伊斯兰教和正教暴力事件，并保持石油畅通）；中国与伊斯兰国家的联系带区，特别是伊朗和巴基斯坦。

27. 前者要在西方与伊斯兰两个文化之间选择，后者要西化、俄化，甚至向中国倾斜之间做取舍。从1920年代开始，土耳其的政治精英想西化，但土耳其历史、文化、传统都是伊斯兰，为此精英强行西化，采用拉丁字母、加入北约，还要加入欧盟。苏联解体后，西方鼓励土耳其建立新身份。但有可能伊斯兰世界不接受它，欧洲也不接受它。至于俄罗斯，它部分属西方文明，也同时是斯拉夫-正教文明的大哥。亨廷顿的观察（1993）是"社会主义时期输入西方意识形态，经修改去配合俄罗斯的条件，进而以意识形态之名挑战西方；社会主义苏联终止了西化和俄化之辩，但苏联解体，辩论重现"。叶利钦（Boris Yeltsin, 1931—2007，俄总统任期1991—1999）采取西方原则和目标，要"正常化"，但俄罗斯的精英与百姓之间有分歧，产生三个方向：（1）面向大西洋，全盘欧化，快速成为全球经济一分子，加入G7成为G8，特别与美国和德国结盟。（2）以保护在别国的俄人为己任，强调与土耳其和伊斯兰国家联合，提倡向亚洲倾斜，批评叶利钦太亲近西方利益，削弱俄国军事力量。（3）更极端的是反西方、反犹太、重整军力，向中国和伊斯兰国家倾斜。

28. 亨廷顿取自罗伯特·罗斯韦尔·帕默（Robert Roswell Palmer, 1909–2002）1973年说的："The war of kings was over; the war of peoples had begun."

29. 是指完全没有宗教意识的政体：在美国有政教分家的意味，在欧洲更有敌视宗教的意味，尤其以前是天主教的国家，如法国和西班牙。

30. 格林韦是如此演绎波斯湾、高加索和波斯尼亚的"血缘-国家情结"文明冲突"小战争"的。（1）先说波斯湾战事，虽然只有几个伊斯兰政府公开支持萨达姆，但很多的阿拉伯精英在暗地喝彩。萨达姆鲜明地以伊斯兰教为号召，伊斯兰教的精英这样说："这不是世界攻击伊拉克，是西方攻击伊斯兰教。"那时，伊朗与伊拉克是敌人，但伊朗最高领袖哈梅内伊（Ayatollah Ali Khamenei, 1939— ）号召圣战，"对美国侵略、贪婪的斗争是场圣战，战死的是殉道者"。约旦国王侯赛因也说："这场战争是针对所有阿拉伯人和所有穆斯林的，而不单是对伊拉克。"1990年的西方-苏联-土耳其-阿拉伯反伊拉克联盟到了1993年只剩下西方与科威特。伊斯兰国家把西方打伊拉克跟西方未能保护波斯尼亚的穆斯林被塞尔维亚人欺侮，以及没有约束以色列违反联合国决议去欺侮巴勒斯坦同样看待，认定西方是双重标准。但是，亨廷顿则认为在文化冲突中，双重标准无可避免：一个标准是为同血缘的国家用的，一个标准是对别的国家用的。（2）再说高加索。亚美尼亚在1992年和1993年的军事行动，刺激了土耳其加强支持跟它在宗教、种族和言语上属兄弟国的阿塞拜疆。当初土耳其的想法是"我们土耳其人的感觉是跟阿塞拜疆人一样的……受到大压力……或者我们要让阿塞拜疆人知道在这地区里仍有个大土耳其存在"。那时，土耳其空军侦察亚美尼亚边境、取消粮食输送，并与伊朗共同宣布不容忍阿塞拜疆被分割。苏联在解体之前仍支持阿塞拜疆，但解体后，政治考虑变成宗教考虑，反而派军支持亚美尼亚，因为大家同属基督宗教。（3）至于波斯尼亚事件也可以用"血缘-国家情结"解释。西方人同情和支持波斯尼亚的穆斯林（被正教的塞尔维亚人欺侮），但对天主教的克罗地亚人打穆斯林和参与肢解波斯尼亚和黑塞哥维那就没有这样上心了。南斯拉夫初解体时，德国要展示实力，呼唤欧盟诸国跟它一样承认斯洛文尼亚和克罗地亚两个天主教国家，美国也跟风。因此，克罗地亚拿到大量军火武器。当时俄罗斯的叶利钦想走中间路线，支持属正教的塞尔维亚，但他又不想刺激西方。俄罗斯国内的保守分子就攻击政府不大力支持同属正教的塞尔维亚。1993年初已有俄国人加入塞尔维亚军队里。伊斯兰国家则批评西方不保护波斯尼亚。伊朗促伊斯兰世界全体支持波斯尼亚；伊朗甚至不依联合国禁运法案去提供武器和兵员，由伊朗支配的黎巴嫩游击队去训练和组织波斯尼亚军队。1993年，来自20多个伊斯兰国家的4000多兵员在波斯尼亚作战。沙特也受压力，在1992年底资助波斯尼亚。从伊斯兰的角度去看，波斯尼亚和黑塞哥维那战事有如1930年代的西班牙内战，不同者只是宗教（伊斯兰教对抗基督宗教）取代意识形态（民主共和对抗法西斯）。

31. 乔治·韦盖尔（George Weigel, 1951— ）称之为"反现世化"（unsecularization of the world，指把启蒙推动的反教会运动倒过来）；凯佩尔（Gilles Kepel, 1955— ）称之为"神的复仇"（La revanche de Dieu）。

32. 马凯硕在《西方对各方》中很不客气。他认为"世界社会"（World Community）、"国际社会"（International Community）之类的称呼其实是美其名曰的"自由世界"（the Free World），是为美国和西方利益带上光环。"如果你访谈非西方人有关国际货币基金组织的支持度，少数国家的财政部长会表示支持，但其他所有人都反感。"他们心目中的国际货币基金组织是"乐意充公他人的钱财、强施不民主和不来自当地人的经济和政治规则去扼杀经济自由"。"联合国安理会是由西方支配，除中国有时弃权外，它的作用是使西方行动合法化。""西方其实是使用国际组织、军事力量、经济资源去统治这世界以保持西方的支配权、保护西方的利益和提升西方的政治和经济价值观……起码这是非西方国家对新世界的看法，是个相当确实的看法。"马凯硕认为军事力量、经济力量、制度力量的斗争是西方与其他文明冲突的一个原因。文化（也就是基础价值与信仰）是第二个冲突理由。西方理念与其他文明有基本性的差异：个人主义、自由主义、宪法主义、人权、平等、自由、法治、民主、自由市场、政教分离等理念与其他文化没有什么共鸣。

33. 亨廷顿提问：非西化的现代化可能吗？他认为是可能的。例如日本采用西方技术、议会民主和自由企业，但没有改变它的核心价值，特别是等级社会。但在微观层次上，如工厂生产、学校教育和都市生活中，日本人有"西方现代化的态度"：工具理性、个人选择和责任。又例如，俄罗斯走向现代化但保持正教文明（要注意的是，正教文明与现代西方有同一个文化源头，区别只是在俄罗斯没有文艺复兴、宗教改革、启蒙运动和海外帝国的经验）。

34. 《文明的冲突与世界秩序的重建》是本极具震撼力的书，有人称作者是"特朗普时代的先知"（prophet of the Trump era），尤其他对移民问题的看法（《我们是谁？对美国国家身份的挑战》，*Who Are We? The Challenge to America's National Identity*，2004），被人指为煽动白人至上主义。福山为他辩解（2018年的 *The Chronicle of Higher Education* 访问），说他并不是种族歧视者，并未说过移民是不好的事情，只是指出欧洲白人带来的北美文化是自由民主制度在美国能够运行的重要因素。这点福山是承认的。在这个"经济决定一切"的年代，亨廷顿认为在解释国际关系上，文化因素比经济因素重要，甚至是关键，当然招人诟病。罗斯克兰斯（Rosecrane）与贾维斯（Jarvis）对他的评论很典型："如果文明是个自变量，为什么在冷战期间是权力关系？从冷战到日本与中国、中国与印度、俄罗斯与西方都是如此。强国利益才是关键，不是文化。"亨廷顿排开了世界经济对政治决策的影响力。埃文斯（Evans）评他对中、美张力的演绎未指出儒家文化的作用，反而聚焦于经济利益，所以亨廷顿的文化演绎是混乱了经济的得失以及在同一个文明中精英与中产的利益冲突。福山讲意识形态的终结，亨廷顿简直不谈意识形态，改以文化去解释政治，但对亨廷顿评判得最严厉的仍是基于意识形态，而且是有头有脸的学者们的意识形态。美籍印度哲学家、经济学家阿玛蒂亚·森（Amartya Sen，1933—　）在1999年指出，世界各文明都是多样化，西方也是。"民主实现于现代的西方是源自一个从启蒙到工业革命（特别是过去一个世纪）才出现的共识。把这个民主看作西方千年来已有的意识（也就是把它归功于基督宗教），然后把它跟非西方文明（好像非西方文明是个单一的东西）对比，是个大错误。"美国文学家与政治评论家保罗·博曼（Paul Berman, 1949—　）在《恐怖与自由主义》(Terror and Liberalism) 一文中强调文明是没有界限的，所以没有所谓"伊斯兰文明"或"西方文明"，也没有冲突的证据（例如美国与沙特关系友好）。很多伊斯兰极端分子长期生活、求学在西方，他们与西方冲突的不是文明或宗教，而是哲学信念的不同。美籍巴勒斯坦哲学家爱德华·萨义德（Edward Said, 1935—2003）则把《文明的冲突与世界秩序的重建》改写成《无知的冲突》(Clash of Ignorance, 2001) 去讽刺亨廷顿。他的论点是文化不是固定的，是动态的和互赖、互动的，而亨廷顿则代表"最清楚的和阴险的种族主义，一种希特勒式的滑稽剧，针对阿拉伯人和穆斯林"。美国犹太裔哲学家、语言学家和政治活跃分子诺姆·乔姆斯基（Noam Chomsky, 1928—　）干脆说亨廷顿是为美国掩饰"暴行"，因为冷战后美国是唯我独尊。

35. 见《西方文明的未来》上卷第十四章"民族性格"。

36. 见《西方文明的文化基因》第五篇。《孟子·尽心上》："人不可以无耻。无耻之耻，无耻矣。"这是耻的重要性。《孟子·告子上》："羞恶之心，人皆有之。"这是耻的普世性。管仲视"耻"为"四维"之一，也就是国本。

37. 欧洲六国，以英、法为首，在1951年签订《巴黎条约》(Treaty of Paris)，成立"欧洲煤钢共同体"(European Coal and Steel Community, ECSC)。成绩不错，决定扩大，在1957年签《罗马条约》(Treaty of Rome)，成立"欧洲经济共同体"(European Economic Community, EEC)，到1967年组合成"欧洲共同体"(European Community)。1963年与1967年英国两度想加入，但被法国总统戴高乐阻挠，未成功，到1972年才成为会员。那时，英国是保守党政府，工党反对。到1975年，工党政府举行公投，有67.3%选票要"留欧"，但工党的政纲仍是保留"脱欧"。1990年，在执政的撒切尔夫人的力挺下英国国会仍决定加入"欧洲汇率机制"(European Exchange Rate Mechanism, ERM)，主要是把英镑挂在德国马克下面（她反对可能是货币主权理由）。1992年，《马斯特里赫特条约》下，正式成立"欧盟"(European Union)，欧盟是个政治体，有独立议会，在此之前是经济联盟。左派反对，分裂了保守党。这些反映了资本利益与国家利益之争、全球意识与民族意识之争。脱欧力量在1993年组成"英国独立党"(U.K. Independence Party, UKIP) 鼓吹脱欧。在2014年欧洲议会选举时，英国选区的27.5%选票竟然被它拿走，成为2016年的脱欧主力。

38. 调研结论显示，支持脱欧的人年纪比较大，教育水平低。白人中多数想脱欧，亚裔中有33%，黑人只有27%，赞同脱欧的多住在经济低迷地区并有强烈反移民意识（英国最大移民群体是波兰人，超过90万，特别是波兰在2004年加入欧盟之后。此外还有2011年"阿拉伯之春"之后来的亚、非难民）。

第八章 时间表？

美国政治会越来越罔顾原则，越来越不安定，当总统只干一任成为新常态之时，就要留神全球资本的"去意"。

未来的三四十年，世纪一代会支配美国，这代人会因循下去。但到他们交棒到子女一代时，会是个怎样的美国（凝聚力、生命力），而子女一代又会以什么心态（恐惧？忧虑？愤怒？）接棒，将会在 2040—2050 年代见端倪。要留神美国对世界（包括中国）的"敌意"。

美国一定下去，接下来会发生什么？

我在《西方文明的文化基因》中说过，牛顿"神算"推"第二来临"将是公元 2060 年，这是按一年有 360 天的算法（12 个月，每个月 30 天）。如果以一年 365 天来算，就是 2075 年。这些当然是无稽之谈，但用霸权 130 年周期、分四个阶段（起、承、转、衰）的历史观察来算，起于 1945 年"二战"结束的美国霸权会终于 2075 年。真是个不可思议的巧合。过去 70 年左右的历史，也可以清楚看出里根上台、苏联解体和奥巴马上台、大衰败现身，正好反映美国的国力从兴盛到逆转,且看看以后的走势怎样。

美国与全球资本的关系,从勾搭到入室、到情浓、到意倦,会按这样的逻辑一步一步地走,反映美国对全球资本的供养能力从精壮到枯竭,以及全球资本对美国的依赖程度从必需到无需。

"二战"结束,布雷顿森林体系是头一个真正全球性的经济体系,但它主要是约束金融动荡,当然不是全球资本的宠儿。它的姊妹《关贸总协定》倒是为自由贸易而设。但历史告诉我们,说是鼓吹自由,但各国仍是以国家利益为重(用自由经济的语调来说,就是各怀鬼胎)。

美国打朝战、打越战,搞"伟大社会",都是花钱的,加上石油进口激增,美元充斥全球(当然是变相贬值的美元),以固定美元与黄金比值为基础的布雷顿森林体系就倒下来了。这是 1970 年代上半段的事情。到 1970 年代下半段,廉价空运、货柜海运上场,实体经济的全球化活跃起来。1978 年以后,中国开始对外开放,生产链条全球化急剧发展,带动资本全球化。但是,布雷顿森林体系已经不存在,全球金融出现管制真空,华尔街以及各处的大炒家兴风作浪,全球金融危机不绝(美国除外,详见附录1)。美国政府袖手旁观,可算是美国与全球资本眉来眼去的勾搭期,这是里根时代。到克林顿的 GLBA 出台,投资银行与储蓄银行业务合并,也就是投机者可以几无约束地用老百姓的血汗储蓄去发财。至此,美国与全球资本是登堂入室的关系了。美国登全球资本之堂,华尔街把伦敦、巴黎、法兰克福、东京全打倒;全球资本入美国之室,用美国的威信与国力去做靠山,全球逐利。

到 2000 年代,美国与全球资本进入热恋阶段。全球资本(包括生产链条国以廉价劳动力和破坏生态为代价赚来的钱)涌入美国,带动金融衍生品市场大热。2007年，次贷泡沫刺破。2008年，金融风暴吹袭。投机者头破血流是优胜劣败的逻辑；老百姓血本无归是可怜的（特别是他们没有参加过赌局，但他们的养老金、保障金的管理者却用了他们的钱去赌，输掉）；美国政府巨额救市才是真的可笑、可悲。

奥巴马大骂投机无耻，还出台《华尔街改革和消费者保护法案》，动作多多，是不是代表美国与全球资本已踏入意倦阶段？特朗普更大唱"美国第一""美国制造"，作为一个全球资本的得益者，他知道不知道这是跟全球资本唱反调？全球资本是不会让你容易脱身的，除非它有意抛弃你。

全球资本舍弃美国，不会是因为美国没有足够的条件，而是哪里有更好的条件。

今天的全球资本与几十年前很不同了，不再是初生期（1970—1980年代）、发育期（1990年代）、成熟期（2000年代）。它不需要像初出道时卖弄色相，不需要像勾搭时偷偷摸摸，不需要教人笑贫不笑娼去抬高自己的身价，因为它跟上了体面而富有的美国，是贵妇了，贵妇般的被供养，贵妇般的被尊重。但它今后想要的，美国或者不再能供给。

现在让我们猜想一个美国与全球资本拆伙的可能时间表，分三方面：（一）美国的政治秩序；（二）美国的时代心态；（三）美国与伊斯兰世界的纠缠。

1. 美国的政治秩序

"二战"后，总统都做两任（罗斯福之后规定不能超过两任），民主党与共和党轮流坐庄：杜鲁门（民主，8年）、艾森豪威尔（共和，

8年)、肯尼迪与约翰逊(民主,8年)、尼克松与福特(共和,8年)、卡特(民主,4年)、里根与老布什(共和,12年)、克林顿(民主,8年)、小布什(共和,8年)、奥巴马(民主,8年)、特朗普(共和)。有两次例外:卡特只做一任,老布什也是一任。卡特未能连任有两个原因:内与外都极为不安,对内是经济滞胀,对外是丢了伊朗并在人质事件上掉了国威;他自命重视原则,但是被轻视原则的里根打败。老布什未能连任也有两个原因:他乘里根的列车继任,但也要承受里根放任经济带来的大赤字后遗症;更关键的,他是被比里根更没有原则的克林顿打败的。

再看看国会方面的形势。在里根之前,除了艾森豪威尔(共和党)任内有4年是由共和党控制参议院之外,参、众两院全是民主党天下(可见罗斯福"新政"的影响力)。当然,对共和党总统肯定不利(在弹劾尼克松时看得特别清楚),但起码国会的立法方向比较稳定。到了里根就有变化。他是强势总统,8年任期(1981—1989),前6年是同声同气的共和党把持国会,到最后两年参、众两院都转到民主党手里。这是日后权力失序、政坛不稳、党争加剧的先兆。跟着是老布什,他面对的国会是民主党天下,处处掣肘,干了4年就干不下去了。克林顿的8年任期(1993—2001),除了开头两年是民主党国会,余下6年都是共和党的地盘,所以他1999年在共和党把持下的国会出台放任经济的GLBA可算是个了不起的政治手段。小布什有一个比较合作的共和党国会支持,虽然在险胜之下坐上宝座但仍保住两任(2001—2009)。可是到最后两年,民主党拿回众议院,并平分参议院,他的日子就不好过了。奥巴马上任(2009—2017)时是民主党国会,很有声势。但过了两年,共和党拿回众议院,到最后两年还拿下参议院,与奥巴马不断斗争，政府运作几度停顿。至此，两党之争，尤其是道德进步分子与保守分子之争，已达白热（虽然用的借口往往是财政法案）。特朗普上任时共和党仍保两院，但两年后就失守众议院，更严重的是，总统本人与自己所属的党都不能团结[1]，政府运作又要停顿。

全球资本要有稳定的政局才能放心赚钱，它追求秩序。当美国的总统做一任就要走人（政令不稳）、当总统与国会经常处于对立（政府瘫痪）、当总统与自己的属党不断斗气（内乱不休），就是全球资本想找新欢的时候了。特朗普如果不能连任，可能就代表这种新情况的开始。[2]

2. 美国的时代心态

战后一代支配美国到今天。他们是自我一代，追求经济自由、道德自由。自我与自恋引发出自疚，舒缓自疚导致姑息。他们的子女是世纪一代（1981—1995 年出生）。2001 年的"9·11"事件带来一片恐慌，2008 年开始的大衰退引发一片沮丧，使这代人变得"自我、自我、更自我"。他们没有父母一代的浪漫，小反叛或会，大反叛不会。他们从父母一代感染了经济自由的意识；比父母更强的自我意识使他们追求更多的道德自由。但恐惧与沮丧的心态使这代人"因循"，他们不会改变美国，也不想改变世界，但他们会变本加厉地腐蚀美国的凝聚力，消耗美国的生命力。其间会有经济公平、道德保守分子的反扑，支配与反扑会使美国的政治颠倒加剧、国力消耗加速，但美国的经济与社会资源丰富、潜力深厚，二三十年内是完全可以应付的。与全球资本的关系也不会改变，起码美国方面不会变。

到世纪一代的子女就不同了。这一代人出生于 2016—2035 年，成长后也会支配美国三四十年,也就是从2040年到2080年左右。那时,美国的国力会大不如今,全球资本对美国也会兴致阑珊。这代人会因循下去、另辟蹊径,还是归咎别人?因循下去吗?资本无情,谁也留不住。另谋出路吗?积习难改,很难离开老路。归咎别人吗?这不治本,但骄傲、恐惧和易怒的民族性格,会使他们失措。

这些选择会决定美国的国运。从2000年开始的美国逆转期,关键事件是2001年的恐袭和2008年的金融风暴。世纪一代的时代心态是那时成形的,他们会支配美国三四十年,也就是到2040—2050年。到2040年代,就应该可以看出他们交给子女一代的是什么样的棒,接棒一代的时代心态会决定他们的反应,而这个心态也会在2040年代(世纪一代的子女二三十岁的时候)成形。因此,2040—2050年是个关键的观察时刻(世纪一代交棒,接棒一代成形)。那时,全球资本的去或留也将明朗化,世界新秩序会出现。关键是:新秩序会是从和平中来临,还是在暴力里诞生?

3. 美国与伊斯兰世界的纠缠

经过二十年的反恐、防恐,美国与伊斯兰世界的纠缠非但没有结束而且越来越棘手,这是个流血不止的恶瘤。未来,伊斯兰世界与美国的冲突会有增无减。

伊斯兰激进组织在全球扩散也要"归功"于美式文明全球化和资本全球化。为何?伊斯兰世界对美式自由、人权反感至极。美国虽然天生孤立,但自从被全球资本附上了身,就被牵着鼻子到处去保护资本与推广资本。在这个过程中,世人再分不开美式的自由、人权与资本的赚钱、享受。美式自由、人权是资本赚钱、享受的保障;资本的赚钱、享受是美式自由、人权的实现。

这个组合是双刃剑，它越成功，就越刺激伊斯兰极端分子反美国、反资本；同时又越削弱伊斯兰国家政府的力量去压制反美国、反资本的伊斯兰极端分子。

一般来说，伊斯兰国家的政府是比较"极权"的（宁枉毋纵）。但有些统治精英或想追求援助、投资，或真正被自由、人权吸引，走向"开明"（宁纵毋枉）之路：放宽政治与道德准绳、减轻法律和暴力约制。但历史显示，"开明"往往带来道德败坏（起码在保守人士看来如此）和亵渎宗教（起码在虔敬教徒看来如此），使极端分子更理直气壮地反资本、反美国，并以此吸引更多人来归附。与此同时，政府开明会使极端分子有更大的空间去巩固和发展自身力量。政府就变得进退两难。禁止极端分子就招国人之怒，禁止开明分子就招美国之怒，两面都禁会被由美国带头的国际社会重新打回"极权"。非但如此，反美国、反资本的极端分子会更理直气壮地反这个"无能""无耻"的开明政府。从美国的角度去看，反美的恐怖行动，就算是来自开明伊斯兰国家的极端分子，都一定要暴力对待，而美国的暴力往往不分（难分）打的是恐怖分子、包庇恐怖分子的政府、支持恐怖的同情分子，还是完全无辜的老百姓。恐怖与反恐遂造成无休止的恶性循环。

当然，除了伊斯兰国家以外，美国的对手仍然很多。首先是俄罗斯。苏联解体后的历史可看出几点[3]。（1）俄罗斯从未离开它的国家利益和盟友，虽然姿态有软有硬，但都只是战术性的取舍。美国就经常摇摆，尤其是奥巴马的表现更是失措。特朗普的言行可形容为不可捉摸，也可能是战术，但也让美国的盟友无所适从。（2）俄罗斯的野心主要在欧洲和中东，也就是它的军事和经济命脉所在，在亚洲方面未有迹象要展开拳脚。这可能与宗教有关，它是正教，影响范围是南欧和中东，在那里它会有老大哥意识（就像"一战"前它站在塞尔维亚的一方），在中东的动作主要是保住南疆。（3）美与俄是骂战而不开战。俄罗斯比较深谋远虑，从长远来算，美国四年一任的总统就只看眼前。

美国与印度的关系也带来启发。从印度立国至今的历史[4]看出以下。（1）巴基斯坦是世仇。任何对巴基斯坦示好的国家它都不满。（2）美国对印度的民主有好感，特别鼓励印度围堵俄罗斯和中国，而印度对中国的发展或有妒意和忌意，愿意与美国配合。（3）印度内部政治复杂，很难有全民共识的局面。为此，印度只是个地区性的力量，没有霸权野心和力量。

日本又如何？日本与美国的关系[5]相当微妙。（1）日本越来越想摆脱美国的支配，但又想得到美国的保护。（2）美日联盟有"美国约制日本军事野心"的作用。（3）日本从军国主义走上和平主义是因为"二战"的教训。但战后一代已过，新一代没有直接的记忆，军力的发展将是日本未来的转折点。这使我想起约十年前我跟日本驻加拿大大使的一段谈话，提到日本要做一个"正常国家"，包括有自己的军队，他说："这是合理不过的事，但我最难说服的是我的妈妈！"

无论是什么国家，跟美国同样走资本主义方向的，从美国的观点去看是争资源、争市场，威胁美国经济利益；不跟美国走资本主义方向的，从美国的观点去看是争意识形态、争粉丝拥戴，威胁美国的霸主地位。少数意识重的美国性格需要安全感，一方面容易感到别人威胁，另一方面不能容忍别人威胁。但是在资本全球化与美式文明全球化已经完全捆在一起的局面下，美国不断地为自己制造"敌人"。

这令人不禁想起西方现代第一个霸权——西班牙[6]。1619年西班牙与神圣罗马帝国共归查理五世，这是霸业开始。那时，宗教改革也刚启动。西班牙以维护欧洲天主教大一统为使命，当然也包括控制当时全球的资源。1568年，西班牙属地，也是激进新教分子集中地的荷兰闹独立。西班牙大力镇压，开启西荷"八十年战争"。大军压境，南部屈服，北部顽抗，于1581年成立共和，并往海外发展，抢夺西班牙帝国的海外资源和市场。西班牙陆军世上无双，但荷兰不断与之缠斗，并资助其他挑战西班牙的国家。到1609年，双方都有倦意，叫停12年，但到1615年战火再起，到1618年更袭卷全欧，开启全球性的"三十年战争"。初时，法国置身事外，但帮助抗西的各国。西班牙仍节节胜利，但数次因国家面临破产而未能彻底消灭敌方。到1635年，法国恐怕西班牙功成之日会转过来全力对付自己（虽然法国也属天主教），遂正式加入战团。

1643年，法国向西属荷兰发动攻势，被西班牙精锐击退。那时，路易十三刚去逝，新立的路易十四只有五岁[7]。在母后摄政、名相马萨林（Mazarin）枢机主教扶助下，决定不改国策，仍要与西班牙抗衡。西班牙遂决定在法国东北与西属荷兰接壤处发动攻势，直指罗克鲁瓦堡（Rocroi，这是法军补给重点，只有几百守军）。援军赶到，改守为攻，保卫战变阵地战。这是5月19日，路易十四登位才5天。双方军力相若。西班牙陆军的团型方阵将步兵集结，紧密队形，一向攻无不克。但法方用炮轰，队形越紧密，死伤越大。西班牙最精锐的部队被击溃了。但法国仍没有足够力量攻入荷兰，双方成拉锯。这一仗的意义重大，法国军威大振[8]，再加上是新王登基，被视为国运吉祥之兆，各国纷纷来归附。到 1648 年，西班牙也知大势不可当，遂与各国达成著名的《威斯特伐利亚和约》，"主权国"（sovereign state）的理念正式诞生，成为现代国际秩序的基础。至于法国与西班牙的战争则仍继续到 1659 年的《比利牛斯条约》（Treaty of Pyrenees）签署，西班牙认输才结束。

比较一下昔日的荷兰与西班牙的瓜葛和今天的伊斯兰世界与美国的纠缠：（1）昨天，西班牙代表天主教会和殖民扩张，荷兰代表反天主教会和反殖民垄断。今天，美国代表美式文明和资本扩张，伊斯兰世界代表反美国文明和反被资本剥削。都是文化之争、经济之争。区别是伊斯兰世界会更着意在文化的冲突。（2）西班牙视荷兰为属地，不容造反。"二战"前美国（西方）视伊斯兰世界为经济属地，现今仍有这种心态。（3）西班牙与荷兰打了 50 年，才转为全欧的三十年战争。巴勒斯坦问题滋生了伊斯兰激进组织，他们与美国为敌是在冷战结束、苏联解体、再没有人替他们"讨回公道"后才开始的，也就是 1990 年之后。相信也会有几十年的缠斗，直到有其他对美国不满（可能是经济，可能是意识形态）的国家或群体加入，扩大冲突。其中一个触发点可能是全球资本离弃美国、世界秩序需要重整的一刻。（4）西班牙被与荷兰长年之争弄得筋疲力竭，甚至几次破产。美国的反恐、防恐，恐怕也是无底深渊。

再来看看取代西班牙的法国：（1）它置身事外、明哲保身，直到国力强大，并被直接威胁才出手。（2）它虽属天主教，但不与天主教的西班牙结盟，反而暗助新教的荷兰，也就是聚焦国家利益，不谈意识形态。（3）罗克鲁瓦堡一役，它取胜不在军事科技创新，而在利用敌人暴露的弱点。这些都是值得借鉴的。

可以小结一下：时间表是没有的，关键时刻或可有。（1）全球资本的"去意"。当美国总统是一任替换、当总统与国会经常对立、当总统与属党不断争吵，就是时候了。（2）美国对中国的"敌意"。全球资本的去意会触发美国被抢的怨怒，特别是把中国看成"对手"。怨怒程度和反应力度会受时代心态影响。世纪一代把持美国未来的三四十年，相信会因循下去。但到他们交棒时会是个怎样的美国？接棒的一代的心态又会怎样？2040—2050年代会见端倪。（3）美国的"战意"。伊斯兰世界与美国的关系至为关键。它们的结不能解决，只能了结，跟16—17世纪西班牙与荷兰的缠斗有很多类似处。这种"文明的冲突"不会是短期的事。全球资本舍弃美国之日可能就是触发美国与伊斯兰世界了结之时。

知己知彼，百战不殆。我用文化基因法去推西方文明的轨迹，是知彼，探他们的虚实。但如果不知己，也是枉然。我说到我们的中庸、大我和性善或可弥补他们的极端、小我和性恶。但我又说了，我不知道中华文化中还剩下多少的中庸、大我和性善。它们是中华文化的基本属性，还是时代性的偶然产品？它们底下还有更基础的东西吗？

我把文明定性为现象（随着人、事、时、空而改变），把文明现象演绎为文化的体现，把文化定义为宇宙观、伦理观和社会观，而宇宙观、伦理观与社会观的基础砌块，我称之为文化基因。中华文化肯定与西方不同，中华文化的基因也会与西方不同。要找出中华文化的基因才可以解释中华文明的现象和变化，才可以掌握自己的命运。

先说说我是怎样去找西方文化基因的。正如笛卡尔在《谈谈方法》

中所说,"我发表这著作只是作为一个历史……你在其中或可发现一些值得模仿的东西;若你同时发现一些不应该跟从的东西,也不应怪责我。希望我的奉献对某些人会有用,对任何人无损,而所有人亦会同意我是坦诚的"。

当初离开香港去西方求学,是抱着"洋为中用"的心态;但很快就感觉到洋不能中用,就算洋为洋用也好像有问题。我"以水为法"。我是水,水本身没有形状,有的是容器的形状。几十年来我把西方视为我的容器,尽量投身其中,除教研外还参与政治和社会工作,通过体验去探索这个容器的形状、材料、设计。三十多年之后才决定整理自己的观察与反思,写出《西方文明的文化基因》一书。

原先,我以为自由、民主、法治、人权之类就是他们的文化基因。但越钻研下去,越发觉有更基础的东西。我没有学术、感情和意识形态的包袱。在学术上我是建筑与城市规划专业,对政治、经济、社会等学科也有涉猎,但没有学术门派之间谁对谁错、文人相轻的包袱。对中国我有血浓于水的直觉,对西方我有多年栖身的感情,我没有重洋或轻洋的包袱。但初衷从未有变:求中华民族的福祉。可是,我不认为中华福祉要建筑在西方的残垣之上,中国崛起不应是因为西方衰败。中国不是压倒人家,而是带领人家,这样才是人类共同体的真义,才可以长久,才是中华的使命与责任。所以我没有意识形态的包袱。

可以说,在发掘的历程中,我抱着中肯的原则、尊重的态度,有出乎意料的发现。原来有比自由、民主、法治、人权更深层次的东西,就是真、唯一、个人、泛人。这个意外发现特别使我欣慰。可以说我是在没有成见和偏见下找到了西方文明的文化基因。当然,这些是不是真的基因,是不是只有四个,甚至西方文化有没有基因,都可以有不同意见。但对我来说，我为自己打开了探索"洋为洋用"的大门。

2014年出书，读者的反应加强了我的信心。如果从西方文明史找到了西方文化基因，这些基因是否可以用来解释西方所有的文明现象？如果可以解释所有的文明现象，是否可以用来推断未来？"文化基因法"之念遂生。

其实，在《西方文明的文化基因》中，我已经不自觉地踏上"文化基因法"之途。我那时已经指出，文明现象由五个元素构成：文化基因是主料，但还要加上民族性格、时代心态、历史背景和关键人事。我问自己，这些元素可不可以打造成一套"方法"？

于是，我以法国大革命走向恐怖的史实为素材，去研究这些因素的因果逻辑和运作规律，得出以下结论：文化基因会以不同形态现身（个人基因的正面形态是自立、自足、自尊，负面形态是逞强、自私、倨傲；泛人基因的正面形态是平等、悯人、团结，负面形态是失序、姑息、苟合）；基因形态可以通过不同的组合衍生出不同的文明现象，文明现象的变化其实是文化基因形态组合的变化；这些变化是由民族性格、时代心态、历史背景和关键人事刺激和牵动的；牵动的力度和方向与变化的轨迹之间有一定的因果逻辑。我就是用这些发现去打造文化基因法的架构和运作规律。

这套文化基因法是从法国大革命的史实演绎出来，是事后演绎。它能否用来做事前判断？我用工业革命在英国成功过渡而未动摇国本为案例，用工业革命刚起步时已知的英国文化基因组合，加上英国的民族性格、时代心态、历史背景（关键人事未知，如法国大革命、拿破仑称霸）去推其后几十年英国文明的轨迹，相当准确。我就决定用这法子去推美国（作为英语文明和西方文明的代表）的未来，聚焦于全球资本文明与美国文明的相生、相克。

前面我说，知己知彼，百战不殆，现在改改口。"百战不殆"有对打的意识，要分胜败，一方惨败，另一方也可能是惨胜，从人类文明史看，往往是两败俱伤。我想把对打改为共舞，把对手改为舞伴。跳舞是有带的、有跟的；带得好、跟得好，才是跳得好。尤其是带的，他要摸透舞伴——知道舞伴的性格；他要引导舞伴——带出舞伴的反应。当然，他要知道他想跳的是什么舞，并且要有能力带领他的舞伴。这样，两个人跳起来是一体。这可以比拟为人类共同体的实践。

文化基因法帮助我们了解西方（知彼），它可否帮助我们认识自己（知己）？我辨出西方文化有极端、小我、性恶倾向，我认为中庸、大我、性善可以弥补。但怎知道这些就是中华文化？有关中华文化，我没有做过系统的、深入的观察和反思，没有资格提意见，但我研究西方文明所用的方法或许有参考作用。

我以宇宙观、伦理观、社会观定义文化。这"三观"是有先后的。在西方人的文化中，宇宙观支配伦理观，伦理观支配社会观。也就是格物、致知支配修身，修身支配齐家、治国。这是因为他们是求真的文化，而宇宙的"真"是一切的基础。他们的"善"是以"真"来定义的。真就是善，不真就是不善。既然宇宙的真定义伦理的真，伦理的真定义社会的真，那么伦理的善是因为它反映宇宙的真，社会的善是因为它反映伦理的善。一切以宇宙的真为基础，这个求真的文化使西方人很自然地聚焦于唯一真理的交叉，也就是信仰与理性的交叉。现代前的信仰与理性统一，现代后的宗教（萎缩了的信仰）与科学（萎缩了的理性）冲突，同出一源。

我对中华文化只有肤浅的认识，但我有一个感觉（可能是因为我身上流淌着中华文化的血统）——中华文化是个求善的文化，三观的次序可能是西方三观颠倒过来。先是社会观——社会的善是一切的基础。社会观支配伦理观——个人的善是以个人对社会的善的贡献而定义。最后是宇宙观，抱着存疑的态度（敬鬼神而远之），甚至视为无关紧要（未知生，焉知死）。

  一个念头总是萦绕我心。各家学说，尤其是儒、释、道，都说它代表中华文化的精髓。但我认为不太可能从任何一家身上找到中华文化的基因。我们会找到儒家文化的基因、佛教文化的基因、道家文化的基因，但不会是中华文化的基因（虽然儒家或许会比较接近）。找西方文明的文化基因，我是从他们的信仰与理性的交叉点入手的。从发现他们的信仰是追求唯一真神、他们的理性是追求唯一真理，进而悟出唯一真神与唯一真理的交叉在"真""唯一真"。这个共性才是基因所在。中华文化的基因也许也要从某些交叉处找。从哪处找？

  中华文化中的善有三个层次：国、家、个人。中间是"家"。从家入手会不会帮助我们找出国、家、个人的共性？家的善上达于国（善家组成善国）[9]，下及于个人（善家培养善人）[10]。"积善之家"是中国人的理想之家，这虽然并未定义善，但强调家是积善的地方。那么，家不就是观察善的实践、发掘善的定义的好地方？

  家的善怎么去找？中国人的名字跟西方人不一样，西方人有"教名"（Christian name），家长以宗教圣人的名字为孩子命名，作为孩子成长的佑护或榜样（虽然现在很多人已经没有这些意识，但大多的名字仍是来自宗教）。中国家长（包括族长）为出生的孩子命名是绝对有意义的（就算按族谱排名，家长也得加上一个字）。这些字代表中国人对下一代的期待、勉励、告诫、祝福。这个传统古老得很，很反映中国人对善的看法。此外，家书、格言等都有类似的意识。这些就是中国人对善的共识的库存，我们或可以从此处拉出中华文化基因的线头。

从基因到基因法还很远。打造这个文化基因法有若干考虑。首先，基因不能太多，也不应太多。动物基因只有A、C、G、T四种碱基，经过双螺旋的组合产生出整个动物世界。我只用两个基因（个人、泛人）就演化出了48个基本的文明现象。这两个基因更有足够的潜力，通过细化、深化去开发出千百种细微和曲折的文明现象。很够用了。

我们不可能，也不需要太多的基因。我们追求的是轮廓，不是高清画面。只要足够清楚、足够全面去让我们辨认轮廓，追踪轨迹，掌握抓手就够了。变量不断增加，分析的边际效应会不断下降，最后引发分析瘫痪（analysis paralysis），不如不做。而且，现实世界里，人、事、时、空瞬息万变，我们的脑袋（甚至加上人工智能）也处理不来。三四个相对准确和到位（相对于要处理的问题）的变量足矣。

基因找到了，还要演绎基因的形态，就是基因如何现身。看得见的文明现象（可以是硬件，如大楼、马路、庙堂、学校等；可以是软件，如政治制度、经济结构以至宗教仪式、交通守则等）是看不见的文化（基因）的体现。一个文化基因可以以不同的形态现身。我的突破是从"中性"的基因（也就是没有好坏之分）去衍生"非中性"的形态（有好坏之别）。例如，中性的个人基因可以现身为正面的自立、自足、自尊，负面的逞强、自私、倨傲。自立与逞强、自足与自私、自尊与倨傲，是不同甚至矛盾的形态，但都可以追踪到"个人"。在某种意义上，基因与形态的关系是统一中的多元（包括表面上的矛盾）。我是先找到基因，然后加以解剖，梳理出它的各种形态，因此是演绎法。但我相信，也可以从形态出发去找它们的共性，用的会是归纳法。

我们可以通过观察一个文明的宇宙观、伦理观、社会观的种种形态，去辨认出底下的基因。

　　文化基因法的一个基础假设是文明现象的变化反映现象之下文化基因组合的变化，而这些变化是有逻辑和规律的：变化是由变化因素刺激和牵动文化基因的组合而产生的。这些变化因素的力度和方向决定文明变化的轨迹（但不能越出文化基因组合的极限）。我提出了三条规律：距离律、重叠律、转移律。验证显示它们够用了。我相信，在建构中国的文化基因法时也无须用太多的规律，这三条也许合用。

　　我用了四个文明变化因素：民族性格、时代心态、历史背景、关键人事。其中，以民族性格最要掌握，但也是最难摸透。没有人想发现自己民族有不良性格（虽然文化性格没有"良"与"不良"之分），这种心理会影响研究者的中肯。我建议最好由外人去找。在某程度上我就是从"外人"的角度去看西方，往往比西方人看得清楚。但我是"以水为法"，且没有（或很少）学术、感情和意识形态包袱。如果没有合适的"外国人"去研究中华性格，中国人自己去做就要不时警惕，保持中肯。

　　过去，有不少中国学者讨论中国的民族性格，比如林语堂的《吾国与吾民》。这些纯观察的研究只可以作为起点，我们要特别关注的是表面不同性格之下的共性。例如，上面我谈到美国南方人的有礼和粗暴。这两个矛盾的性格是统一在他们的"荣誉感"之内的。相对于有礼和粗暴，荣誉感是更深层次的认识。如果你认为美国南方人同时有礼而粗暴，你和他交往时就会不知所措。但如果你认识到他的有礼与粗暴都是来自同一的荣誉感性格，你就会更了解他，更懂得怎样与他交往。辨认中国的民族性格也需如此。

再回到时间表，再用跳舞来做比拟。带跳的要决定跳什么舞，全球资本的舞还是生态文明的舞？什么样的调子，中庸还是极端？什么样的步法，性善还是性恶？什么样的节奏，大我还是小我？这些选择一定要符合中国的文化基因，才可以水到渠成，不然只会是张冠李戴、不伦不类。我们需要一套合理、有用和好用的文化基因法[11]，去帮助我们认识自己的文化基因，并按此去选择跳什么舞。这才是顺理成章。知道要跳什么舞，还要知道怎样去带领舞伴。要腰力、手力、腿力。文化基因法可以帮助我们从我们的民族性格、时代心态、历史背景中找最有力的抓手去发展我们的文明：发挥最大的魅力、最强的威力去带领世界。这些魅力和威力可以从历史中辨认出来，也可以按自己的文化基因打造出来。这才会事半功倍。

中国要崛起，就要认清时代心态——美国的和中国的。美国的世纪一代将会支配美国的未来，直到2040年代。他们因循，不会有大作为；美国国力会继续下降，社会凝聚力与经济生命力都走下坡路，全球资本的去意会渐露。这一代的懈怠和沮丧会使美国的内政与外交难关重重。这将是美国的逆转期，或可称转逆期，每况愈下。2040年代开始，他们子女一代接棒，会支配美国到2070—2080年。他们接手的会是一个被全球资本榨干的褪色帝国，军事力量背后的经济实力趋弱。这一代的心态会充满恐惧和愤怒。但美国人的少数意识和骄傲感使他们往往失措，人类将要面对一个孤立和易争的美国。全球资本的去意会使美国对世界尤其是伊斯兰世界和中国，更有敌意和战意。

到那时，中国"80后一代"（相对应美国的世纪一代，在1981—1995年出生）的时刻也要过去了。但从现今到那一刻，他们有重大的历史使命：为中国的未来做壮本培元的准备工作。他们会把中国带到什么地方、把下一代培养成什么样子？我也谈到年轻人成长所需的"正面的意识、正派的文艺、正气的社会"，这些要由这一代建设完成。80后一代可否承担起这两个使命？如果国运昌隆，他们在黄金的晚年会看到中国石破天惊，看到他们的子女（2015—2035年出生）从2050年代开始带领全球，跳出生态文明的妙舞。

80后一代人在未来的二三十年内要实事求是、兢兢业业，不好高骛远，不惹是生非。今天海外华侨把中国游客叫作患"大头症"的"强国人"，因为很多中国人认为已经追上了美国，甚至若干地方超过了美国。百多年的仰人鼻息，今天要吐气扬眉，是可以理解的；但财大气粗、到处招摇则是极短视和危险的：短视是在全球资本下拿到点小利就以为全球资本可托终身；危险是轻视和挑衅了具有深厚经济潜力和庞大军事实力的美国，以至整个西方。为政者有没有智慧和魄力去激发这一代人，为国家福祉、子女前途，从高调的、过度的物质追求转向低调的、适度的自我保存和与人共存的平衡？这将是人类共同体生态文明之所系。

霸权交替，要不要打？从西班牙的封建政制和庄园经济转到法国的绝对君权和重商经济，打了；从法国转到英国的君主立宪和资本经济，打了；从英国转到美国的权力制衡和全球资本，没有打。这显示了什么？意识形态的变，要打；非意识形态的变，不用打。

为什么？因为西方文明的文化基因是"唯一真"。"真"决定一切，"真"只有一个。这套文化基因带有霸气、争端。

全球资本的贡献是结束了全球"霸主"的意识。全球资本不是个"主权国"，起码不能算是传统式的霸权，但事实上，它的霸力是无远弗届，因为它的逻辑支配着全球的政治、社会、经济、文化。无论哪一个主权国，接受它的或抗拒它的，都是以它为参照，并无其他参照（起码现在如此）。为此，它不需要做"霸"，因为它已经是"主"了。

此外，过去几十年，全球资本的发展与多元文化是并进的，资本越成熟的地方，文化越多元；文化越多元的地方，资本越发达。但是多元文化与霸权是对立的。全球资本在理想中所追求的和在现实中所打造的"多元文化"都是否定霸权的，包括以实行资本主义为己任的美国。无论在国内或国外，它软硬兼施，想把"多元文化"加诸不认同多元文化的文化。它用法律去压国内的保守分子，用武力去打国外的伊斯兰激进组织，都没有成功。

要人人低头的全球霸主是不可能的，使人人都受益的人类命运共同体是完全可能的，盟主可以有。世界文明是多元的，但人类理性是共通的，自我保存和与人共存平衡的自然法则存于所有人的心里，可以作为每一个人、每一个主权国在处理人与人、国与国的关系上的导航。盟主的使命和责任就是发挥导航作用，以实力为后盾、以服务为宗旨、以整体为原则，以身作则、晨钟暮鼓、排难解纷，有需要时缓危解困，有必要时拨乱反正。

不禁想起"九合诸侯，一匡天下"。"合"需要魅力，"匡"需要实力。有魅力、有实力，是伟大。"一匡天下，不以兵车"，有实力而不用武力，更伟大。

注：

1. 支持他的选民不一定支持共和党，反映权力苟合的复杂和没有原则。

2. 老布什不能连任，被克林顿打败。小布什以负票数登上宝座，如果不是遇上"9・11"，也极有可能不能连任。特朗普也是负票数当选，上场以来分分钟有被弹劾危险。要注意，他们都是共和党。现今美国大势是经济自由、道德自由，这些都是全球资本的氧气。从前，共和党是经济自由、道德保守，民主党是经济公平、道德开放，二者对全球资本都有不同贡献，或可以说是不同克制。克林顿以后，经济自由与道德自由都由民主党包揽了，共和党成为反动（尤其是在社会道德的层面上）。所以，未来的总统宝座可能是两届归主流的民主党、一届属反主流的共和党。扭转乾坤会是极少数的极端分子，尤其是被全球资本遗弃的底层劳工和被全球资本否定的保守分子。这些"进步"与"反动"会使美国瘫痪。

3. 1991年12月25日，苏联解体。当时叶利钦曾想借助美国进行经济改革。1993年克林顿就任，他想扩充北大西洋公约组织去维稳，俄罗斯感到威胁。但克林顿懂迁就叶利钦，终把匈牙利、波兰和捷克引入北约。叶利钦不要克林顿引入波罗的海三国，克林顿拒绝，但他又同时经济援助俄罗斯并暗助叶利钦连任（主要是派遣传媒和公关专家助选）。1990年代，老布什、克林顿都与叶利钦维持良好关系，包括在1993年签军备约束条约（START Ⅱ）。1990年代末期，关系开始恶化，因为北约继续往东扩展。那时，俄罗斯正在车臣用兵，克林顿批评，叶利钦反驳。1999年底，普京就职代理总统，开始与小布什不和。普京是独行独断，小布什在"9・11"之后也是强势姿态。俄方不满美方退出《反导弹飞弹条约》，更强烈反对美国在2003年入侵伊拉克。俄方也不满2003年美国鼓励格鲁吉亚反俄的"玫瑰革命"和2004年乌克兰的"橙色革命"。到2007年，美国更要在波兰部署导弹，直接威胁俄罗斯。普京警告，指出欧洲成为新"火药库"，并扬言俄罗斯也要把导弹对准波兰和捷克。2007年10月，普京出访伊朗，商讨协助发展核电。小布什说："如果你不想第三次世界大战，就不要给他们做核武器的知识。"普京马上回应，形容美国在俄罗斯边境上装导弹就像当年苏联在古巴装导弹。整个2008年就是互相恐吓。到2008年11月，美国奥巴马当选（未上任）后一天，俄罗斯宣布如果美国在波兰装导弹，俄方也会装置。奥巴马以与俄罗斯修和为己任，要"重开来过"（restart；2009年3月，国务卿希拉里・克林顿与俄外长来个"重新来过"的按钮仪式，可惜美外交部摆了个乌龙，"重新来过"翻译为俄文"附荷过重"，overload，啼笑皆非）。2009年7月，奥巴马访莫斯科，强调美俄合作。但副总统乔・拜登（Joe Biden）却发出不同声音，声称俄罗斯国势日降，宜向西方做更多让步。2011年3月，拜登再访俄，重申美国会助俄罗斯加入世贸组织，但又同时会见俄罗斯的异见人士和人权分子，并暗示如果俄罗斯要有好日子普京就不应再竞选总统（在 2008 年前，普京是总统，从 2008 年到 2012 年他的亲信梅德韦杰夫是总统，但作为总理的普京才是掌权人）。2011 年 11 月，俄国议会大选，全国骚乱。普京指美国搞鬼。奥巴马的"重新来过"算是草草收场。从 2012 年开始，互相不信任和恐惧成为"新常态"，普京要集中权力、重整俄罗斯为超级强国。

叙利亚内战是"阿拉伯之春"的衍生品，从 2011 年 3 月开始打。2012 年 8 月 20 日，奥巴马声称叙利亚总统阿萨德（Bashar al-Assad）用化学武器杀害国民，因此画下红线（red-line），言外之意就是越过界线就要动武。但他声大手软，2013 年 9 月，美俄同意把叙利亚化学武器移交国际监管并摧毁。美国国内和盟友都指责奥巴马先硬后软，不可信。稍后，奥巴马甚至感谢普京帮手，约束了伊朗发展核武器（2015 年 7 月签约，日后特朗普一上台就撕毁合约）。总的来说，2012—2015 年美俄双方互摆姿态，一阵是飞机越境，一阵是调兵遣将。有两件比较大的事情。爱德华·斯诺登（Edward Snowden，1983—　）是中情局雇员，私下搜集几十万页秘密文件，在网上曝光，被美方通缉。他先逃至香港，再转俄罗斯要求政治庇护，令美国政府非常困窘。更严重的是乌克兰在 2014 年 2 月闹政变，亲俄的总统被逐，俄指政变完全是美国在后面摆布，俄方以护侨和保卫黑海舰队为理由，割占克里米亚半岛。3 月，奥巴马还说不会用兵，因为问题不大，俄罗斯只是个地区性的力量（regional power）而已。之后，就不断以外交和经济制裁去惩治俄罗斯。俄方指责他在打新冷战。从 2014 年到 2016 年先后六度制裁，但却好像没有大作用（起码看不出来）。2015 年下半期，叙利亚的阿萨德也支撑不住了。俄罗斯就在 9 月 30 日宣布空军介入，并"邀请"美国参与，去维持和平。美国当然不理。俄方一加入，阿萨德方就节节胜利。和解更加无望，因为美国坚持以阿萨德下台先决条件。

2016 年美国大选，民主党和传媒大唱俄罗斯网络攻击，意图左右结果，共和党的特朗普被打为亲俄。2016 年 11 月，特朗普当选（未上任），俄方指责奥巴马政府意图破坏美俄关系，使俄难与新总统修好。12 月，奥巴马（仍是总统）下令搜集俄方干扰大选的证据。特朗普 2017 年 1 月上任一周就与普京电话长谈 50 分钟，意图修好。但美国军方在 2017 年 3 月公开俄方部署飞弹，稍后美国又进行经济制裁。4 月 7 日，美方巡航飞弹袭俄军驻扎的叙利亚基地。俄方警告是临近开战边缘。2017 年 7 月 6 日，特朗普在波兰演说，敦促俄停止支持叙利亚和伊朗。第二天他与普京会面，称此为"荣誉"。话是这样说，但在 7 月和 8 月双方互相赶走对方的外交人员。8 月 2 日特朗普又签禁制方案。俄方指这是美俄全面商战。但特朗普也奇怪地说，签了法案不代表他会实行法案（也就是留有余地）。到 2017 年底，特朗普政府直指俄罗斯（和中国）是美国"对手"。有人说特朗普上任一年来的强硬超过奥巴马的八年。2018 年 4 月，美国火箭袭击叙利亚，俄恐吓说如此下去，俄罗斯会袭击美国军事措施。但到 6 月，特朗普又呼吁准许俄罗斯重新加入 G7（2014 年攻占克里米亚时被逐出的）。7 月 6 日，两人在赫尔辛基正式见面，但特朗普被国会议员和前情报人员批评，说他是站在普京一方，无视俄方在 2016 年网络攻击美国的证据，说他软弱。

4. 美国对印度的关注始于"二战"期间的"中国、缅甸、印度战场"理念。数以万计的美兵驻在那里，那时罗斯福主张印度独立（部分理由是反殖民原则，但也考虑美国未来在该地区的发展和势力扩充）。丘吉尔当然坚决反对，甚至恐吓要与美国拆伙。杜鲁门时代，在印度与巴基斯坦之间美国是偏印度的。但冷战期间，尼赫鲁的中立令美国不满。印度独立（1947）后十多年，美国对印度提供的外援高于苏联，但苏联为印度搞开发。1959年，艾森豪威尔是头一个访印的美国总统，表示大力支持，尤其是在中印问题上。肯尼迪更把印度看作"战略伙伴"，去平衡中国在该地区的威胁。在1962年的中印战事上美国完全站在印方，并空运军火和派遣航母。肯尼迪1963年遇刺后印美关系渐走下坡路。1966年，尼赫鲁去世，女儿英迪拉·甘地（Indira Gandhi，任期1966—1977，1980—1984）继任总理。她倾向苏联。约翰逊转过来拉拢巴基斯坦，给予大量经济和军事援助以抵消苏联在南亚的影响（也是他访华的原因之一）。在1971年的印巴战争中，美国完全站在巴方，并派航母支持西巴（巴基斯坦在1971年前是分东巴和西巴，1971年之后东巴独立，成为孟加拉，印度极力支持孟加拉独立）。到1974年，印度试爆首枚核弹，美国更加不满。1977年印度政向大变，由执政多年的国会党（Congress Party）分裂出来的人民党（Janata Party）掌权，德赛（Morarji Desai）为总理。他是和平主义者，美印关系转好。虽然到1980年后，英迪拉·甘地重掌政权，关系仍保持。印度不支持美国介入阿富汗（1979年到1989年苏联占领），但里根仍援助印度。由人民党衍生出的右倾的国家民主联盟（National Democratic Alliance，NDA）在1998年掌权，由瓦杰帕伊（Atal Bihari Vajpayee）任总理。印度核试验，克林顿施极严厉经济制裁。但制裁无效，因为印度经济已起飞，与美国贸易只占GDP小部分。那时，只有日本与美国共同进退，其他国家照做生意。克林顿很快就解除制裁，双方修好。到20世纪，印度再度成为美外交核心之一。2000年3月，克林顿访印，除经济外还加强科技合作。小布什想制约印度发展核武器，印方同意国际监察，但拒绝放弃库藏核武器。2001年"9·11"事件后印度大力协助美国保卫苏伊士运河到新加坡的印度洋航道。2001年，美国决定给予巴基斯坦"非北约重要盟友"（Major Non-NATO Ally，MNNA）身份，又同时给予印度，印度拒绝。小布什时代，美印关系更好，主要在防恐（伊斯兰激进组织）、能源安全、气候变化。有评论家指小布什是最亲印度的美国总统。2004年之后，美印已是"战略伙伴"（印裔美国人是美国国会议员中最大族裔）。2005年，双方签《开放天空》（Open Skies）协定，推进贸易、旅游。2006年3月，小布什访印。奥巴马上任后，更大卖军火（成为印度第三大供应方，次于以色列和俄罗斯）。但印度也在变，中产阶层激增，改变了政治局面。2013年印度抗议美国窃听印度驻纽约联合国办事处和驻华盛顿使馆，刺探总理莫迪（Narendra Modi，任期2014—   ）秘密。印度还决定监管美国在印度的"非政府组织"，包括人道救济和协助发展的组织。更严重的是，印度不满美国的巴基斯坦政策和阿富汗塔利班政策，特别是美方把克什米尔地区的印巴问题牵入巴基斯坦的内部不稳问题。2008年，孟买恐袭后（11月26—29日，死166人），印度政府在国内遇到大压力要去追捕恐怖分子。在2009年5月的大选中，印度往右转。2009年，印度拒绝美方邀请参加阿富汗问题研讨会，美印双方在地区问题上有很大分歧，特别是印度与伊朗、俄罗斯发展良好关系。双方在2010年重启战略对话（小布什时代建立）。美方强调印度是个"不可替代和可靠的朋友"，对话宣言指定10项合作（全球安全和反恐、裁军和制止核扩散、经济与贸易、高科技、能源安全与气候变化、农业、教育、健康、科技、发展）。2010年11月，奥巴马访印，是尼克松以来另一个在首任内访印的总统，也是艾森豪威尔以来另一个在印度国会联合会议致辞的总统，以示隆重。

5. "二战"和战后，美国占领日本是美日关系的基础。"二战"期间日本与美国对亚太秩序（Asia-Pacific order）有极不同的理念：日本要建设一个经济自足的东南亚，罗斯福与后继的美国总统是国际主义者，主张自由贸易。战后，双边关系从敌视渐变为友好。1945—1951年美国直接管治日本，输入反军国意识、民主意识，在对外政策上则聚焦于经济发展和和平主义。到1970年代，美日"友谊"达最高峰。之后，日本成为经济强国而美国则下滑。那时开始，两国的外交政策开始分歧。再加上中国崛起，关系更复杂。

美国的驻军和援助有助于日本的战后复苏。与美贸易增加，日本人的自信同时增加，开始想有更大程度的自主。1950年代和1960年代，美军驻扎日本本土成为争议焦点。左翼分子主张脱离美国支配。美国也开始撤出一些日本本土外的岛屿。1956年，日本议会一致通过要美国交还琉球。1960年，美日在华盛顿签《共同防卫条约》(Treaty of Mutual Cooperation and Security)。但在日本就发生极大争议。左翼极力反对，国会代表退出会议（但执政的自民党仍有足够票数通过），接着就是大规模学生和工会暴动。艾森豪威尔被逼撤销访日，日相岸信介（Kishi Nobusuke，任期1957—1960）辞职。条约规定任何一方被侵犯，另一方会来助。但那时的宪法不允许日本有军队，并禁止日本在国际上用武力。为此，日本不能派出它的自卫队，甚至用来国际维和也不允许。这是近年来日本不断争取做"正常国家"的原因之一。

争取领土归还是日本政府的主要任务。1969年11月，日相佐藤荣作（Sato Eisaku，任期1964—1972）访华盛顿，尼克松宣布准备在1972年6月归还琉球。但在1971年7月，尼克松宣布要访华，日本大感意外，认为这样的大事情美国应事先与它商量。8月又是一个意外，美国对日本进口货多征10%附加税。12月货币危机，美国压力下日元贬值。美日关系仍是紧密，但紧张多了。在经济上，美国在美日贸易上的逆差自1965年来不断扩大（大部分原因是朝鲜战事和越南战事的军费刺激日本经济发展）。在政治上，美方又施压，要日本多承担地区安全的责任。1981年，日本答应加速扩大防卫队。自从美国退出越南（1975），日本的地区安全角色成为美日摩擦点。由于宪法所限，日本不能加速建军，只能多承担美军在日基地的费用。在经济方面日本约束电视出口到美国（前些时是约束纺织品输美），但美国仍不满日本不放宽农产进口和开放国内投资市场。1979年，伊朗扣留美使馆人员，日本声援美国，但又从伊朗买入石油。1982年，鹰派首相中曾根康弘（Yasuhiro Nakasone，任期1982—1987）登场，跟里根特别友好，支持里根在欧洲部署导弹、答应在苏联政策上与里根共同进退、协调亚洲热点区的朝鲜半岛和东南亚的美日政策，特别是对中国的政策。同时，日本欢迎美国增加在日本和西太平洋驻军，并扩大日本自卫队以应对苏联的国际野心。这是美日关系的黄金期。到老布什时代，日本内政问题（尤其是"招聘公司"的贪污和内幕交易丑闻导致内阁引辞）使美日关系不如里根时代。但有关开放国内市场，日本就一直抗拒美国。主要原因是国内的政治势力不允许政府开放进口，尤其是农产品。日本政府一方面是保护"效率低"的产业，一方面要栽培"未成熟"的产业。日本经常采用的方法是"拖"，不断地谈判来换取时间，一谈往往就好几年；定下的协议也往往是模糊、多层解释。整个1980年代，日本对美贸易大幅顺差。到末期，日本成为全球的主要债权人，日本在美国的投资大增（仅次于英国），引起美国国内很大不满，而日本对美国动机也开始置疑、批评，走向更大自主（当然，这跟日本在1985年之后在货币汇率上被美国占了大便宜很有关系）。到苏联解体，美日两方认为它们的关系中，安全考虑比经济考虑更重要，尤其是在朝鲜问题上。但也有人指出，美日的安全合作其实有助于监管日本的军力扩张。

  1990年代后期开始，美日关系改善。相对于中国，美日的经济利益摩擦少得多。日本甚至应小布什要求派部队到伊拉克，而美日又共同发展反飞弹防卫系统。有人说，日本成了"太平洋的大不列颠"（Great Britain of the Pacific）。

  2009年，日本民主党取得政权（"二战"后都是自由民主党天下），要重新检讨美日安全协约，指该协约是美国支配的。2013年以来中俄的海军共同演习，被认为威胁美日联盟。

6. 详见《西方文明的文化基因》第九章。

7. 1642年12月，路易十三名相黎塞留（Richelieu）枢机主教去世；1643年5月14日路易十三去世，路易十四登位。

8. 此役之后，西班牙也放弃了团型方阵，转去学法军的线型方阵，并使用炮轰战术。

9. "国"一词来自主权国（nation，state，是典型洋货）。我们称"国家"，国与家为一体。五伦之中三个是属家的（父子、兄弟、夫妇）。

10. "百行孝为先"，在帝皇时代，孝子被视为忠臣的"基因"，不孝之人是不会被器重的。

11. 合理是指基因形态能够顺理成章地引申出文明现象，文明现象可以顺理成章地追踪返回基因形态。有用是指基因形态的类别和组合规律非但能够充分演绎文明现状，还可以辨认出抓手去改变现状。好用是指少量的基因形态类别可以解释大量的文明现象，简单的基因形态组合规律可以解释复杂的文明轨迹。

附 录

1. 1980—1990 年代的主要经济（金融）危机

1970 年代末期是全球经济极差的时期之一，出现了滞胀（stagflation），也就是经济停滞、通货膨胀。到里根上台（1980），减税率、增军备，经济好转。但这都是靠国家财政赤字支撑的，所以不到几年就再次"现形"。1985 年后期到 1986 年初，经济开始放缓。

1987 年的香港股灾

1987 年 10 月 16 日，伊朗导弹击沉一艘悬挂利比亚旗的油轮，第二日早晨又击沉了一艘美国旗的商船。16 日是星期五，伦敦股市因风暴提前收市，但道琼斯指数仍下跌了 4.6%，美国财政部长说他担心股价会继续下跌。果然，香港市场在 10 月 19 日星期一一开市就跌。那天早晨不久，美舰炮轰波斯湾的伊朗采油台。股市下跌不止。

当时宏观上国际货币汇率和各国的利率升降仍是围绕着对阴魂不散的"滞胀"的恐惧，全球金融互联，但没有共识。微观上金融衍生品虽然还未猖獗同，但已开始吸引投资者（投机者）。当时的新金融产品如指数期货（index futures）等，再加上电脑交易，引发出大量套利行为（arbitrage）。这些都是金融全球化的必然现象。但大部分专家归咎于电脑交易，也就是电脑用方程式指挥的买卖。这些方程式主要反映投资者（投机者）对风险的衡量。一旦输入方程式，电脑会在短时间内与其他投资者的电脑互相买卖，一发不可收拾——起码不能在以秒计算的时间内收拾。

1992 年的欧洲货币危机

1992 年 9 月 16 日，英镑因为不能维持欧洲汇率机制限定的汇率下降极限，被迫退出欧盟经济体（估计损失 34 亿英镑），也称"黑色星期三"（Black Wednesday）。

欧洲汇率机制是 1979 年建立的。那时保守党的撒切尔夫人刚刚击败工党，登上首相职位。保守党政府极重视英国国家主权，决定不加入欧盟。但又希望货币汇率能够稳定，就决定"非正式"地跟汇率稳定的德国马克挂钩。其实，强而稳的马克已是欧洲汇率机制的基础货币，所以两年后英国还是加入了，接受汇率升降上下限规定。那时，英国的通胀率是德国的 3 倍，把英镑绑在马克上其实是吃力和危险的。

1990 年初，东、西德开始合并（柏林墙于 1989 年 11 月被推倒），政府开支庞大，开始加息，牵连整个欧洲汇率波动。市场热钱狂买马克，英镑对马克汇率自然下降，再加上作为英国出口主要对象的美国又在贬值美元，影响英国贸易收入，雪上加霜。从 1992 年中，大炒家索罗斯大量卖空英镑，预期会大幅贬值。这大大增加了英镑贬值的压力。

英政府（那时撒切尔已离任，约翰·梅杰任相，仍属保守党）要支撑英镑汇率不低于欧洲汇率机制的下限，就加贷款利息，并大量购入英镑（政府不想贬值，因为恐怕贬值会引起更大的通胀），但乔治·索罗斯决定与英政府斗，在 9 月 15 日大量抛售英镑。英政府不断买入去维持汇率。上午 8 点半，英伦银行已买入了 3 亿英镑，但索罗斯卖出的比英国买入的还要快，汇率下跌不止。到 10 点半，英政府宣布加息，从 10% 到 12%，还准备要升至 15%，但炒家仍抛售英镑。到晚上 7 点钟，英财相宣布英国脱离欧洲汇率机制而利息则保持为 12%。

第二天，政府再把利息降到10%[1]。据估计，索罗斯在这场仗中赚了超过10亿英镑。

高利息使英国企业（保守党的支持者）叫苦连天，房地产市场崩溃，英国进入经济衰退。有人将欧洲汇率机制称为"永远衰退机制"（Eternal Recession Mechanism，与Exchange Rate Mechanism同，简称ERM）。保守党的形象大损，尤其是他们素以管理经济作为标榜。1992年4月的大选，也就是危机之前，保守党是胜得很光彩的，但到9月的民意调查，就只比工党高2.5%，到风暴之后的10月，调查显示支持率从45%狂跌到29%，从此一蹶不振。此后的三次大选保守党都大败于工党，英国政局改观。

1994年的墨西哥货币危机

1994年墨西哥大选，总统为连任，大撒金钱：增加财政支出，增加货币供应。为此，发行短期国债。国债的票面值是墨西哥比索，但保证以美元赎债（下称第一批国债），以吸引外国投资者。那时刚签署《北美自由贸易协议》（North American Free Trade Argument，NAFTA，包括美国、加拿大和墨西哥），全球资金涌入。但国内发生恰帕斯州农民暴力起义，以及反对党总统候选人被刺杀，政局很不稳，投资者都认为墨西哥风险大。为应付这局面，中央银行出面干预，发行以美元为票面值的国债（下称第二批国债）去购买比索，以维持比索对美元的汇率。这个小动作使比索汇率变强，百姓就多买进口货，造成贸易逆差。投机者看穿比索的汇率（相对美元）实在是超过它的应有价值，就开始把资金从墨西哥转到美国，也就是资金外逃。政府不想加息（加息也会吸引资金回流），就以购入自己发的国债去维系货币供应。但是，一方面要买入以美元为票面值的国债（第二批国债），同时又以美元去赎回先前以墨西哥比索为票面值的国债（第一批国债），变成双重压力，中央银行的美元储备到1994年底最终用光。

1994年12月20日，中央银行宣布比索贬值。国外投资者恐惧加剧，资金加速外逃。中央银行被迫加息去留住资金。但加息就会增加借钱的难度，压抑经济的发展。中央银行的新国债卖不出去，贬值了的比索买不到美元，墨西哥面临破产。两天后（12月22日），中央银行放弃保护货币，让比索在市场上自由浮动，当然就是不断贬值，引发超级通胀（hyperinflation），高达52%。外国的投资者开始抛售他们手上的墨西哥资产（类似情况感染到其他新兴国家）。

1995年1月，国际货币基金组织在七个最发达国家和国际清算银行支持下，以500亿美元拯救墨西哥。这次危机引发多个墨西哥银行倒闭，大量抵押贷款没有钱还，墨西哥经济进入严重衰退，贫穷和失业大增。

1997年的亚洲金融危机

从1993年到1996年，东南亚诸国的外债对GDP比率在不断增长，由100%升至167%。经济实力较强的如韩国，比率也从13%升至20%。1997年7月，危机首先在泰国出现，迅速蔓延至东亚。由于金融全球化，遂引发全球恐慌。

泰国政府缺乏外汇储备来支撑泰铢兑换美元的汇率，被迫让国家货币自由浮动。其实，此时泰国的外债负荷大，已经是破产状态了。危机扩散至整个东南亚，包括日本的货币都下跌，股价下降，私人贷款激增。最受影响的是印度尼西亚、韩国和泰国；中国香港、老挝、马来西亚和菲律宾也很受打击；文莱、中国大陆和台湾地区、新加坡和越南虽未有很大灾难，但普遍都受到经济需求减少、信心下降的影响。

国际货币基金组织以 400 亿美元救市，先是泰国、印度尼西亚与韩国。但仍造成深远影响，印度尼西亚执政三十年的苏哈托总统被迫于 1998 年 5 月 21 日下台（印度尼西亚货币贬值引致物价急升，引发全国暴动），菲律宾的经济增长为零，到 1999 年才开始恢复。那时，亚洲吸收全球流入发展中国家资金的半数。东南亚诸国的高利率政策是主因。

1998 年的俄罗斯金融危机

此次经济危机内部成因有三：生产效率低、汇率固定、长期赤字。再加上车臣的战费（估算为 55 亿美元，不包括重建的费用），1997 年下半年开始，俄罗斯经济下滑加剧。外在原因有二：一方面，1997 年的亚洲金融危机使石油和其他非铁金属的需求量下降，影响俄罗斯的外汇储备。另一方面，叶利钦总统在 1998 年 3 月 23 日突然全部更换内阁，引发政治危机。到 5 月，全国煤矿工人总罢工，追讨欠薪，截停西伯利亚铁路（估计全国欠薪 1250 亿美元）。

为稳定汇率、制止资金外逃，1998 年 6 月俄罗斯发行短期国债，利息高达 150%。这当然不可能持续。国际货币基金组织和世界银行在 7 月 13 日提供 226 亿美元，把短期高息的卢布国债转换为长期欧元国债。但俄政府仍坚持维持卢布对美元的汇率。7 月 15 日，左翼分子控制的国会拒绝政府的反危机措施（这些措施当然是国际货币基金组织和世界银行的援助条件），政府与国会僵持，一切以叶利钦的总统行政令办事。7 月 29 日，他突然终止度假，飞返俄罗斯，大家以为他又来重整内阁，但他只是把联邦安全局的头头撤换，由普京主持。

俄政府乏力推进经济改革，使投资者丧失信心，引发连锁反应，大批抛售卢布和其他以俄罗斯资产为基础的证券。卢布压力大增，中央银行被迫以外汇储备托市（从1997年10月1日到1998年8月17日期间，共用去279亿美元）。终于，在1998年8月17日宣布卢布贬值，政府不再偿还国内债项，并暂停偿还外债，被称为"卢布危机"（Ruble Crisis）或"俄罗斯感冒"（Russian Flu）[2]。

从8月17日到25日，卢布继续下跌。9月2日，中央银行决定放弃支撑，让它自由浮动。到9月21日（不到一个月）卢布贬值2/3，引发高通胀（1998年的通胀率是84%）。国家福利的支出大幅增加，很多银行倒闭。但最受影响的是农业，政府补贴缩减80%。在政局上，叶利钦丧失民众支持。反对党（包括共产党和商界）声音大响。叶利钦改组政府，答应以发工资和养老金为第一要务。1998年10月7日，全国罢工，要求叶利钦辞职。10月9日，俄罗斯申请国际人道援助，包括粮食援助（那年的收成也很差）。

但复苏也快。1999—2000年油价稳升（与1997年油价下降的经济背景相反），因为伊朗禁运使俄罗斯有大笔石油收入。同时，国内工业（特别是食品加工）因卢布贬值、进口货物价格上涨而得利。此外，俄罗斯经济有很大部分是以物易物和非货币的交换，而非依赖银行，因此金融崩溃的影响较轻。在某种程度上，可以说俄罗斯的"非正规经济"（处身于全球金融以外的经济活动）减轻了"正规经济"（在全球金融支配下的经济活动）的压力。

1998—2002年的阿根廷货币危机

这一危机比较长，从1998年下半年持续到2002年中。成因有三。

（1）按法律，阿根廷的比索是要与美元挂钩（1∶1），目的是制止通胀。1999年，巴西货币贬值，因此投资者的美元在巴西可以有更高的购买力（包括购买阿根廷主要出口的牛肉和谷类），于是阿根廷的外来资金和对外出口日渐枯竭。（2）阿根廷大选，想连任的政府在大选前大量借钱，为此加息。于是国内企业借钱的成本增加，很多倒闭。（3）政府大搞私有化（典型模仿西方自由经济），导致大批工人下岗（私有化的目的一方面增加政府收入，还可以借此摆脱工会对国营企业的控制）。加上私有化的企业大多是公共服务如电力和通信，在私有化后就提高电费、通信费，引发经济活动收缩，需求下降。私有化的公司赚不到钱，就加剧裁员，引出恶性循环。

经济低迷、政府收入减少，就要举债。人们判断比索会贬值，于是都到银行去兑换美元。政府限制，只允许每人每月兑换1000美元，于是人民对政府信心大减、怒火大增。有人（特别是贫民区）暴动，抢掠超市，混乱迅速蔓延至首都。总统宣布进入紧急状态，但未能提供解决办法。于是大批人上街，非但下岗工人，还包括因政府金融限制而受影响的中产阶层。总统府前示威，导致大批死伤。

最终，政府倒台，比索汇率自由浮动。1998—2002年经济收缩28%（以国民收入衡量）。但2003年始，GDP恢复增长（出乎经济专家和商界传媒意料），持续五年保持平均9%的增长率，到2005年，GDP已超出危机前的水平，并开始偿还欠债；到2010年，已偿还93%债务，但仍有7%的债务在危机时转到"秃鹫基金"（Vulture Hedge Funds，主要是趁人有困难时以贱价买入证券但附带很严苛的条件的财团，特别是对冲基金）户里。这些也在2016年4月全部付清。

注:

1. 其他货币,如意大利的里拉,在当天也打破规定汇率,但随后仍重返欧洲汇率机制,只不过有较大的升降幅度上下限。这一事件反映了货币全球化的风险。
2. 日后曝光,原来国际货币基金组织和世界银行的钱在危机前夕已收到,但被"偷走"50亿。

2. 对美国民族性格的学术研究[1]

现今的学者避谈民族性格，在多元的美国谈民族性格更是大忌。但仍有若干不甘心被身份政治绑架的学者要探索"美国人"究竟是什么。不过，他们往往混淆性格与行为，其描绘有的聚焦于性格的表面现象，有的聚焦于性格的内部矛盾。

学者们观察到的美国性格表面特征有：（1）美国人不能没有舒适和不便（自足性格走向极端的现象）；（2）不懂休息和休闲、勤奋、工作狂（接近极端的自立与自足的表现）；（3）技巧、发明能力（自立加务实）；（4）上进心、野心（完全是自立的表现）；（5）有实际知识（务实的现象）；（6）贪婪（扭曲的自足）；（7）不容异己（扭曲的自立）；（8）令人讨厌（自立与自足走向冷漠与孤寒带出的反应）；（9）好管闲事（骄傲的表现，有时会加上点悯人）；（10）自视比人高（骄傲少数的表现）；（11）有想象力（务实与自立的结果）；（12）冒险、有梦想和理想（这是正面的自立）；（13）理性、反宗教（自立与务实的组合）；（14）太生意眼（自私与务实的组合）；（15）简单头脑，几近天真（骄傲的自以为是）；（16）恐惧（少数意识的典型）；（17）平等、随和（骄傲的与人平等，因为道德高贵或身份高尚就无须炫耀）；（18）暴力（骄傲的好争与易怒，再加上逞强）。

学者们指出的美国性格内部矛盾包括：（1）包容又排他（少数意识与追求自立的组合）[2]；（2）封闭的社区但又多样的宗教（极端自立带来冷漠；但冷漠引发自疚，然后以容忍姑息去宣泄）；（3）平易近人的态度，又积极地往上爬（道德的自立所以可以平易待人，务实的自立所以积极往上爬）；（4）有礼貌，但又会态度恶劣（自立与骄傲的组合，你待我好，我要待你更好，你待我差，我要待你更差）；（5）容忍离经叛道但又种族歧视（种族歧视出于少数意识的排他，容忍离经叛道出于弥补排他带来的自疚）；（6）慷慨又"本民族第一主义"（chauvinist，又译沙文主义）（悯人与少数意识的组合）；（7）自由又保守（有少数受迫害的意识所以追求自由，得到自由之后想保存不变，所以保守）；（8）物质主义又强调德道（自私与自疚的组合）；（9）不许吸烟但又随便带枪（带枪是为要保卫带枪者的自立，不许吸烟是保卫不想被烟影响者的自由）；（10）世界超级强国但国内弱势政府（美国人在国内抗拒政府约束是维护个人的自立和骄傲，在国外扩张国势是维护国家的自立和骄傲）；（11）要带来全球民主，但本身越来越像军团（对外是慷慨输出美式的自立、自足，对内是维护美国的自立、自足）；（12）自制强、热情淡，对别人比较敏感、少羞辱别人，妒忌、焦虑（自立与自疚的组合）；（13）对富人减税而同时大举国债（同样都是自立、自足的表现）；（14）全球最富的国家，但百万计的国民处于极度贫困（自私与自疚的矛盾）之中；（15）禁止舆论声音，又秘密窥探国民私隐（都是少数意识的恐惧感）；（16）又夸口又愚蠢（少数意识与骄傲的组合）；（17）既是空想的改良者，又强烈自恋（骄傲与自疚的组合）；（18）要改变，又执拗（少数意识与骄傲的组合）。

此外，以下独到的观察值得一提。

加州大学伯克利分校的社会学家克劳德·费希尔（Claude Fischer，1948—　）用历史去看社会。他认为美国人性格的核心是"自由意志主义"（voluntarism），有两方面：（1）自视为一个具有自由意志（voluntary will）的人——有权去追求自己的幸福；（2）明白个人只可以通过与别人契合（fellowship，像宗教的团契）才会成功——不是在自我的孤立之中，而是在持续的、自由参与的团体之内。因此，美国人兼有包容（inclusive）与排他（exclusive）、封闭式的社区和多样化的宗教、态度平易近人但又积极往上爬……[3] 用我定义的美国民族性格特征来演绎，就是"自由意志主义"乃少数意识和追求自立（自由）的组合——自己想追求某种仍未被主流接受的自由，为此加入有助于追求这自由的团体。在某种程度上，这有功利苟合的意识，也可以用来解释美式的党派政治和分权制衡。

2007年，厄尔·夏润思（Earl Shorris）提出一个令人深思的演绎。"美国性格的毁灭用了半个多世纪：从在日本投下原子弹到小布什入侵伊拉克的'谎言'[4]。'9·11'把所有的恐惧感带回到这个安于逸乐的社会。权力没有腐化人，恐惧使人腐化。现今是一个恐惧的社会，由恐慌的人带领着……[5] 我们尊崇勇气、讨厌懦弱，部分原因在于勇气是好的性格的条件，慌失失的人很难审慎、温和、正义。勇气会提升道德性格，慌乱反之。我们政府的恐惧是逻辑的。如果我们是好人，但仍可以在几秒钟内毁灭14万人，包括妇孺，而在8天之后再来一次，似乎要证明我们不介意大屠杀。那么，不是好人的敌人会如何对待我们？如果我们因为'9·11'世贸中心被袭而去袭击一个与此事无关的国家，而我们仍自视是好人，那么不是好人的敌人会怎样待我们？这些问题的答案会使你知道你为什么会这样恐慌。"可见支配全球的美国仍摆脱不了少数求存的恐惧感，以致失措，可见民族性格的影响何其深远。

大卫·阿泽拉德（David Azerrad）有一个关于美国自立性格的别致演绎。杰斐逊曾说过，美国《独立宣言》的意图是表达"美国思想"（American Mind），如政治家托克维尔所言，"性格来自'思想的习惯'"，《独立宣言》展示的就是美国性格。林肯也说，《独立宣言》的文字使人对美国人有所洞悉，他想念那些"如今已离开我们但曾经是被人叹息的刚毅、勇敢和爱国的祖先"。《独立宣言》假设美国人"懂得如何治理自己，而又不惜力争他们的权利"，他们知道这些权利虽然天（神）授，但不是自动的，是要保护的。历史的常态是暴政，不是自由。为此，美国人不单要宣扬自由，还要坚定保卫它。作为与众不同的美国人，不单要知道生来自由，还要有勇气去保卫自由（《独立宣言》中对英王申诉的第五项）。联邦分子兼开国元勋之一的麦迪森在回应如何保证国会代表的立法不偏袒他们自己或某些人的利益时是这样说："在这个制度的精明、在这套宪法的正义、在所有之上，是由不懈和无畏的意志推动的美国人民——无畏意志哺育自由，自由哺育无畏意志。"

阿泽拉德又认为，美国人先学懂自制，然后才赢得独立。脱离英国之前，美国人已是个"自由的文明"，已习惯代议政府。他们是"自由民族"（a free people）。他们的性格是一个多世纪的英式自由法律体制（free system of English law）培养而成。《独立宣言》是由各州人民的代表共同宣布的。但阿泽拉德感叹："在两个世纪之后，这个宣言已被腐蚀：被对政府过度信赖腐蚀；被1960年代的'如果你觉得快意，就去做吧！'（If it feels good, do it!）的任性腐蚀，被没有意义和粗俗的流行文化腐蚀。"

当初，少数意识的自立、自足塑造了美国性格，现今美国是最富、最强的大国，这套对人性悲观、对自存恐惧的性格能够成功过渡到立己立人、与人共享吗？小国寡民的性格能成大国风范吗？斯蒂芬·门内尔（Stephen Mennell）的答案也许会是"有难度，国内外如是"。他的理论是，在美国"民主来得太早"。西欧民主是几个世纪培养出来的。先是权力中央化，暴力集中在君主手中（绝对君权），被垄断了，但也成为"合法暴力"（legitimate violence）；欧洲的民主革命不是在消减暴力的垄断，而是把垄断民主化。但在美国，暴力还未有集中起来就民主了（从清教的公理制开始）；美洲殖民地没有时间去适应不携带武器、让政府垄断暴力去保护国民，所以他们认为有需要且有权自卫，把民主看成合法使用武力去保护自己的财产和利益。

美国的谋杀案件比例是其他国家的 4 倍[6]。美国的谋杀案件很多是冲动性的暴力（affecting violence），好像美国人较难约束冲动。但也有地区性分别，最高是大城市穷人区，特别是黑人区。有人指出这是一种"去文明"的现象（decivilizing process）：缺乏正常和稳定的就业，同时政府撤离（典型是撤离警局和邮局）。大部分谋杀案在南方，以及由南方人开发的西部。那里的政府制度相对弱，居民往往自行执法，养成"暴力"的传统。这里的民主气候是"携械自卫风"。

著名经济学家加尔布雷斯（John Kenneth Galbraith）指出，美国革命（独立）口号是"没有政治代表权就不缴税"（No taxation without representation），但真正的用意是"反对缴税，不管有没有代表权"（No taxation with or without representation）。而且，美国的立国是流血的，跟在欧洲的情况一模一样，即战争与暴力是为了"生存"，但有"两边脸"[7]；暴力把一个区域的内部稳定后，区域与区域之间的战争规模就会越来越大。当初，欧洲诸国在美洲争土地，是其在欧洲战争的延伸（如英荷战争、西班牙继位之战、七年战争）。在这些欧洲群雄争霸的战争中，先是瑞典与荷兰的殖民地被吞，接着是法国与西班牙的美洲属地被拆散。不同的土著部族跟着个别的欧洲诸国互相消灭了。这些"外在的"（外在于英国的殖民区）竞争慢慢地演变为"内在的"（美洲殖民者与英国祖家的关系）竞争。独立战争的起因是印花税。这是殖民与祖家的内在竞争之一。当时英国想把俄亥俄谷（Ohio Valley）

送给土著盟友易洛魁族人,而美洲殖民者却已经向该地区挺进,抢夺土地。这是殖民者与祖家的内在竞争之二。可以说,是美洲殖民者与祖家互相争夺从别人那夺过来的土地:"来殖民区落户的同时也在扩张殖民。"(The colonials were also colonizers.)

殖民西进是美"帝国"的开始,跟着又"买了"很多土地:1803年买入路易斯安那州[8],领土倍增,又入侵墨西哥,占了首府才谈判割地。墨西哥总统曾说:"可怜的墨西哥,离神那么远,离美国这么近!"[9]美国的领土扩张是"起于计谋,但成于意外;是有目的推动,但推进中又失去目的"(From plan arising, yet unplanned, by purpose moved, yet purposeless)。

以上这些观察,可以用我们找到的几个美国性格关键元素去解释:

出自清教自视道德高尚和士绅自视身份高贵的少数意识驱使早期殖民求自立;英国的务实作风驱使他们以自给自足和团结排外去维持自立。但新大陆的大发展空间渐渐带来谋权和逐利的冲动,与清教的道德观发生冲突,也终于形成自疚。这是美国立国前形成的"民族性格"。后来的移民非但接受,甚至崇尚这套美国性格。

少数意识使美国人常怀恐惧(特别容易感受到威胁),而他的骄傲感又使他有好争(特别需要被肯定)、易怒(特别需要被尊重)的冲动。在不同历史背景下,这些恐惧、好争和易怒使美国人失措:自立被扭曲为逞强或走上极端成了冷漠;团结被扭曲为苟合或走上极端成为桎梏;自足被扭曲为自私或走上极端成为孤寒。他的道德和身份骄傲感加深他的自疚,加强他的悯人(同情弱小和扶持贫苦)。唯独自疚也能导致失措:同情与扶持变成纵容与姑息,造成另一场的逞强、"苟合"与自疚。要明白美国人,就要明白他的少数意识的自立性格。

注：

1. 资料来自 Arthur Schlesinger, Sr. Carlton J. Hayes, A.V. Pavlovskaya, Earl Shorris, David Azerrad, Geme Griessman, Claude Fisher, Robert P. Jones, Stephen Mennell, Peter Sterns。

2. 反映对自由的重视：包容的是有利于我追求我的自由的人和事，排斥的是不利于我追求我的自由的人和事。带有功利和苟合的意识。

3. 按费希尔的解释，"自由意志主义者"是个人主义和团体的组合：人是独立的、有选择的，他选择通过与别人组合去实现个人的目的。人是在团体中行动的，但这需要一个可以自由加入、自由退出的团体。历史中、世界文化中，大多数人留在他出生所属的团体。三个世纪的美国文化发展就是增加这些自由选择者以及扩大他们选择的自由（主要是通过经济增长和政治安定）。这些选择者不再单是男人、白人、有产阶层，更包括妇女、少数族裔、青年、劳动阶层（但经济不稳时也会削弱自由选择，也就是削减自由意志的运用）。费希尔的观察是：1950 年代的美国人都跟从主流（conformist），他们的孩子是"静默的一代"；1960 年代的美国人充满矛盾，他们的孩子是"反叛的一代"；1990 年代，他们被形容为自我孤立（每个房间都有电视，每个人都听 Walkman）和孤单；2010 年代是精明手机世代，美国人被形容为过分参与社会（socially engaged）。总地来说，美式自由主义不断扩展。

乔治梅森大学的彼得·斯特恩斯（Peter Stearns）跟他唱反调，认为团体在不断萎缩，21 世纪是个孤独时代（以罗伯特·帕特南的《独自打保龄》[Bowling Alone] 中的描绘为代表）。他认为美国性格在变，变得自制多了、热情淡了，强调对人要敏感、不要羞辱人家，家长对孩子的前途焦虑，社会上嫉妒心日重。

费希尔反驳斯特恩斯，说斯特恩斯的观察与"自由意志主义"是一致的。他指出，18 世纪的美国精英就很想"改良自己"，19 世纪的宗教运动强调"重新做人"；20 世纪仍是这个方向，只不过把宗教话语改为心理、医疗话语而已。对既有制度和既得利益的不满足反映了 1960 年代"反叛的一代"的后遗症，并不是一个长期的趋势。他甚至认为社团生活在增加。他指出，从 18 世纪到 20 世纪，教堂与会社的参与度增加，农村的孤立程度有所下降。但社团生活的方式却在变：1950 年代的正规社团组织减少，但其他形式的社团活动（如读书会）增加；个人与个人的联系未减，是在变（少了晚餐聚会，多了齐上餐馆），联系依然。但也有例外，特别是教育少、收入低的男人。他们结婚的少了、上教堂的少了、流动的多了（相对他们的父、祖两代），但不是因为文化与科技的现代化使他们落后，而是经济不稳使他们无力去成为一个自立的自由选择者。

4. 布什的借口是伊拉克拥有"大规模杀伤性武器"，但终未找到证明。

5. 夏润思是指迪克·切尼（Dick Cheney, 1941—　, 小布什的副总统, 任期2001—2009）、唐纳德·拉姆斯菲尔德（Donald Rumsfeld, 1932—　, 小布什的国防部长, 任期2001—2006）、卡尔·罗夫（Karl Rove, 1950—　, 小布什的高级顾问, 任期2001—2007）、保罗·沃尔福威茨（Paul Wolfowitz, 1943—　, 小布什的副国防部长, 任期2001—2005），以至布什。其中以沃尔福威茨为首。他是犹太人，家人在"二战"大屠杀中遇难。切尼与沃尔福威茨是恐慌冷战，夏润思是说恐慌已渗入了这批人的历史与思想。

6. 这是20世纪末21世纪初的统计。有例外，比如南非、俄罗斯、某些东欧国家，但这段时间这些国家有极大的政治动荡。

7. Janus-Faced。Janus（雅努斯神）是罗马门神，一个脸向内，一个脸向外。

8. 从拿破仑处买来的——拿破仑当时也想卖掉，减轻负担。

9. 美国日后的总统尤里西斯·格兰特（Ulysses Grant，任期1869—1877，在南北战争时任北军统帅）在墨西哥战争时是一名小军官，曾说"这是一场最没有公义的以强凌弱的战争。这是一个共和国学欧洲君主国的坏榜样，在扩张领土中毫不考虑公义"。

后 记

书是在 2019 年中完稿。过去几年，世局大变，从新冠疫情、中美贸易战、俄乌战争，到近期的巴以冲突，等等。美国的实体经济不断衰退，以至军援乌克兰都缺弹药；社会撕裂不断扩大，以至出现联邦执法人员与得州国民警卫队对峙。美国要进入西方霸权 130 年周期的转衰阶段了吗？

书中提出，如果美国总统一任替换，就是转衰的开始。2019 年中特朗普（共和党）气势如虹，连任在望，却被拜登（民主党）击倒，这还可以用突然而来的新冠疫情解释。但如果今年大选由共和党胜出，就说明美国"文化战争"（在种族、移民、政教、身份、性别等问题上的冲突）带来的两极分化已到了难以挽救的程度。双方都好像各自活在一个密封的气泡里，对气泡外的东西没有认识，也不想去认识。久而久之，就会认为只有气泡内的东西才是正常的，而且是理所应当的，气泡之外的都是不正常的、不可思议的。这就是"两极分化"的真义：不是指有两个极端，是指所有人都走上极端，没有"中间"。这就是美国文明的现象：两边没有缓冲，不能包容。

要小心，这个美式的气泡文化政治感染全球。东西方会不会各走极端？

长期生活在气泡里，会使你不知道世界上不只有你。个人如是，国家如是。若是你强人弱，你就要把人家变成自己，这是狂妄症。若是你弱人强，你就害怕人家把你变成他，这是神经质。

相信中国不会为自己打造气泡。这需要自信，但更重要的是，这需要对人类有信心、有善意，不然怎会有人类命运共同体？这也许就是东西之别。

2024 年 3 月 12 日